무례함의 비용

MASTERING CIVILITY
Copyright ⓒ2016 by Christine Porath
This edition published by arrangement with Grand Central Publishing, New York, New York, USA.
All rights reserved.

Korean Translation Copyright ⓒ2018 Next Wave
This translation is published by arrangement with Hachette Book Group, Inc through Imprima Korea Agency

이 책의 한국어판 저작권은 Imprima Korea Agency를 통해 Hachette Book Group, Inc와의 독점 계약으로 흐름출판(주)에 있습니다. 저작권법에 의해 한국 내에서 보호를 받는 저작물이므로 무단전재와 무단복제를 금합니다.

무례함의 비용

막말 사회에서 더 빛나는 정중함의 힘

크리스틴 포래스 지음 **정태영** 옮김

"무례한 행동은 어떻게 뇌를 망가뜨리나?"
크리스틴 포래스, 구글 〈re:WORK〉 강의

흐름출판

한국 독자들에게

저는 조지타운대학교 MBA 과정에서 전 세계에서 온 경영자와 학생들을 지도하고 있습니다. 다양한 문화권과 국가에서 온 이들과 교류하면서 제가 배운 것은 무례함과 정중함에 대한 정의와 방식이 나라마다, 민족마다 그리고 문화권마다 매우 다르다는 점입니다. 미국에서 예의 바른 행동이 한국에서는 그야말로 결례일 수 있습니다.

무례함을 기꺼이 참아주는 범위도 천차만별입니다. 저는 실험을 통해 한국처럼 위계질서를 강조하는 나라일수록 권력자의 무례한 언행을 '인식'하는 범위가 좁다는 점을 발견했습니다. 수직적인 질서에 익숙한 사람들도 무례한 언행에 영향을 받지만, 상대적으로 이를 잘 참는 편입니다. 권력거리(power distance)가 클수록 사람들이 조직 안에서 서열, 나이, 성별, 종교, 인종 등으로 규정된 각자의 권력에 더 민감하며 이런 권력을 조금 더 존중한다고 할 수 있겠습니다. 이는 존중의 수준이 애초부터 권력 차이로 채색되어 있기 때문입니다.

안타깝게도 때로는 용인되어서는 안 되는 행위마저 예의나 존중이라는 이름으로 허용되기도 합니다. 그래서 권력 거리가 큰 문화권에서는 약자일수록 조직의 보호를 기대하기 어렵습니다.

최근에는 무례한 언행에 민감하게 반응한다는 미국에서조차 많은 사람들이 무례함에 눈을 감거나, 조직이 이런 정보를 입수하고도 행동하지 않을 거라는 두려움, 무력감이 널리 퍼져있습니다. 본문에서도 밝혔지만 이는 세계화와 파편화된 인간관계, 인터넷을 통한 일처리가 일반화하면서 일어난 현상입니다. 과거에 비해 지위가 높거나 권력이 강한 사람들에게 더욱 힘이 집중되면서, 이들은 자신의 지위를 남용하거나 다른 사람들을 보다 직접적으로, 공개적으로 무시하고도 보복을 당하지 않을 자유를 더 많이 누리게 됐습니다.

권력의 집중에 대해 우려하고 대항하는 움직임이 있지만, 이를 두고 급진적이라거나 일부 계층의 주장이라며 폄훼하는 목소리도 높습니다. 무례함을 비난하면서도 조직을 위해서, 성과를 위해서는 일정 부분 눈감아줘야 한다는 주장도 널리 퍼져 있습니다.

그러나 저는 20년 동안 여섯 대륙에 걸쳐, 스타트업부터 〈포춘〉 500대 기업까지 여러 문화권의 기업, 조직을 연구하면서 무례함(incivility)을 용인할 경우 개인, 조직, 사회에 막대한 손실이 발생한다는 사실을 깨달았습니다. 무례한 언행은 개인의 실행력, 창의력을 파괴하고 사회와 조직의 성과를 좀먹습니다.

반면 일반적으로 알려진 선입견과 달리 정중한 사람은 널리 인정받으며, 정중한 조직은 더 높은 성과를 냅니다. 구글, 마이크로소프트 등 창의적 기업이 정중함(civility)을 중요한 인사관리 원칙으로 삼고 있는 이유도 바로 여기에 있습니다.

인간에게는 어딘가에 속하고 싶다는 기본적 욕구가 있습니다. 과학자들은 이것을 소속감(affiliation)이라고 부릅니다. 소속감은 자율 욕구, 발전 욕구와 더불어 인간의 가장 기본적이며 중요한 욕구입니다. 흔히 예의라고 불리는 정중한 행동은 단순한 격식이 아니라 사회와 조직의 일원으로서 존중받고 소중하게 대우받는다는 소속감을 정립하는 문제입니다. 정중함은 의사소통과 신뢰가 강화되도록 해줍니다. 더 나은 관계와 협력이 뿌리내리도록 해주는 씨앗을 뿌립니다. 사람들이 더 많은 것을 베풀고, 더 많은 실적을 창의적으로 내도록 도와줍니다. 예의 바르고 존중이 가득한 관계는 더 큰 행복과 건강으로도 이어집니다. 이것은 사람들에게도, 조직에도 도움이 된다는 뜻입니다.

예의 바르게 행동하면 그렇게 행동하는 사람 자신도 혜택을 받습니다. 그런 사람은 리더로 성장할 가능성이 더 크고, 실적도 더 높으며, 다정하고 유능한 인물로 보이게 됩니다.

이따금 사람들은 부정적 피드백을 제공하지 않거나 문제에 입을 닫는 것을 '착하게(being nice)' 혹은 예의 바른 태도로 착각합니다. 부당한 대우에 관한 것이든, 위험한 결정에 대해 지적하는 것처럼 사업상의 잠재적 문제에 관한 것이든 말입니다. 그러나 예의를 갖추면서도, 얼마든지 자기 주관으로 주류에 맞서 건설적인 피드백을 내놓을 수 있습니다. 저는 이를 '정중한 솔직함'이라고 부릅니다. 이런 솔직함이 사회 전반에 퍼져나갈 때 막말로 야기되는 여러 비용들이 상쇄되고 침묵을 요구하는 카르텔이 무너집니다.

무례함과 정중함은 동전의 양면과 같습니다. 둘 다 전염성이 강하며 나와 우리, 조직에 중대한 영향을 미칩니다. 그렇다면 둘 중에 어느 것을 택할지는 자명합니다. 우리는 예의 바른 환경에 있을 때보다 생산적이고 창의적이며 유익한 사람, 더 행복하고 건강한 사람이 됩니다. 행복하고 건강한 사람이 됩니다. 우리 모두는 더 많은 배려심으로 주위를 감동시키는 사람이 될 수 있습니다. 직장에서도, 가정에서도, 학교에서도, 온라인에서도, 지역공동체에서도 말입니다.

저는 여러분이 이 책을 읽고 어떤 환경이나 상황에서도 정중함을 전파하는 사람이 되기를 바랍니다. 정중함은 그럴 만한 가치가 있으니까요.

크리스틴 포래스

차례

한국 독자들에게 · 4
머리말 당신은 어떤 사람이 되고 싶은가 · 15

 무례함의 비용 VS. 정중함의 효용

CHAPTER 1 왜 세상에는 막말이 넘쳐날까 · 27

- 그게 왜 막말이냐는 이들에게 · 28
- 지구화+단절+인터넷, 그리고 무지 · 30

CHAPTER 2 무례함이라는 이름의 바이러스 · 35

- 면역 체계를 교란하다 · 37
- 피도 눈물도 없어야 성공한다고? 틀렸다 · 39
- 실험 1. 무례한 경험이 감정에 미치는 영향 · 41
- 실험 2. 무례한 언행이 사고력에 미치는 영향 · 44
- 실험 3. 무례한 단어가 집중력에 미치는 영향 · 46
- 실험 4. 무례한 상사가 팀워크에 미치는 영향 · 49

CHAPTER 3 정중한 사람은 못 얻을 것이 없다 · 55

- 고어(Gore)가 예의 바른 사람을 사장으로 뽑는 이유 · 56
- 마키아벨리 VS. 테리 캘리 · 60

- 직위가 올라갈수록 정중함은 빛난다 · 64
- 딱, 3분의 차이 · 67
- 정중한 조직은 못 얻을 것이 없다 · 69
- 인재의 기준이 바뀌고 있다 · 72

CHAPTER 4 무례함의 감염경로와 예방법 · 76

- 어떻게 무례함은 전염되는가 · 78
- 잠재의식에 숨어드는 무례함 · 81
- 거품 방울 가두기 · 83
- 뇌도 화상을 입는다 · 85
- 정중함이라는 예방주사 · 87

PART 2 정중한 솔직주의: 예의는 지키며 할 말은 하는 법

CHAPTER 5 당신은 정중한 사람입니까 · 93

- 테스트. 나의 정중함 점수는? · 95
- 누구나 성격의 사각지대가 있다 · 103
- 전략 1. 나를 객관적으로 분석하는 법 · 106
- 전략 2. 코치의 도움을 구하라 · 110
- 전략 3. 동료와 친구를 활용하라 · 111
- 전략 4. 360도 피드백을 받아라 · 115
- 전략 5. 정중한 습관을 길러주는 체크 리스트 · 118
- 전략 6. 나를 기록하라 · 120
- 전략 7. 무엇보다 나를 아껴라 · 121
- 절대 포기하지 말 것! · 125

CHAPTER 6 정중한 사람은 기본부터 챙긴다 · 127

- "부탁합니다, 고맙습니다" 그 한마디의 능력 · 130
- 미소: 웃음은 초콜릿 2,000개의 에너지를 가졌다 · 135
- 배려: '을'을 대하는 태도가 바로 당신 · 139
- 경청: 그 순간, 온전히 몰입하라 · 143

CHAPTER 7 내 안에 있는 편견 마주보기 · 150

- 자기 자신의 울타리를 벗어나라 · 151
- 뇌는 편견을 좋아한다 · 153
- 선의의 거짓말보다 솔직한 피드백이 낫다 · 155
- 테스트. 내 안의 숨겨진 편견 찾아내기 · 157
- 편견의 덫에 빠지지 않는 법 · 163
- 구글이 무의식적 편견에 저항하는 이유 · 164
- 비난 대신 대화 · 169

CHAPTER 8 네트워크 시대에 인정받는 공유형 인간 · 173

- 자원을 공유하자 · 174
- 인정을 공유하자 · 178
- 고마움을 공유하자 · 180
- 피드백을 공유하자 · 182
- 미션을 공유하자 · 186
- 캠벨수프의 반전 · 187

CHAPTER 9 클릭하기 전에 다시 한 번 생각하라 · 191

- 온라인에서 해야 하는 일과 해서는 안 되는 일 · 194
- 부탁하는 이메일을 써야 한다면 · 197

- 얼굴 맞대고 할 일을 온라인으로 미루지 마라 · 198
- 알아두면 힘이 되는 이메일 에티켓 · 201
- 라이엇게임즈의 악성 채팅 소탕 작전 · 203

CHAPTER 10 무례한 상사와 맞서야 한다면 · 208

- 당신 탓이 아니다 · 209
- 분노와 절망의 감정에 속지 마라 · 211
- 발전감이 높은 사람은 무너지지 않는다 · 215
- 발전감을 높이는 3가지 전략 · 218
- 사표를 던지기 전에 따져봐야 할 것들 · 226

정중한 조직의 탄생 :
어떻게 정중함을 문화로 만들 것인가

CHAPTER 11 채용. 떡잎부터 살펴라 · 233

- 정중한 사람 감별법 · 236
- 능력보다 평판 · 240
- 소셜 미디어를 살펴봐야 할까? · 242
- 결국, 젠틀맨이 이긴다 · 245

CHAPTER 12 미션. 원칙을 세우고 실천한다 · 248

- 기대치는 디테일할수록 좋다 · 249
- 정중함을 구체적으로 정의하자 · 252
- 규범을 창조하자 · 257
- 코칭을 제공하자 · 262

CHAPTER 13 평가. 슈퍼 협력자를 찾아라 · 266

- 성과주의를 넘어서 · 268
- 협력적 업무의 중요성 · 270
- 전원차단형 인간 · 272
- 정중함을 정량적으로 평가하는 방법 · 275

CHAPTER 14 실행. 무례함에 타협이란 없다 · 279

- 문제 행동을 교정하는 피드백 회로 4단계 · 281
- 무례함을 정말 고칠 수 있을까? · 284
- 무례함과 타협하지 마라 · 287
- 해고 과정에도 정중함이 필요하다 · 290

맺음말 변화의 시작은 바로 나 · 294

주 · 300

머리말
당신은 어떤 사람이 되고 싶은가

'무례함을 이겨내는 방법과 활기찬 직장 환경'을 주제로 미국 노동부에서 강연을 마친 뒤였다. 노동부 장관실에서 일하는 몇몇 간부들과 함께 엘리베이터에 올랐다. 강의를 들은 다른 직원들 몇 명이 뒤를 따랐다. 그때 바로 옆에 서 있던 여성이 자신을 소개했다. 그녀는 무례한 상사로 인해 겪고 있는 지극히 불쾌한 문제에 대해 하소연하고 싶어 했다.

나는 그녀가 털어놓는 이야기를 경청했다. 상사의 이름을 언급하지 않으려고 조심했지만, 이야기를 들을수록 못돼먹은 가해자가 그녀의 부서 책임자라는 사실이 분명해졌다. 직급상 부장관과 그 여성 사이에 존재하는 인물 같았다. 엘리베이터 안에서 소곤대던 사람들이 하나둘 입을 다물더니, 허공을 응시하거나 바닥에 시선을 고정한 채 우리 둘의 이야기에 귀를 기울였다. 그 여성이 물었다.

"어쩌면 좋을까요? 어떻게 해야 할지 도무지 모르겠어요. 직무상 함께 일할 수밖에 없는데, 이 무례한 사람을 대관절 어떻게 대해야 할까요?"

마침 엘리베이터 문이 열리고 우리 둘은 함께 내렸다. 하지만 그녀는 돌아설 생각이 조금도 없어 보였다. 스트레스에 짓눌린 영혼이 내 눈에 또렷이 들어왔다. 함께 복도를 걸으면서 이런 상황에서 떠올릴 수 있는 일반적인 조언 몇 가지를 건넸다. 자기 자신을 보살피는 데 집중하라고, 상사 때문에 삶의 궤도에서 벗어날 필요가 없다고 말이다. 그녀는 고개를 끄덕였지만, 그 정도 충고로는 흡족하지 않은 게 분명해 보였다. 회의실 쪽으로 걸음을 옮기는데 그녀가 작별 인사를 대신해서 말했다.

"전 완전히 속수무책이에요. 앞이 캄캄할 정도예요. 그렇다고 일을 때려치우기는 싫어요. 지금까지 열과 성을 다해서 열심히 일했거든요. 저뿐만 아니라 모두를 위해서 더 나은 일터를 만들고 싶어요. 하지만 방법을 전혀 모르겠어요."

그녀가 느끼는 고통을 고스란히 이해할 수 있었다. 나 역시 그런 상황에 처해본 경험이 있었다.

무례함의 비용

사회에 첫발을 내디딘 지 얼마 되지 않아 나는 꿈에 그리던 직장에 입사했다. 꽤 유명한 글로벌 스포츠 브랜드의 스포츠 아카데미 창설을 담당한 부서였다. 하지만 오래지 않아 내가 무례함이 만연한 직장에 제 발로 걸어 들어갔음을 알게 되었다.

그곳에는 약자에 대한 괴롭힘, 저속한 대화, 폭언 등 온갖 형태의 무례한 언행이 도처에 횡행하고 있었다. 책임자의 자아도취적이며 독재적인 행태가 직급을 타고 흘러내려 조직 전체를 감염시킨 상태였다. 직원들은 모래알처럼 따로 놀았고, 애사심이라곤 눈 씻고도 찾아볼 수 없었다. 조직에 고의로 해를 끼치는 이들도 있었다. 비품이나 장비를 훔치거나, 일하지 않은 시간을 근무 시간으로 처리하거나, 개인물품을 구매하고 그 비용을 회사에 청구하는 식이었다. 다른 사람에게 화풀이를 하거나, 동료를 윽박지르거나, 고객에게 욕설을 퍼붓는 직원도 많았다. 협력을 통해 팀워크를 구축하는 것은 꿈도 꾸기 어려웠다. 멈추지 않는 출혈처럼 훌륭한 직원들은 계속 떠나갔다. 그중 상당수는 경쟁 기업으로 넘어갔다. 나 역시 결국 같은 선택을 했다.

당시에 겪은 일로 마음에 상처가 남지는 않았다고 말하고 싶다. 하지만 이런 식으로 얼버무리는 것 자체가 거짓말이다. 나는 강인한 사람이다(적어도 나 자신은 그렇다고 믿는다). 최고 수준의 대학 리그에서, 그것도 두 종목에서 운동선수로 활약했던 나다. 내 입사 동기들 역시 회복탄력성이 좋은 편이었다. 난관에 봉착하면 쉽게 풀이 죽고 마는 부류가 아니었다는 뜻이다. 하지만 동기들 중 대다수가 바람직하지 않은 환경에서 일한 지 고작 몇 달 만에 완전히 탈진하고 말았다. 순식간에 자아를 상실하고 빈껍데기만 남았다.

이런 일을 겪은 뒤, 그리고 내가 사랑하는 사람들이 무례한 조직 문화 때문에 괴로워하는 모습을 몇 해에 걸쳐 지켜보면서, 나는 직장 내 무례함을 연구하는 데 전념하기로 결심했다. 사람들이 신나게 일할 수 있는 긍정적인 조직 문화를 구축하는 데 이바지하겠다는 목표를 갖게 된 것이다.

그 후로 20여 년 동안 나는 직장에서 타인을 대하는 태도가 과정은 물론 성과를 결정한다는 사실을 여러 과학적 조사와 연구를 통해 증명했다. 내가 연구한 바에 따르면 상사의 무례함, 직장 내 괴롭힘 등 차별적인 문화가 확산되는 것을 방치할 경우, 조직은 큰 손실을 보게 된다. 특히 기업은 생존을 위해 수익을 내야 하는데, 무례함은 비즈니스에 심각한 타격을 준다.

비단 금전적인 문제가 아니라도 우리가 무례함을 멀리하고 정중함을 익혀야 하는 이유는 또 있다. 현대인은 하루 중 상당 시간을 일터에서 보내며, 개인의 정체성과 행복을 직업과 대단히 강하게 결부시킨다. 그래서 우리 자신을 위해서라도 더 나은 사람이 되어야 하며, 더 나은 조직 문화를 만들어야 한다. 긍정적이고 예의 바른 일터가 개인과 조직, 그리고 사회에 얼마나 큰 영향을 미치는지 우리 모두가 깨달아야 한다.

당신은 어떤 사람이 되고 싶은가?

나는 여섯 개 대륙에 걸쳐, 스타트업부터 〈포춘〉 선정 500대 기업, 비영리조직, 정부기관에 이르기까지 거의 모든 종류의 산업체와 조직에 몸담고 있는 수만 명의 사연을 조사했다. 또 규모와 업종이 상이한 세계 각지의 기업 수십 곳을 대상으로 컨설팅을 했다. 이 과정에서 직업적으로 성공하는 데 있어서 그 무엇과도 비교할 수 없는 결정적인 단 하나의 질문을 발견했다.

당신은 어떤 사람이 되고 싶은가?

의식적이건 아니건 간에, 우리는 하루도 거르지 않고 이 질문에 행동으로 대답하면서 살아간다. 다음 두 가지 시나리오를 살펴보자.

시나리오 1

케이트는 무기력하다. 자신이 가치 있는 존재가 아니라고 여기기 때문이다. 의욕도 없다. 무슨 일이든 해봤자 실패할 것이 뻔하다고 생각하기 때문이다. 늘 좌절감을 느낀다. 성공하고 싶지만 그럴 수 없다고 단정짓기 때문이다. 동료들에게 심술궂게 대한다. 존중받지 못한다고 느끼기 때문이다. 자신의 능력을 가급적 발휘하지 않는다. 그럴수록 제지당하기 때문이다.

시나리오 2

케이트는 에너지가 충만하다. 다른 사람들이 자신을 존중한다고 생각하기 때문이다. 무슨 일이든 최선을 다한다. 자율성을 누리기 때문이다. 늘 행복하다. 자신이 맡은 업무에서 보람을 느끼기 때문이다. 다른 사람에게 아이디어를 선사한다. 소통을 중요시하는 조직 문화 속에서 일하기 때문이다. 직장을 자랑스럽게 여긴다. 충분한 인정과 보상을 받기 때문이다. 자신의 능력을 최대한 발휘한다. 그럴수록 두각을 나타낼 수 있기 때문이다.

여기서 내가 던질 질문은 "당신은 어떤 케이트가 되고 싶은가?"가 아니다. 내가 던질 질문은 "당신(또는 당신 조직)은 케이트의 사기를 북돋는 사람인가, 아니면 짓누르는 사람인가?"다.

당신이 목표를 효율적으로 달성하고 근무 환경을 혁신적으로 개선하기 위해 고민하는 리더이건, 일터에 횡행하는 불합리한 언행에 적극 대처하려는 직장인이건 간에 남들로 하여금 더 많은 역량을 발휘하도록 만드는 사람이 되어야 당신이 원하는 목표를 성취할 수 있다. 성공은 당신이 다른 사람들을 대하는 태도에 달려 있기 때문이다. 그들이 당신을 신뢰하고, 당신과 좋은 관계를 형성하고, 당신을 따르며 지지하고, 당신을 위해 열심히 일하는지 여부에 따라 성공이 결정된다는 말이다.

정중함은 힘이 세다 ———

많은 사람들이 무례함은 언젠가는 반드시 그 대가를 치른다고 믿는다. 하지만 정중함이 얼마나 많은 이득이 되는지, 또는 예의 바른 일터를 어떻게 만들 수 있는지에 대해서는 제대로 알지 못한다. 그런 면에서 이 책은 새로운 지평을 열어줄 것이다. 특히 조직 안에서 영향력을 키우고 싶은 이들, 정중한 일터를 구축하는 법을 모색하는 조직에게 이 책은 실용적인 지침이 되어줄 것이다.

리더만이 모두를 위해 더 나은 일터를 만들 수 있는 건 아니다. 개개인의 친절함과 사려 깊음, 타인을 존중하는 마음은 현실에서 강력한 효과를 발휘한다. 믿지 못하겠다고? 무례함이 곧 카리스마 넘치는 리더십으로 포장되는 이 세상에서 '약해빠진' 정중함이 끼어들 틈이 어디 있겠냐고 반문하는 소리가 여기까지 들리는 듯하다.

하지만 널리 퍼져 있는 이 같은 고정관념과 달리 정중함은 힘이 세다. 당신의 정중한 언행이 긍정적인 역동성에 불을 지피면, 다른 사람들이 이에 반응해 당신을 행동의 준거로 삼기 때문이다. 이는 공허한 선언이나 허울뿐인 구호가 아니다. 나는 이 책에서 내가 연구한 결과와 수많은 동료 학자들의 획기적인 성과를 통해 직장 안팎에서 정중함이 어떤 힘을 발휘하는지 증명할 것이다.

책은 크게 세 부분으로 나뉜다. 1부에서는 무례한 언행을 유형별로 분석하고 무례함이 나, 우리, 그리고 조직에 미치는 악영향을 살펴본다. 2부에서는 당신이 다른 사람들을 어떻게 대하고 있는지 테스트를 통해 알아보고, 자신의 영향력과 성과를 높이려면 어떻게 해야 하는지 구체적으로 소개한다. 아울러 엘리베이터에서 만난 불행한 여성이 찾던 무례함에서 나를 지키는 법을 제시할 것이다. 3부에서는 당신이 몸담은 조직에 정중한 문화를 뿌리내리게 하기 위한 4단계 접근법을 제시한다.

책 곳곳에 우리 각자가 어떤 사람인지 되짚어볼 수 있는 여러 도구들을 소개했다. 이를 통해 각자 '어떤 사람이 되고 싶은지' 자문해보기 바란다. 책을 읽는 동안에만 이 질문을 놓고 고민하지는 말

자. 하루에도 몇 번씩 마주치는 모든 도전과 승리, 놀라움과 긴장에 반응할 때마다 이 질문을 떠올려보자.

당신은 다른 사람들에게 어떤 방식으로 영향을 미치고 싶은가?
어떤 내용으로 영향을 미치고 싶은가?

이 책에 간추려놓은 조언과 과학적 연구 결과에 기대어 이 질문에 답하면서 여러분의 팀과 조직과 사회를 아주 조금씩이라도 변화시켜 나가길 희망한다.

1부

무례함의 비용
VS.
정중함의 효용

"인정사정 보지 않아야 성공한다. 성공하는 사람, 조직은 피도 눈물도 없다." 우리는 이렇게 믿어왔다.

틀렸다. 무례함에는 쓰라린 대가가 따른다. 반면 정중함은 놀라운 효용을 가져온다. 우리가 남을 대하는 태도란 언뜻 중요하지 않아 보이지만, 나의 정중한 태도 하나가 나와 내 주변, 그리고 조직에 놀라운 변화를 불러온다.

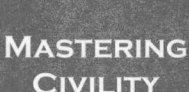

Mastering Civility

왜 세상에는
막말이 넘쳐날까

CHAPTER 1

회사 안에서 이루어지는 모든 행위는
구성원에 대한 존중의 표시를 수반해야 마땅하다.
—조지 워싱턴

엔터테인먼트 회사의 부사장인 마이크가 하루는 뉴욕으로 날아갔다. 회사에서 최근에 인수한 업체가 직원 몇 명을 해고하는 과정을 지원할 필요가 있다고 판단했기 때문이다.

마이크는 어느 충직한 직원에게 좋지 않은 소식을 전하다가 회의실 한쪽 구석을 바라보고는 깜짝 놀랐다. 인수한 업체의 부장이라는 사람이 탁자에 다리를 올리고 컴퓨터만 물끄러미 쳐다보며 책상 건너편에 불안한 표정으로 앉아 있는 직원에게 해고를 통보하고 있는 게 아닌가. 부장은 자신과 함께 일하던 직원에게 고마웠다는 말을 하거나 안타깝다는 표정을 짓기는커녕 모니터 바깥으로 시선을 옮기는 것조차 귀찮다는 투였다.

이런 식의 어처구니없는 취급을 당하면 누구나 심한 모욕감을 느끼게 된다. 애리조나주립대학교 선더버드글로벌경영대학원 크리스틴 피어슨 교수가 조사한 바에 따르면, 직장인 가운데 4분의1이 일주일에 한 번 이상 무례한 행동을 접하는 것으로 나타났다. 2005년에 같은 조사를 수행했을 때 그 숫자는 절반 가까이로 높아졌고, 2011년에 다시 한 번 조사한 결과 50%를 넘어선 것으로 집계됐다.

〈2016년도 미국인 예의지수〉 조사 결과도 비슷하다. 95%에 이르는 응답자가 미국 사람들이 예의에 문제가 있다고 지적했고, 74%는 몇 년 전보다 사정이 나빠졌다고 보았으며, 70%는 무례함이 위험한 수준에 도달했다고 판단했다.[1] 이 같은 평가를 종합할 때, 직장 내 무례함이 점차 일상화되고 있는 것만큼은 분명해 보인다.

그게 왜 막말이냐는 이들에게

누구나 한 번쯤 겪어봤을 테지만, 무례한 언행은 대단히 다양한 모습으로 나타난다. 앞서 언급한 부장처럼 사람의 존재 자체를 깡그리 무시하는 행태부터 상대방의 말을 귀담아 듣지 않음으로써 의도적으로 깔아뭉개는 태도까지 천차만별이다.

어느 회사의 사장은 습관적으로 부하 직원을 보며 "대체 그 머릿속에 뭐가 들었는지……. 내가 이럴 줄 알았다"고 소리쳤다. 또 다른 사장은 신입사원이 수행한 첫 번째 프로젝트를 가리키며 "해놓은 꼬락서니 하고는"이라고 빈정거렸다. 어떤 팀장은 내부 보고서를 작성하면서 오자를 발견하지 못한 직원에게 "정신 안 차릴 거야!"라고 대놓고 악을 썼다. 어느 부사장은 재무 정보가 부족하다는 이유로, 실은 결과를 산출할 수 없는 여건이었는데도 이를 전혀 감안하지 않고 다른 사람들과 자신의 승용차에 동승한 상황에서 스피커폰으로 "유치원에 다니는 애들도 너보다는 잘하겠다"라며 빈정거렸다. 이 밖에도 관심이 없다는 이유로 일방적으로 대화를 중단시키거나, 회의 중에 양해도 없이 전화를 받는 등 무례한 언행을 도처에서 발견할 수 있다.

이처럼 우리 주변에는 상대방을 공공연하게 조롱하고 폄하하거나, 부하 직원에게 '주어진 역할'을 들먹이며 자기보다 직급이 낮음을 강조하거나, 여러 모욕적인 방식으로 괴롭히거나, 다른 사람의 성과를 가로챘다가 문제가 생기면 도리어 그 사람을 손가락질하는 등 무례한 언행을 일삼는 사람들이 있다. 이들에게 용기를 내어 문제를 제기해도 "그게 왜 문제냐"라는 대답이 돌아오기 일쑤다.

앞의 사례들 중 어떤 경우라도 무례함을 판단하는 기준은 사람들이 실제로 존중받지 못했거나 몰상식한 대우를 받았는지 여부가 아니다. 상대방이 무례함을 겪었다고 '느꼈는지'가 기준이다. 무례함을 느끼는 강도는 개인에 따라 다를 뿐아니라 문화나 세대, 산업, 조직 등의 요소에 따라서도 차이를 보인다.

지구화+단절+인터넷, 그리고 무지

무례함이 점점 심각해지는 이유는 무엇일까?

한 가지 요인으로 지구화를 들 수 있다.

특정 문화권 출신 직원들은 이따금 자기도 모르게 다른 문화권 출신 동료들이 무례하다고 느끼는 방식으로 행동하거나 말한다. 이를테면, 일본에서는 지하철을 타려고 승강장에서 기다릴 때 출입구 양쪽 가장자리에 서 있는 것이 예이다. 승객들이 모두 내릴 때까지 기다렸다가 열차에 올라타야 질서 있는 행동이라고 배우기 때문이다. 반면, 중국에서는 모두 한꺼번에 출입구를 향해 돌진해도 그 누구도 무례한 행동이라며 눈살을 찌푸리지 않는다.

이와 관련, 내 멘토이자 서던캘리포니아대학교 부설 기업효율성센터 책임자인 에드 롤러는 흥미로운 이야기를 해주었다. 몇 년 전, 그는 남아프리카공화국에서 커다란 강의실을 가득 메운 학생들을 상대로 강연을 했다. 그런데 강연을 듣던 학생들이 너도나도 고개를 숙이고 꾸벅꾸벅 조는 것이 아닌가. 도무지 이해할 수 없는 상황이었다. 학생들 전부가, 그것도 강연 시간 내내 고개를 숙이고 있다니 말이다. 눈을 마주치는 학생도, 고개를 끄덕이는 학생도, 미소를 짓는 학생도 없었다. 단 한 명도 그런 학생이 없었다. 그는 나중에야 남아프리카에서는 이렇게 고개를 숙이는 행위가 교수를 향한 깊은 존경심의 표현이라는 사실을 알게 됐다.

또 다른 요인으로 세대 차이를 꼽을 수 있다.

샌디에이고주립대학교 진 트웬지 교수가 조사한 바에 따르면, 요즘 학생들은 25년 전 학생들에 비해 평균적으로 30% 이상 자기애가 강하다.[2] 자신에게 과도하게 주목한다는 말은 자기 행동이 남에게 미치는 영향에 대해 걱정을 덜 한다는 의미다.

무례함이 발생하는 근본적인 원인은 위에서 언급한 요인들보다 훨씬 복잡하다. 무례함이라는 전염병은 직장 내 인간관계가 해체되는 일반적 현상과 관련지을 수 있다. 부분적으로는 사무실에서 일하는 사람들이 줄어드는 현상, 다시 말해 유연근무제 등 근무 형태의 다양화에 기인하는 측면이 있다. 재택근무를 선호하는 사람이 급격히 늘어나고 있는데도, 이를 가볍게 생각하는 사람이 많다. 그런데 원격근무자들은 고립감을 느끼거나 조직 내에서 존중받지 못한다고 호소하는 경우가 상대적으로 많다.[3] 로버트 퍼트넘의 《나 홀로 볼링(Bowling Alone)》이나 마크 둔켈먼의 《사라지는 이웃(The Vanishing Neighbor)》을 보면 공동체 또는 시민적 유대관계가 무너

지는 과정을 쉽게 이해할 수 있다.[4]

나는 여기서 한 걸음 더 나아가 이들 저자의 고민을 조직 차원으로 확장하고자 한다. 다양한 산업과 기업에서 일하는 사무직 노동자 2만여 명을 상대로 조사한 결과, 절반 이상이 과중한 업무로 스트레스를 받고 있었다. 타인에게 무례하게 행동하는 이유를 물은 또 다른 조사에서도 절반 이상이 과중한 업무 부담을 원인으로 꼽았다. 타인에게 "예의 바르게 대할 시간이 없다"[5]라고 답한 사람이 40%가 넘었다. 자신의 상사가 남을 존중하지 않기 때문에 자신 역시 무례하게 행동한다는 대답도 4분의1이나 됐다. 타인을 대하는 태도에 대해 회사 차원의 지침 또는 교육이 없다고 응답한 사람 또한 4분의1 정도였다.

첨단기술의 발달 역시 직장 내 인간관계를 빽빽하게 만드는 요인이다. 미국 직장인들은 하루 평균 여섯 시간 정도를 이메일에 바치며 산다. 물론 인터넷 서핑이나 SNS, 온라인 쇼핑에 소비하는 시간은 별도다.[6] 전자적 소통은 놀라운 방식으로 우리를 결속시키지만, 소통상의 오해나 거리감을 불러일으키기도 하고, 불만을 터뜨리거나 욕설을 퍼붓거나 망신을 주어도 괜찮다는 사고방식을 심어주기도 한다. 컴퓨터 앞에 앉아 있는 시간이 너무 길다 보니, 누군가와 얼굴을 맞대고 소통하는 방법 자체를 잊어버린 사람도 많다. 때때로 우리는 상대방이 나처럼 욕구와 감정을 지닌 인간이라는 사실을 잊어버린다.

나는 이 같은 현상의 원인을 연구한 끝에 핵심적인 사실에 도달했다. 이는 지난 20년 동안 깨달은 교훈 중에서 가장 중요한 내용이라고도 할 수 있다.

무례함은 대개 악의가 아닌 '무지의 산물'이다. 나는 직장 분위기가 엉망진창인 까닭이 도처에서 날뛰는 얼간이들 탓일 것이라고 지레짐작하면서 연구를 시작했다. 하지만 지금은 객관적인 자기 인식이 결여된 사람들이 가장 지독한 언행을 일삼는다는 사실을 알게 됐다. 우리는 남을 해칠 생각이 추호도 없으면서, 무슨 이유에선지 그러고 살아간다.

막말을 일삼던 어느 외과 의사는 정식으로 항의를 받기 전까지만 해도 레지던트들과 간호사들, 직원들이 자신의 거칠고 직설적인 스타일을 좋아하지 않는다는 사실을 꿈에도 몰랐다고 털어놓았다. 이 장의 서두에 소개한 부장과 마찬가지로, 우리는 자신의 무례한 언행을 제대로 의식하지 못하고 산다. 나를 함부로 대하는 타인을 끔찍하게 여기면서 나 역시 남을 함부로 대하는 이유는 바로 여기에 있다.

무례함이 조직에 만연한 데는 지구화, 세대 차이, 업무 부담, 인간관계의 와해, 기술의 발달 등 여러 가지 원인이 있지만, 무엇보다 우리의 초점이 남보다는 자신에게 너무 많이 치우친 탓이 크다. 그 결과, 우리가 다른 사람들을 존중하지 않는 만큼, 우리가 치르는 대가도 커지고 있다.

다음 장에서는 무례함이 개인과 조직, 사회에 미치는 엄청난 악영향에 대해 한층 면밀하게 살펴볼 것이다. 내 생각에는 여러분도 동의할 것 같은데, 상황은 생각보다 상당히 심각하다.

KEY POINTS

- 무례함은 당하는 사람의 입장에서 판단해야 한다. 개개인이 누군가에게 어떤 대접을 받았다고 느끼는지에 달려 있는 문제다.
- 무례한 언행은 세계적으로 만연한 현상이며, 지난 20년 동안 악화일로를 치달아왔다.
- 우리는 다른 사람들과 사이좋게 지내는 것이 중요하다는 사실을 알면서도, 그러지 않기로 작정한 듯하다.

무례함이라는 이름의 바이러스

CHAPTER 2

내가 깨닫기로, 사람들은 당신이 무슨 말을 했는지 잊을 것이고, 당신이 어떻게 행동했는지도 잊을 것이나, 당신이 안겨준 느낌만큼은 영원히 잊지 못할 것이다.
—마야 안젤루

21년 전, 아버지의 날 주간이었다. 나는 오하이오 주 클리블랜드 외곽에 위치한 어느 병원을 찾아, 후텁지근한 병실 안으로 걸어 들어갔다. 강인하고 쾌활하던 아버지가 맨 가슴에 전선 따위를 치렁치렁 붙인 채 힘없이 병상에 누워 계셨다. 아버지는 심장마비가 언제 닥칠지 몰라서 불안한 나날을 보내왔노라고 털어놓았다.

어쩌다가 이렇게 되었을까? 정확한 이유를 누가 알겠냐마는, 워낙에 건강한 분이셨기에 업무에서 비롯된 스트레스 탓일 거라고 짐작할 뿐이었다. 아버지는 지독하게 무례한 상사를, 그것도 두 사람이나 모시면서 10년 넘게 버텨왔다. 그런 사실에 대해 아버지가 내 앞에서 입을 열기까지 10년이란 세월이 필요했다.

아버지의 상사는 사람들 면전에 대고 핏대를 세우며 막말을 일삼는 버릇이 있었다. 그는 직원들을 모욕하고, 부당하게 해고했으며, 성과를 깎아내렸고, 어쩔 수 없이 벌어진 문제까지도 책임을 물었다. 심지어 고객들에게도 무례하게 대했다. 한번은 고객의 상점을 방문했다가 상사가 이렇게 말하기도 했다. "당신은 아버지에게 좋은 것을 물려받았군. 이 가게는 그때도 개떡 같더니, 지금도 개떡 같아." 물론 이 모든 일의 뒷수습은 아버지 몫이었다.

이렇듯 아버지는 오랜 세월 인내했다. 그러는 동안, 병은 조용히 아버지의 몸을 잠식해갔다. 아버지는 가족에게 불평을 늘어놓는 타입이 결코 아니었다. 무엇보다 식구들을 먹여살리는 것이 급선무였다. 넷이나 되는 아이들을 모두 대학에 보내려고 했으니 삶의 무게가 녹록지 않았을 것이다. 그래서 참고 또 참으셨던 것이리라. 형편이 어려웠을 때조차 범사(凡事)에 감사하는 이유를 늘어놓던 분이었다. 미국에서 태어나 자유를 누릴 수 있어서 감사하고, 신앙을 지킬 수 있어서 감사하고, 식구들과 함께할 수 있어서 감사했다. 어머니를 만나 결혼할 수 있어서 얼마나 행운인지 모른다는 분이었다.

하지만 결국 아버지는 더 이상 견딜 수 없는 지경에 이르렀다. 그 고약한 상사가 조직에 미칠 해악을 걱정한 나머지, 아버지는 용기를 그러모아 사장에게 직언했다. 내부고발이 위험한 행동이라는 사실은 잘 알고 있었다. 불안했던 아버지는 어머니한테 이렇게 말했다. "회사에서 그자를 해고하지 않으면, 나는 끝이야."

몇 주 뒤, 못된 상사는 올해의 지역 담당자로 뽑혔다. 그리고 며칠 뒤, 아버지는 쓰러지셨다.

그날 내가 병실 문을 열고 들어서는데, 아버지는 용감해 보이려는 듯 인상을 쓰면서 슬며시 웃었다. 괜찮으니 걱정 말라는 뜻이었다. 병원에 누워 있는 게 어색한 듯 쑥스러운 표정이었다. 자식에게 약한 모습을 보이고 싶지 않았을 것이다. 나도 아버지의 그런 모습을 보고 싶지 않았다. 아버지는 나에게 천하무적 같은 존재였다. 하지만 무례함은 강인한 사람마저 갉아먹기 마련이다.

면역 체계를 교란하다

현대 과학은 무례함이 건강에 미치는 악영향에 대해 우리에게 많은 이야기를 들려준다. 《얼룩말이 궤양에 걸리지 않는 까닭(why Zebras don't get ulcers)》의 저자 로버트 사폴스키는 무례함 같은 단속적 스트레스를 오랫동안 빈번히 경험한 사람은 건강에 중대한 문제가 생길 가능성이 높다고 경고했다.[1]

무례함은 면역 체계를 무너뜨려 심혈관계 질환과 암, 당뇨병, 궤양 등을 야기한다. 2012년 하버드대학교 보건대학원은 10년 동안 여성을 상대로 추적조사한 결과, 스트레스가 높은 직업은 흡연이나 비만에 버금갈 정도로 여성의 건강에 해롭다고 결론지었다.[2]

많은 학자들이 일터에서 받는 스트레스 등 '심리적' 요인이 수명을 결정하는 가장 중요한 변수라고 지적한다.[3] 유전자 또는 이에 관련된 위험요인들 역시 중요하지만, 스트레스가 그보다 훨씬 큰 영향을 미친다는 것이다.

텔아비브대학교 아리 시롬 교수 연구진은 금융, 제조, 보건 등 다양한 직군에서 일하는 성인 820명을 대상으로 20년 동안 추적조사를 진행했다. 연구진은 참가자들의 건강을 지속적으로 면밀히 살피는 동시에 근무 여건과 상사의 언행, 동료 간의 유대관계에 대해 반복적으로 인터뷰했다. 일터에서 보낸 시간이나 업무 부담, 의사결정권, 재량권 등은 수명에 영향을 미치지 않았다. 이보다 중요한 것은 동료들의 긍정적인 지원이었다. 실제로, 직장에서의 고립은 죽음의 위험성과 훨씬 높은 연관성을 나타냈다.[4] 일터에서 '동료들과 맺은 유대관계'가 희박하거나 아예 없는 중년 직원들의 경우, 사망할 가능성이 2.4배나 높았다.[5]

무례함이 만연한 집단에서 일하는 상황 자체가 사람들에게 통상적인 스트레스와 불쾌한 기분을 야기하는 수준을 넘어서 정신건강에 악영향을 미친다는 연구 결과도 있다.[6] 게다가 사람들은 무례한 일터에서 받은 스트레스를 집으로 가져가 가족들을 상대로 해소하는 경향이 있다. 그러면 가족들은 그 스트레스를 각자의 일터로 되가져가게 된다.[7] 반대로, 가정 내 무례함이 스트레스를 낳고 업무상 낮은 성과로 이어진다는 사실을 입증한 연구 결과도 있다.[8]

피도 눈물도 없어야 성공한다고? 틀렸다

조직 차원에서 보면, 무례함이 초래하는 부작용은 아무리 순화시켜 이야기해도 실로 막대한 금전적 손실을 초래한다. 미국심리학회는 직장 내 스트레스가 미국 경제에 입히는 피해액이 연간 5,000억 달러(약 542조 원)에 이른다고 추산했다.[9] 직장에서 느끼는 스트레스로 인해 매년 증발하는 근무일수가 무려 550억 개나 되고, 직장 내 사고의 60~80%가 스트레스 때문에 발생하며, 병원 검진의 80%가 스트레스와 관련 있다.

미국국립산업안전보건연구원은 스트레스를 받은 노동자들이 그렇지 않은 노동자들에 비해 의료비용을 46%나 많이 발생시킨다고 발표한 바 있다.[10] 그런데 스트레스의 주요 원인 가운데 하나가 바로 직장 내 인간관계에 따르는 어려움이다.[11] 이것이 모든 스트레스의 절반 정도를 야기하는 원인으로 밝혀졌다.

의료비용과 병가일수가 늘어나는 것은 무례함이 조직을 망가뜨리는 여러 가지 양상 중 극히 일부에 불과하다. 크리스틴 피어슨 교수와 내가 17개 국가의 중간관리자와 평직원 800명을 대상으로 설문조사를 벌인 결과를 소개한다.[12]

무례함을 당하는 쪽에 해당하는 노동자들 가운데
- 48%가 노동력 투입량을 고의로 줄였다.
- 47%가 노동에 투여하는 시간을 고의로 단축시켰다.
- 38%가 성과의 품질을 고의로 저하시켰다.
- 80%가 사건을 걱정하느라 노동 시간을 허비했다.
- 63%가 가해자를 회피하느라 노동 시간을 허비했다.
- 66%가 실적이 하락했다.
- 78%가 조직에 대한 헌신성이 저하됐다.
- 12%가 무례한 언행을 겪다 못해 사직했다.
- 25%가 고객을 상대로 화풀이했다.[12]

이렇듯 무례함 때문에 이익이 줄어들고 직원들이 떠나가는 것이 분명한데도, 이 같은 손해의 상당 부분은 겉으로 드러나지 않는 것이 보통이다. 무례한 조직 문화를 더 이상 참지 못하고 사직을 결심한 직원들이 대개 자신의 사직 이유를 고용주에게 밝히지 않고 떠나기 때문이다. 그 결과, 상황은 개선되지 않고 이직으로 인한 손실은 계속 급격하게 늘어난다. 게다가 성과가 높은 직원이 이직할 경우, 그 손실은 연봉의 네 배에 달한다는 주장도 있다.[13]

실험 1. 무례한 경험이 감정에 미치는 영향 ———

무례함이 관리자의 시간을 얼마나 빼앗는지 따져보자. 〈포춘〉이 보도한 세계적인 재무·금융 헤드헌팅 기업인 어카운템스(Accountemps)의 조사결과에 따르면, 〈포춘〉 1,000대 기업의 중간 관리자와 최고관리자들은 직원들 사이의 불화를 해결하고 무례함의 후유증을 해결하는 데 근무 시간의 13%를 쓰는 것으로 나타났다.[14] 이는 새로운 사업 전략을 마련하거나, 고객에게 한 걸음 다가서거나, 직원들을 멘토링하는 등 핵심적인 활동에 쓰이는 시간이 아니다. 게다가 이 조사에는 무례함의 후유증이 악화돼서 컨설턴트나 변호사를 동원하게 될 경우, 발생하는 막대한 비용은 포함되어 있지 않다.

무례함으로 인해 눈에는 안 보이지만 막대한 피해가 발생하는 또 다른 문제로 매출 감소를 지적하지 않을 수 없다. 나는 USC 마셜 MBA의 데비 매키니스 교수와 발레리 포크스 교수와 공동으로 진행한 실험에서 이 사실을 실증적으로 입증했다. 바로 고객들은 무례한 기업을 싫어한다는 사실 말이다.[15]

우리가 진행한 실험들 가운데 하나를 구체적으로 살펴보자. 먼저 한 교수가 졸업을 앞둔 대학생들로 구성된 실험 참가자들에게 은행에서 졸업생 신용카드 프로그램을 개발하고 있으니 도와달라고 말했다.[16] 이어서 연구진 가운데 두 사람이 자신을 은행 쪽 담당자라고 소개하고는, 새롭게 선보일 로고와 대안적인 금융 옵션에 대한 의견을 수렴하는 중이라고 설명했다.

실험이 진행되는 동안, 참가자들 가운데 절반은 은행 직원의 무례한 언행을 목격하게 했다. 한 직원이 제때 신용카드 시안들을 보여주지 않았다는 이유로 참가자들 앞에서 다른 직원을 심하게 질책한 것이다(두 직원 모두 연구진들이며 실험참가자들은 이 사실을 모른다). 나머지 절반의 참가자들에게는 무례한 언행을 전혀 보여주지 않았다.

우리는 이 실험을 통해 직원들끼리 볼썽사납게 구는 모습을 지켜본 사람들이 해당 조직 또는 브랜드에 대한 인식을 바꾸는지 여부를 알아보려 했다. 그런데 세상에, 정말 그랬다. 직원의 무례한 언행을 목격하지 않은 참가자들 중 거의 80%에 가까운 참가자가 해당 기업의 제품 또는 서비스를 이용할 것이라고 응답했다. 반면 무례한 태도를 목격한 참가자들의 경우, 고작 20%만 이용하겠다고 답했다. 그리고 무례한 태도를 목격한 참가자들 가운데 3분의2에 가까운 사람들이 그 회사 직원이라면 누구를 상대해도 마음이 불편할 것 같다고 밝혔다. 한 참가자는 이렇게 말했다. "돈을 줄 테니 가라고 해도 그 회사 근처에는 얼씬도 않겠어요!"

어느 정도 예상은 했지만 고객들이 무례한 행동을 지켜보는 것을 얼마나 싫어하는지 수치로 확인하고 나자 나를 비롯한 연구진은 놀라지 않을 수 없었다. 적어도 몇몇 참가자는 직원이 무슨 잘못을 저질렀는지(제때 신용카드 시안을 만들지 못한 미숙한 업무 처리) 목격했으므로 다른 직원이 질책하는 모습을 보며 '당해도 싸지!'라고 생각할 줄 알았다. 그러나 우리는 사람들이 무례한 언행을 용납하는 상황을 단 한 번도 발견하지 못했다. 망신당한 직원이 무능하다거나 장애인 주차장에 차를 대는 등 터무니없는 잘못을 저질렀는지 여부는 중요하지 않았다. 사람들은 그저 자신의 눈앞에서 무례한 상황이 벌어지는 것 자체를 용납하지 않았다. 사정이 정확히 어떻게 돌아가는지에 대해서는 관심이 없었다.

우리는 사람들이 무례한 태도를 혐오하는 까닭은 기분을 망치기 때문일 것이라는 가설을 세웠다. 당신이 근사한 식사를 즐기러 식당에 갔을 때, 가장 견디기 힘든 상황은 무엇일까? 누군가 험한 꼴을 당하는 모습을 지켜보는 것 아닐까? 실제로 사람들은 직원 휴게실 안쪽에서 들려오는 소리를 듣고 무례한 상황이 벌어지고 있다는 짐작하기만 해도 기분이 나빠지곤 했다. 요컨대, 실험 참가자들은 무례함을 '도덕적인' 잘못으로 인식했고, 그 누구도 그런 대접을 받

아 마땅한 사람은 없다고 생각했다.[17]

실험 2. 무례한 언행이 사고력에 미치는 영향 ———

무례함이 기업에 엄청난 손실을 초래한다는 사실을 확인한 나를 비롯한 연구진은 무례함이 훨씬 광범위한 피해를 야기하는 것은 아닌지 의심하기 시작했다. 사람들의 사고방식에 미묘한 방식으로 악영향을 미칠 수 있다고 본 것이다. 플로리다대학교 경영학과 아미르 에레즈 교수와 나는 이 의문을 풀어보기로 결심했다.

우리는 대학생들을 모아 두 집단으로 나누었다. 한 집단의 참가자들에게는 무례한 상황을 경험하게 하고, 다른 집단의 참가자들에게는 그러지 않았다. 전자의 경우 대학생 일반을 헐뜯는 이야기를 들려주고, 후자의 경우 아무 이야기도 들려주지 않는 식이었다.

참가자들은 집단별로 동일한 대우를 받았다. 같은 사람이 같은 맥락에서 각 집단의 참가자들 전부에게 무례하게 또는 중립적으로 대했다는 뜻이다. 다르게 적용한 것은 무례한 상황의 내용뿐이었다. 한 실험에서는 실험자가 한쪽 참가자들이 약속 시간에 늦었다면서 무례하게 대했고, 다른 실험에서는 완전히 낯선 사람이 갑자기 나타나 한쪽 참가자들에게 무례하게 대했다. 또 다른 실험에서는, 한쪽 참가자들에게 여러 가지 무례한 상황을 보여주고 어떻게 반응할 것인지 생각해보라고 했다.

우리는 각각의 조작된 상황에서 참가자들의 성과와 창의성, 배려심이 어떤 변화를 나타내는지 측정했다. 성과를 측정하기 위해서 참가자들에게 철자 바꾸기 과제(word scrambles)를 부여했다. 창의성을 측정하기 위해서 흔한 물건의 사용법, 이를테면 벽돌을 가지고 할 수 있는 일에 대해 브레인스토밍을 요구한 뒤 아이디어의 신선함과 다양성에 등급을 매겼다. 배려심을 측정하기 위해서 참가자들에게 실험자를 도울 수 있는 기회, 예를 들면 바닥에 떨어진 연필 줍기 등을 부탁한 뒤 참가자들이 실제로 돕는지 여부를 관찰했다.

실험 결과, 무례함을 경험한 참가자들은 비록 낮은 강도의 무례한 경험을 한 차례만 가했을 뿐인데도 대조군에 비해 제대로 집중하지 못했다.[18] 연구진이 특정 참가자를 지목하는 것이 아니라 대학생 전부를 싸잡아 폄하한 첫 번째 실험의 경우, 참가자들은 철자 바꾸기 과제에서 33% 낮은 성과를 보였고 브레인스토밍 과제에서는 창의적인 아이디어를 39% 적게 내놓았다. 참가자들이 실험 장소로 이동하는 도중에 낯선 사람을 만나서 바쁜 교수님을 성가시게 군다고 야단 맞는 무례한 상황을 경험한 실험의 경우, 철자 바꾸기 과제에서 61% 낮은 성과를 보였고, 브레인스토밍에서 대조군의 절반에도 못 미치는 아이디어를 내놓았다. 심지어 무례한 상황을 지켜보기만 했던 참가자들마저도 철자 맞히기 과제에서 20% 낮은 성과

를, 브레인스토밍에서 30% 적은 아이디어를 생산했다.[19]

이 모든 실험 결과가 보여주듯, 무례함은 인지능력을 앗아가고 성과와 창의성을 강탈한다. 이는 직장에서 밀려나는 결과로 이어질 수도 있다. 당신이 최선을 다해 업무에 집중하려고 마음을 다잡아도 무례한 언행에 시달리고 그로 인한 불쾌감에 사로잡힌다면 몰입할 수 없다. 아마도 누구나 한 번쯤 이런 상황을 겪어보았을 텐데 나 역시 그런 경험이 있다.

실험 3. 무례한 단어가 집중력에 미치는 영향

얼마 전 있었던 연말 파티 자리였다. 같은 대학에 재직하는 유력한 교수가 나한테 다가오더니, 그 자리에 있는 모든 사람들에게 들으라는 듯 내 책의 제목을 크게 외치고는 "무슨 이 따위 제목이 있냐"고 목청을 돋웠다. 몹시 당황해서 아무 말도 할 수 없었다. 이후로 몇 달 동안, 일에 집중할 수 없었다. 그때의 기억이 자꾸만 떠올랐기 때문이다. 내가 그 교수에게 뭔가 잘못한 일이 있었나? 그 교수의 비난이 내 경력에 악영향을 미치면 어떡하지? 그 자리에서 왜 한마디도 받아치지 못했을까? 다음번에 그 사람을 또 만나면 어떻게 대해야 하지? 나는 꼬리를 물고 이어지는 생각에 사로잡혀 너무 오랜 시간을 허비했다. 유쾌하지도, 생산적이지도 않은 경험이었다.

물론 내가 지나치게 예민하다고 지적할 이들도 있을 것이다. 그 교수와 엮였던 기억을 "훌훌 털어버렸어야 했다"면서 말이다. 하지만 그런 무례한 경험을 기억에서 "훌훌 털어버리고" 일에 집중할 수 있는 사람이 얼마나 될까? 동료와 나는 이 점에 대해서 궁금증이 일었다. 그래서 우리는 실험에 나섰다.[20]

먼저 참가자들에게 다섯 개의 단어를 주고 네 단어로 이루어진 문장을 만들어보라고 했다. 참가자들 가운데 절반은 무례함을 유발 내지 연상시키는 단어들을 받았다. '공격적으로' '뻔뻔한' '괴롭히다' '역겨운' '짜증스러운' '훼방' 같은 단어였다. 일례로, '그들, 그녀, 괴롭히다, 보다, 걸핏하면'이라는 단어 뭉치의 경우, '그들은 걸핏하면 그녀를 괴롭힌다'는 식으로 문장을 만들 수 있다. 나머지 절반의 참가자도 동일한 과제를 받았지만, 이들에게는 무례함을 떠올리게 하는 단어가 아니라 '보내다, 지켜보다, 빨리'처럼 중립적인 단어들이 주어졌다.

우리는 인간의 마음속에 무례함에 대한 기억이 존재하는 것만으로도 주의력이 떨어져 중요한 정보를 '놓치게' 되는지 알아보기 위해 심리학자 대니얼 시몬스와 크리스토퍼 차브리스가 고안한 저 유명한 '보이지 않는 고릴라(invisible gorilla)' 속임수를 차용했다.[21] 실험 참가자들이 문장 만들기 과제를 마친 뒤, 우리는 그들에게 한 무리의 사람들이 농구를 하는 동영상을 틀어주고 패스가 몇 차례 이루어지는지 세어보라고 했다. 동영상이 재생되는 중간에 고릴라 옷을 뒤집어쓴 사람이 스크린을 가로질러 걸어갔다. 동영상이 끝나자 참가자들은 패스가 몇 번이나 이뤄졌는지 종이에 기입했다. 문장 만들기 과제를 수행하는 동안 무례한 단어들을 접했던 집단에서 고릴라를 인식하지 못한 참가자의 숫자는 그렇지 않은 집단에 비해 5배나 많았다. 실험의 결과를 한마디로 정리하자면, 인간은 순수한 의지만으로 불쾌한 생각을 "훌훌 털어버릴 수 없다". 무례함은 인간이 인식하지 못하는 여러 가지 방식으로 마음에 악영향을 미치면서 집중력을 저하시킨다.

나와 연구진은 무례한 경험 때문에 인지 과정에서 추가로 고장이 발생해서 실행제어(executive control) 기능이 지장을 받는지도 궁금했다. 실행제어란 계획을 짜고 행동에 나서고 판단을 내리고 불필요한 정보를 걸러내는 과정으로, 인지 체계의 일부를 구성하는 기능이다. 이를 알아보기 위해 우리는 또 다른 실험을 진행했다.

참가자들에게 모니터 화면으로 깜박거리는 알파벳들을 보여주고 이를 최대한 기억하라고 했다. 이어서 수학 문제를 풀게 한 뒤, 앞서 보여준 문자들을 순서대로 떠올려보라고 했다. 우리는 사전에 무례한 단어들을 접한 참가자들이 정보를 처리하고 기억하는 데 훨씬 더 어려워한다는 사실을 이 실험으로 확인할 수 있었다. 무례한 단어를 접한 참가자들은 그렇지 않은 참가자들에 비해 언어적 과제에서 17%, 수학적 과제에서 43% 낮은 성과를 보였다.

실험 4. 무례한 상사가 팀워크에 미치는 영향

고릴라 복장을 한 사람이 지나가는 것을 인지하지 못하거나 수학 문제를 틀리는 것은 어쩌면 사소한 문제라고 할 수도 있다. 그러나 이런 현상이 생명을 다루는 병원에서 벌어진다면 그 결과는 어떨까? 의사나 간호사가 무례함에 대한 기억에 정신이 팔려서 실수를 저지른다면 자칫 치명적인 결과로 이어질 수도 있다.

나는 어느 의사에게 근무 중인 의료진을 폄하한 지도교수 이야기를 상세하게 들은 적이 있다. 지도교수의 무례함에 시달리던 해당 교수의 의료진은 의도치 않게 환자를 잘못 치료하는 실수를 저질렀다. 차트에 똑똑히 적혀 있는 중요한 정보를 건너뛴 것이다. 그 결과, 환자는 목숨을 잃었다고 한다. 그저 우연의 일치일까? 전혀 그렇지 않다.

의사와 간호사 4,500명을 대상으로 조사한 결과, 71%가 상대방을 깔아뭉개거나 모욕하거나 무례하게 대하는 언행을 포함한 '폭력적인 개인 행위'라고 정의한 행위와 자신이 아는 의료적 실수 사이에 관련이 있다고 응답했다. 27%는 무례한 언행과 자신이 돌보던 환자의 죽음 사이에 관련이 있다고 응답했다.[22] 내과 병원장 800여

명을 대상으로 수행한 또 다른 연구에서는 70%가 넘는 응답자가 무례한 상황이 한 달에 한 번 이상 발생한다고 밝혔으며, 99%의 응답자가 자기 병원에서 발생하는 무례한 언행이 환자를 치료하는 데 부정적인 영향을 미친다고 답했다.[23]

실제로 무례함이 의료 현장에서 성과를 낮춘다는 사실은 실험을 통해 입증된 바 있다. 이스라엘에서 신생아 집중치료실에 근무하는 24개 의료진이 의료 역량 강화를 위한 교육훈련 워크숍에 참가했다. 이들에게는 장기에 발생한 심각한 질환으로 갑자기 위독한 상태에 빠진 조산아를 치료하는 과제가 교육훈련의 일부로 주어졌다(이는 모의실험에 불과했다. 실제로 아픈 아기를 대상으로 과제를 수행한 것은 절대 아니다).

의료진은 아기의 상태를 확인하고 진단을 내린 뒤 심폐소생술을 비롯한 처치를 적절하게 수행하라는 지시를 받았다. 그리고 미국에서 건너온 전문가가 CCTV로 그 모습을 지켜보면서 이따금 평가와 조언을 제공할 것이라는 설명을 들었다. '미국에서 건너온 전문가'는 사실 무례함과 의료 성과의 상관관계를 연구하는 학자 가운데 한 사람이었다. 교육훈련에 참가한 의료진 가운데 절반은 이 전문가라는 사람에게 모의실험을 통한 훈련과 실습의 중요성 같은 중립적인 메시지를 전달받았을 뿐, 개인의 실력에 대해서는 아무런 언급도 듣지 않았다. 반면, 나머지 절반은 실력이 형편없다거나 이스라엘의 의료 수준이 '엉망'이라는 등 모욕적인 메시지를 들었다.

연구진은 모의실험 과정을 녹화했고 객관적인 평가를 위해 베테랑 의료진으로 구성된 판정단에게 평가를 의뢰했다. 평가 결과, 무례함에 노출된 의료진은 진단과 처치 과정에 적용한 모든 성과평가 척도에서 더 낮은 역량을 나타냈고, 영아의 생존 가능성도 현격하게 떨어졌다. 무례함에 노출된 의료진이 정보를 평소처럼 원활하게 공유하지 않았을 뿐 아니라 동료들에게 더 이상 도움을 청하지 않은 게 주요 원인이었다.[24]

심리적 안정감을 잃어버린 사람들은 마음의 문을 닫아버리는데, 이를 스스로 깨닫지 못하는 경우가 많다. 이런 사람들은 피드백을 구하거나 받아들일 가능성이 낮다. 새로운 도전에 나서거나 오류에 대해 대화를 나누거나 잠재적 또는 실질적 문제들을 터놓고 이야기할 가능성 역시 낮다.[25] 모욕을 가하는 사람이 같은 공간에 존재하지 않는데도 부정적인 기운에 휩싸여 자신의 역량을 최대한 발휘할 수 없는 상태에 빠지고 마는 것이다.

무례한 언행을 직간접적으로 접한 사람들은 그 기억이 머릿속에 서서히, 그러나 깊숙이 스며든다. 그렇게 뿌리 내린 기억은 쉽게 부정적인 행동으로 표출된다. 나는 무례함에 한 차례 노출되기만 해도 다른 사람들에게 도움을 제공할 가능성이 3분의1로 줄어들고, 정보를 공유하려는 의향이 절반 이하로 떨어진다는 사실을 실험으

로 확인했다.[26]

한 사람이 못되게 또는 공격적으로 행동하면, 주위 사람들의 감정이 상하고 행동 또한 거칠어지게 마련이다. 심지어 폭력적이 되는 경우도 꽤 있다. 컨설팅을 나간 기업 현장에서 이런 현상을 목격한 적이 있다. 어느 대규모 제조업체에서 벌어진 사건이다. 외부 컨설팅팀이 의뢰 기업을 깔보는 투로 권유 사항을 나열하자 듣고 있던 임원이 흥분하고 말았다. 주고받는 말이 차츰 거칠어지더니 인신공격으로 치달았고, 결국 임원은 컨설턴트에게 소리를 쳤다. "이 자식, 너, 밖으로 나와!" 마침내 양복 차림의 신사들이 조직폭력배처럼 주차장으로 우르르 몰려나갔다. 다행히 어느 냉철한 이성의 소유자가 사태에 개입하면서 주먹싸움이 벌어지기 일보직전에 상황이 종료됐다. 이런 사건을 겪고 나서 하던 일에 다시 집중한다는 것이 가능하겠는가? 무례함은 사람들의 마음속에 부정적인 언행과 노골적인 공격의 불씨를 심는다.

자, 연습 문제를 하나 마련했다. 아래 나열된 알파벳들로 어떤 단어를 조합할 수 있을까?

remdue = _____

정답은 'demure(얌전하다)'이다. 혹시 'murder(살인)'가 뇌리에

스쳤는가? 실제로 우리는 문제를 풀기에 앞서 무례한 언행을 겪은 실험 참가자들의 경우 'murder'라고 대답할 가능성이 8배나 높다는 사실을 입증한 바 있다.[27]

무례함과 맞닥뜨린 사람들은 종종 우리 아버지처럼 행동한다. 이쯤이야 대수롭지 않은 일이라고, 이런 어처구니없는 상황쯤은 거뜬히 이겨낼 수 있다며 눈을 질끈 감아버린다. 하지만 지금까지 살펴본 대로, 무례함은 사람들을 원래 궤도에서 어떻게든 끄집어내려 자신의 능력을 제대로 발휘하지 못하게 만든다. 나는 이 말이 맞다는 사실을 내가 수행한 모든 연구에서 확인했다. 심지어 무례한 상황을 옆에서 지켜본 사람조차 타격을 입는다.

무례함은 우리 모두에게서 무언가를 빼앗아간다. 우리를 감정적 롤러코스터 상태에 빠뜨린다. 우리의 인지능력을 빨아들인다. 심지어 정신건강을 해치기도 한다. 결국 우리는 산산이 부서져 극도로 위축되고, 평소의 모습을 찾아볼 수 없는 지경에 이른다.

만약 당신이 지금 무례한 상황을 겪고 있다면, 이를 절대로 가볍게 여겨선 안 된다. 언뜻 보기에 사소한 말이나 행동이라도 개인은 물론 팀 차원에도 심각한 충격을 입을 수 있다. 무례함의 문제를 심각하게 받아들여야 한다. 그렇지 않으면, 우리가 초래하거나 경험하는 무례함의 해악이 계속 축적되다가 어느 순간 무시무시한 얼굴로 우리 앞에 나타날지도 모른다.

KEY POINTS

- 무례함이 대인관계와 비즈니스에 미치는 손실은 생각하는 것보다 훨씬 막대하다.
- 고객들은 자신이 직접 겪지 않은 무례함도 용서하지 않는다.
- 무례함은 사고를 마비시켜 자신의 코앞에 놓인 정보를 놓치게 한다.
- 무례한 상황을 간접적으로 목격한 사람들조차 사고 기능에 문제가 생기거나 공격적으로 사고할 가능성이 높아진다. 물론 이들 자신은 그 연관성을 파악하지 못한다.

정중한 사람은 못 얻을 것이 없다

CHAPTER 3

정중한 사람은 돈 한 푼 안 들이고 모든 것을 살 수 있다.
―M. W. 몬터규

고어텍스로 유명한 하이테크 섬유기업 W. L. 고어 앤드 어소시에이츠(W. L. Gore & Associates)의 CEO 테리 켈리를 처음 만났을 때 얼마나 놀랐는지 모른다. 너무도 수더분한 사람이었기 때문이다. 강연차 서던캘리포니아대학교를 찾은 켈리는 여행용 가방을 끌고 교정을 가로지르고 있었다. 여느 글로벌 기업의 CEO와 달리 수행원 한 명 없었다.

알다시피 고어는 큰 기업이다. 직원 수가 1만여 명에 이르고 연매출이 30억 달러에 달한다. 그럼에도 불구하고 길을 안내하는 사람도, 경호원도, 비서도 없었다. 근사한 차량들의 행렬도 보이지 않았다. 대강당으로 가는 길을 묻던 그를 보면서 소탈하고 깍듯하며 따뜻한 사람이라는 느낌을 받았다. 자신을 돋보이게 하는 일에 무관심한 사람, 자신의 지위를 과시하지 않는 사람, 정중함 그 자체를 보여주는 사람이었다.

고어가 예의 바른 사람을 사장으로 뽑는 이유 ———

나는 켈리의 그날 강연에 참석해 그가 CEO 자리에 오른 이례적인 경로를 듣고 다시 한 번 깊은 인상을 받았다. 켈리가 상품기획 담당자로 고어에 입사한 것은 1983년이다. 이후 해당 부서의 책임자로 일하다가 글로벌 섬유 부문을 이끌게 되었다. 2005년 당시 CEO로 일하던 전임자가 은퇴하자, 이사회가 사내 전 부서를 대상으로 새로운 CEO 선거를 진행했다. 직원들이 직접 새로운 리더를 뽑으라는 뜻이었다. 고어는 이런 식으로 돌아가는 기업이다. 고어는 동료들의 존경을 얻는 능력을 기준으로 직원들 가운데서 리더를 뽑는다. 회사 구성원 중 누구라도 차기 CEO로 지명 받을 수 있다는 말이다.

지난 22년간 켈리와 함께 일해온 동료들은 주저없이 켈리를 고어를 이끌어갈 차세대 리더로 뽑았다. 자신보다 나이도 많고 사내에서 훨씬 두각을 나타내던 경쟁자들을 제치고 CEO로 선출되자 켈리는 "놀라 자빠지는 줄 알았다"고 말했다. 따지고 보면 그가 선출된 이유는 지극히 단순했다. 직원들이 그에게서 진심으로 따르고 싶은 존경스러운 리더와 팀플레이어의 모습을 모두 발견했기 때문이다. 이처럼 정중한 사람은 동료들의 마음을 사로잡고 자신의 영향력을 쉽게 높인다. 요컨대, 괜찮은 사람은 우리가 생각하는 것보다 더 쉽게 성공한다.

앞에서 우리는 무례함이 어떻게 개인과 조직의 성과를 낮추고, 파괴하는지 알아보았다. 여기서 무례함이란 다른 사람들이 막돼먹었다거나 모욕적이라고 인식하는 말과 행동을 뜻한다. 이쯤에서 스스로에게 질문을 던져보자.

당신은 정중한 사람인가?

이 질문을 받은 사람들 대부분은 자기 자신이 무례하게 굴지 않으며 정중하게 행동하는 사람이라고 답한다.

그런데 정확히 말하면, 당신은 누구에게도 해를 끼치지 않는 선에서, 이도 저도 아닌 방식으로 행동하고 있는지도 모른다. 하지만 정중함이란 그 이상의 행동을 필요로 한다. 존중과 품위, 호의, 그리고 친절로 주위 사람들을 고양시키는 '적극적인' 행동이 필요하다는 뜻이다.

머리말로 돌아가서 생각해보자. 당신은 상대방을 주저앉히는 언행을 할 수도 있고, 한껏 높여주는 언행을 할 수도 있다. 상대방을 주저앉히지 않았다고 해서 높여주었다고 말할 수는 없다. 상대방을 사이드라인 밖으로 밀어내지 않았다고 해서 그들이 자신이 가진 최고의 역량을 뽐낼 수 있도록 격려했다는 뜻은 아니다.

정중하게 행동한다는 것은 상대방에게 '적극적으로' 잘 대해준다는 뜻이다. 적극적이 되려면 마음속에 담겨 있는 진심이 겉으로 드러나도록 행동해야 한다. 상대방에게 무언가를 얻고 싶거나 조직이 지향하는 바를 충실히 따라야 하는 의무 때문에 '수동적으로' 친절하게 대한다면 진정으로 정중한 태도라고 할 수 없다. 정중한 언행이란 상호존중과 품위의 규범들을 진솔하게 인정하는 방식이다. 나는 켈리가 누구든 따뜻하고 다정하고 친절하게 대하는 사람일 것이라고 믿는다. 정중한 사람들은 켈리가 그렇게 살아가는 이유를 잘 안다. 누구나 서로에게 관심과 배려, 격려를 아끼지 않는 사회에서 살고 싶어 하기 때문이다.

일터에서 정중한 언행이란 지극히 사소한 것을 의미할 수도 있다. 복도에서 마주친 동료에게 미소를 짓거나 가볍게 인사를 건네는 행동일 수도 있고, 부하 직원에게 업무를 지시할 때 부탁한다고 말하거나 업무를 마친 부하 직원에게 고맙다고 인사하는 행동일 수도 있다. 부하 직원을 이래라저래라 내키는 대로 부려먹는 대신 대화에 참여시키고 의견을 주고받음으로써 정중하게 대하는 행동일 수도 있다. 켈리는 의식적으로 이렇게 사람들을 대한다고 언론과의 인터뷰에서 밝혔다.

"우리 회사에 남다른 점이 있다면, 리더들의 처신일 겁니다. (고어에서는) 동료들의 지지를 얻어야 리더 자리를 지킬 수 있습니다. 동료들도 이 사실을 잘 알고 있습니다. 따라서 리더들은 주위의 지지를 얻기 위해 매일같이 노력합니다. 조직이 나아갈 길을 손가락으로만 가리키지 않고, 명령만 내리지도 않습니다. 나아가야 하는 방향과 그 이유를 납득시키기 위해 솔선수범의 자세로 최선을 다하지요. 이것이 바로 고어의 리더들이 조직를 움직이는 방식입니다."[1]

나아가 켈리는 리더들이 "자신의 결점과 행동 방식과 남에게 미치는 충격"을 보다 면밀하게 자각해야 한다고 지적했다. '(나도) 저렇게 행동하는 것이 좋겠구나'라는 인상을 심어주어야 한다는 말이다. 리더라면 자신의 행동을 통해 기업이 추구하는 이상을 확인시키는 방식으로 기업의 문화를 체현해야 한다.[2]

리더들이 직원들의 감정과 인식에 신경 쓰는 데 많은 시간을 할애해야 한다는 주장에 모두가 동의하는 것은 아니다. 대표적으로 마키아벨리는 "사람들을 순종하게 만들려면 명령하는 방법을 알아야 한다"면서 "남들에게 사랑 받기보다 남들이 두려워하는 존재가 되는 편이 훨씬 낫다"라는 유명한 말을 남겼다.[3] 내가 만나본 많은 직업인이 마키아벨리의 말에 동의한다.

정중함으로 무엇을 얻을 수 있는지 회의적이라고 말하는 사람도 많다. 부하 직원들을 기분 좋게 대하려고 긍정적인 모습을 보일 경우, 자신의 권위가 손상될 수 있다고 우려하는 리더들도 많다. 이들은 거칠고 퉁명스럽고 냉정하고 위압적으로 사람들을 대해야 한다고, 한마디로 인정사정 보지 말아야 성공할 수 있다고 믿는다. 내가 연구한 결과도 이런 믿음이 대중적으로 널리 퍼져 있음을 증명한다. 직장인 중 40%에 가까운 응답자가 직장에서 사람 좋게 행동하면 남들이 자신을 이용하려들 것이라고 걱정했다. 위력을 과시하는 것이 권력을 얻을 수 있는 최선책이라고 생각하는 응답자가 절반에 육박했다.[4]

그러나 켈리는 타인을 정중하게 대하는 태도에도 '불구하고' 성공한 것이 아니라 그런 태도 '때문에' 성공한 사람이다. 우리가 주목해야 하는 의미심장한 교훈이 아닐 수 없다.[5]

마키아벨리 VS. 테리 켈리

밴더빌트대학교의 제시카 케네디와 나는 사람들에게 정중하게 대하면 지위와 권력이 줄어드는지, 아니면 커지는지 실증적으로 확인하고 싶었다.

우리는 실험 참가자들에게 두 가지 이야기 가운데 하나를 읽히는 실험을 했다. 절반의 참가자들에게는 어느 뛰어난 의사에 관한 이야기를 제시했다. 제너 외과 과장이라고 불리는 이 의사는 어느 날 직원들로부터 자신의 언행에 대한 불평을 들었다. 사정은 이랬다. 제너 과장은 어깨관절 수술 과정에 수술 보조로 참여했다가 실수를 저지른 레지던트 한 사람에게 폭언을 퍼부었다. 레지던트는 용서를 구하며 실수하게 된 이유를 설명하려고 했다. 그러자 제너 과장은 말을 끊고 받아쳤다. "어쩌면 그렇게 무능할 수 있지? 이 환자는 이제 신경에 영구적인 손상을 입게 되었어. 바로 너 때문에! 수술실에서 당장 꺼져!"

우리는 참가자들에게 제너 과장은 그날뿐만 아니라 기분이 좋지 않은 날이면 마취과 의사들과 갈등을 빚거나 간호사들을 애먹이곤 했다는 추가 정보를 제공했다. 이와 함께 제너 과장 아래서 배운 레지던트들이 나중에 자기 분야에서 두각을 나타냈다는 이야기도 해주었다. 그는 주위 사람들에게 불친절하고 무례하기는 해도 병원의 몇몇 이사들에게 대단히 존경받는 의사라고도 했다. 이야기의 결론은 이랬다.

"이 의사는 엄청난 매력의 소유자일 수 있다. 병원을 운영하는 사람들이 보기에 제너 과장은 누구도 대신할 수 없는 지적 자산이자

사업적 자산임에 틀림없다."

또 다른 절반의 참가자들에게는 비슷하지만 조금 다른 이야기를 들려주었다. 이 이야기 속에 등장하는 의사는 정중하게 행동하는 사람이라는 점만이 앞의 사례와 달랐다. 제너 과장처럼 뛰어난 의사이지만, 자신의 행동에 대해 직원들로부터 조금도 불평을 듣지 않는 인물로 묘사한 것이다.

수술 과정에서 똑같은 실수를 저지른 레지던트가 용서를 구했을 때, 의사는 이렇게 대답했다. "자네는 전체적으로 아주 유능한 사람이야. 환자는 영구적인 신경 손상을 입었지만, 이 문제가 우리 잘못인지에 대해서는 이야기를 나누어봐야 할 것 같네. 일단은 집으로 돌아가게. 내일 만나서 다시 이야기해보세."

참가자들은 이 의사가 마취과 의사들과 충돌하는 법이 없고 기분이 좋지 않은 날이라도 간호사들에게 친절하게 대한다는 이야기를 들었다. 첫 번째 시나리오의 제너 과장처럼, 이 의사의 제자들 역시 수련기가 끝난 후 원하는 자리를 골라서 갈 정도로 그는 훌륭한 교육자다. 또한 예의 바르고 깍듯한 사람이어서, 병원 이사회 구성원들 가운데 몇몇은 그를 끔찍이 아낀다.

우리는 '존경스러운 의사' 시나리오를 받은 참가자들과 '무례한 의사' 시나리오를 받은 참가자들이 해당 의사의 사회적 지위를 어떻게 평가했는지 비교했다. 결과는 놀라웠다. 참가자들이 사회적 지위와 존경 내지 존중할 만한 가치에 있어서 더 높은 점수를 매긴 쪽은 후자의 정중한 의사였다.

둘 사이의 격차도 작지 않았다. 정중한 의사는 사회적 지위에 있어서 36%나 높은 점수를 받았다. 이런 실험 결과를 보면 "사랑받기보다 두려운 존재가 되는 편이 낫다"는 마키아벨리의 주장은 다분히 17세기적인 조언으로 보인다.[6]

우리는 의사들의 언행에 대한 설명을 불분명하게 바꾼 이야기로 두 번째 실험을 진행했다. 정중한 의사 이야기의 경우, 의사는 늘 미소를 짓고 주위 사람들을 인정하며, 그들의 노고를 높이 사고 말투도 점잖다고 묘사했다. 무례한 의사 이야기의 경우, 늘 찌푸린 얼굴로 주위 사람들을 인정하지 않고 뭐든지 거칠게 따져 묻는다고 소개했다.

앞의 실험과 달리 극적인 요소는 모두 배재했음에도 응답자들은 정중한 의사의 사회적 지위가 78% 높다고 판단했다. 아울러 정중한 의사가 무례한 의사보다 1.2배 이상 리더다우며, 23% 이상 유능할 뿐 아니라, 뜻밖에도 16% 이상 영향력이 강하다고 보았다.[7] 다시 한 번 강조하지만, 정중하게 행동하면 다른 사람들이 얕잡아본다는 생각은 잘못된 판단이다. 도리어 정중함은 사회적 지위와 영향력을 높여준다.

직위가 올라갈수록 정중함은 빛난다

여기서 또 다른 궁금증이 생겨난다. 과연 현실에서도 정중한 사람들이 더 빨리 승진할까? 더 좋은 실적을 낼까? 두 질문 모두 대답은 "그렇다"이다.[8]

정중한 사람들은 보통 협업의 기회를 더 자주 얻는다. 이렇게 생각해보자. 당신이 동료의 도움을 받아야 하는 상황에 처했다. 친절한 사람에게 부탁하겠는가, 아니면 무례하지만 조금 더 유능한 사람에게 부탁하겠는가? 처음에는 중요한 것은 능력이라면서 무례하지만 유능한 동료를 선택하는 사람이 많을 지 모른다. 하지만 그런 사람과 호흡을 맞추기란 여간 어려운 일이 아니다.

1만 건이 넘는 직장 내 인간관계를 조사한 연구에 따르면,[9] 사람들은 동료 중에서 협업을 위한 파트너를 선택할 때 "이 사람이 그 일을 잘할까?"보다 "그 사람과 함께 일하면 즐거울까?"라는 질문을 기준으로 삼는 것으로 나타났다. 당신이 주위 사람들을 정중하게 대한다면, 그들은 당신과 기꺼이 협력하며 일할 것이다. 시간이 흐를수록 당신의 평판은 널리 퍼질 것이고, 그러면 능력은 뛰어날지언정 정중함이 부족한 경쟁자보다 당신을 파트너로 선택하는 사람이 더 많아질 것이다.[10]

나는 대학에서 종신직 교수를 선발할 때 정중함의 강력한 힘을 자주 목격한다. 신규 채용을 진행하는 학과에서는 까다롭고 거만하다는 평판을 받는 슈퍼스타 후보자를 선발하기보다 훌륭한 생산성과 정중함을 겸비한 후보자를 동료로 선택하는 경향이 있다. 로펌이나 의료기관도 고위급 변호사나 의사를 채용할 때 비슷한 방식으로 결정을 내린다. 이런 선택은 장기간 함께할 사람을 뽑는 중차대한 고용이므로, 무례한 사람보다는 협업 능력을 갖춘 정중한 사람이 선호된다.

협업의 대상이 되는 업무가 중요할수록, 정중함의 중요성은 더욱 커진다. 나와 한때 협업했던 한 유능한 컨설팅 기업의 경우, 일련의 합병 과정을 거치는 과정에서 정중한 사람들을 고용하고 승진시키는 데 초점을 맞추었다. 정중한 사람은 다양한 전문 분야에서 일하는 개성 강한 구성원들과 원활하게 협력할 수 있는 사람, 영역을 넘나들면서 효과적으로 소통할 수 있는 사람이기 때문이다. 이 회사는 강력한 대인관계 역량이나 친절과 존중의 마음가짐이 없는 채용 및 승진 후보자에게 투자할 의향이 전혀 없다고 했다.

더 일반화해서 말하면, 정중한 직업인들은 광범위하고 생산적인 네트워크를 훨씬 용이하게 구축한다. 초연결 사회를 살아가는 우리는 광범위한 네트워크를 얻기 위해선 인간관계를 능동적으로 형성해야 한다고 믿는다. 맞는 말이다. 하지만 정중함은 빼놓아선 안 되는 요소다. 내가 동료들과 함께 입증한 바, 정중하다고 인정받는 사람들이 네트워크상에서 더 중요한 위치를 점하는 경향이 있다. 이들은 아이디어와 정보, 사람을 매개하는 연결자 역할을 맡는다. 조직 내에서 경계를 효과적으로 넘나들 수 있는 존재가 되는 것이다.[11]

존경받는 사람들은 네트워크로부터 뜻밖의 가외 소득과 개인적인 이익을 얻는 반면, 무례하다고 지목된 사람들은 네트워크 진입과 그에 따른 정보, 조언, 경력 개발 기회 등 모든 이로움에서 차단당한다. 실제로 자신에게 추천권이 있다면 무례한 사람보다 정중한 사람을 추천하겠다는 응답자가 1.2배나 많았다.[12]

정중한 언행이 선사하는 이로움은 또 있다. 당신이 승진의 사다리를 간절히 오르고 싶다면, 주위 사람들이 당신을 리더로 여기게끔 해야 한다. 영국 서리대학교의 알렉산드라 거바시, 콜롬비아 로스안데스대학교의 세바스찬 쇼르히가 진행한 연구에 따르면, 사람들은 리더가 된다는 것과 정중한 태도를 연관 짓는 경향이 있다. 이 연구 결과에 따르면 정중함은 품위와 예의, 유쾌함을 갖춰 다른 사람을 존중하는 태도라고 정의할 수 있다. 마찬가지로 내가 한 생명공학 기업을 대상으로 조사한 결과, 정중하다고 여겨지는 사람들은 무례하다고 여겨지는 사람들에 비해 리더로 간주될 가능성이 2배나 높았고, 실적 또한 13% 높았다.[13]

어떤 사람을 놓고 유능한 리더인지 판단할 때, 사람들은 정중하게 행동하는 사람인지 여부를 참고하는 경향이 있다. 세계 각국의 7만 5,000여 명을 대상으로 조사한 결과, 존경받는 리더의 여러 특성 가운데 배려심과 협동심, 공정성 같은 요소가 가장 높은 점수를 받았다.[14] 나 역시 전 세계 2만 명의 직원들을 대상으로 진행한 조사에서 리더가 직원들의 헌신과 협력을 획득하기 위해 가장 중요시해야 할 덕목은 '상대방을 존중하는 태도'라는 사실을 발견했다.[15] 과거 69차례 이뤄진 연구에서 도출한 결론을 분석한 보고서의 저자들도 "요즘 리더십은 과거에 비해 감수성과 따뜻함, 공감능력 같은 여성적 인간관계의 특성을 더 많이 아우르는 것으로 보인다"고 지적했다.[16]

딱, 3분의 차이

물론 어떤 사람이 승진의 사다리를 빠르게 오르는가 하는 문제는 궁극적으로 어떤 성과를 내놓느냐에 달려 있다. 그런데 이 대목에서도 정중함은 도움이 된다. 사람들에게 고맙다고 말하기, 주의 깊게 경청하기, 부드럽게 질문하기, 가볍게 인사하기, 상대방 덕분이라고 말하기, 미소 짓기처럼 사소한 행동들이 실적을 상승시키는 데 도움을 주는 반면, 언뜻 생각하면 사소해 보일지라도 정중하지 않게 행동할 경우 대가를 치를 수 있다고 강조하는 연구 결과가 있다.

후자와 관련해서 주목할 만한 연구를 소개한다. 통계에 따르면 미국인들은 형편없는 치료는 물론이고 의사의 언행에서 받은 불만 때문에 의료 과실 소송을 제기한다. 수시로 소송을 당하는 의사와 한 번도 소송을 당하지 않은 의사가 어떻게 다른지 비교한 연구 결과를 살펴보면 소송을 당한 적이 없는 의사들은 환자들과 공감대를 쌓는 데 더 많은 시간을 할애했다. 이런 의사들이 환자들과 대화하는 시간은 일반적인 의사들에 비해 평균 3분 더 길었다. 두 경우 모두 의사가 전달하는 정보의 양과 질에는 큰 차이가 없었다. 차이가 있다면 의사가 환자를 대하는 방식이었다. 이들은 환자들에게 더 많은 정보를 주려고 노력했고, 농담을 섞어가며 이야기해 친근하게 다가갔고, 더 많이 질문했으며, 의견을 달라고 겸손하게 부탁했다.[17]

스탠퍼드대학교 심리학과 교수를 지낸 낼리니 앰바디와 동료들은 외과 의사들과 환자들이 대화하는 장면을 동영상에 담았다. 그러고는 판정단에게 넘겨서 인간미와 적대감, 위압성, 불안감을 기준으로 의사들을 평가하게 했다. 연구진은 여기서 얻은 평가 결과만을 가지고 어떤 의사들이 소송을 당하고 어떤 의사들이 소송을 당하지 않을지 정확히 예상할 수 있었다.[18] 말콤 글래드웰은 자신의 책《블링크(Blink: The Power of Thinking Without Thinking)》에서 웅변적인 문장들로 이 현상을 요약했다.

의료과실이라고 하면 지극히 복잡하고 다차원적인 문제처럼 들린다. 그러나 결국은 환자에 대한 존중의 문제로 귀결되게 마련이다. 의사가 환자에게 존중하는 마음을 전달하는 가장 쉬운 방법은 그 마음을 말투에 담는 것이다. 환자의 마음에 가장 큰 상처를 남기는 것은 의사의 권위적인 말투다.[19]

혹시 당신은 위에서 거론된 외과 의사처럼 행동하지 않는가?

정중한 조직은 못 얻을 것이 없다

지금까지는 개인에 초점을 맞추어 이야기를 풀었다. 한 발 더 나아가 조직으로 정중함의 범위를 확대해 보면 정중함은 팀이나 조직의 역량도 강화시킨다. 복합적인 기능을 수행하는 생산팀을 대상으로 연구한 결과, 리더들이 팀원들을 정중하고도 공정하게 대할 경우 팀원 개인은 물론 팀 자체의 생산성도 향상됐다.[20] 성과 목표를 뛰어넘는 생산성을 발휘할 가능성도 더 높았다.

모든 것은 리더로부터 시작된다. 리더들이 정중하면, 성과와 창의성이 증대되고[21], 조기에 오류를 발견하고 대책을 마련할 수 있으며[22], 감정적 탈진 현상을 줄일 수 있다.[23]

코스트코(Costco)의 설립자 짐 시네갈의 사례를 살펴보자. 시네

같은 기업의 고객과 사원을 주주보다 중요하게 여기는 CEO다. 직원들과 안부 인사를 나누기 위해 일부러 매장을 돌아다닐 정도다. 아울러 회사 차원에서 직원들을 존중하고 보상하기 위한 시스템도 확실하게 갖추었다. 코스트코는 직원들에게 20.89달러의 평균 시급을 지불하는 것으로 유명하다. 이는 코스트코의 강력한 경쟁자인 샘스클럽(Sam's Club)의 모기업 월마트(Walmart)에 비해 65%나 높은 수준이다.[24]

코스트코는 파트타임 노동자들에게까지 의료보험 혜택을 제공하는 등 직원들에게 막대한 금액을 투자하는 기업으로도 유명하다. 이런 노력은 시간이 흐를수록 성과가 향상되는 결실로 돌아오고 있다. 시네갈은 이렇게 말했다. "밖에 나가서 코스트코에 대해 좋은 이야기를 퍼뜨리는 충성스러운 홍보대사가 12만 명이나 된다고 상상해보라. 얼마나 엄청난 강점인가?"[25]

코스트코 직원들은 샘스클럽 직원들에 비해 1인당 2배에 가까운 매출을 올린다. 근속연수도 훨씬 길다. 코스트코에서 1년 이상 근무한 직원들의 이직률은 업계 평균에 비해서 매우 낮은 편이다. 코스트코의 낮은 이직률은 매년 수억 달러에 이르는 비용 절감 효과로 되돌아온다. 코스트코는 내부 직원의 물품 절도 사건이 업계에서 가장 적게 발생하는 회사이기도 하다.[26] 2003년부터 2013년까지 월마트의 주가가 50% 오르는 동안 코스트코의 주가는 200% 이

상 상승했다.[27]

　이렇듯 직원들을 정책적으로 존중하고 배려하면 비즈니스에 큰 도움이 된다. 간단하고 사소한 행동만으로도 팀과 조직에 긍정적이고도 생산적인 조직 문화를 불어넣을 수 있다. 한 연구 결과에 따르면, 정중하게 행동하는 사람들에게 실험 참가자들이 정보를 기꺼이 공유할 가능성은 59%, 조언을 구할 가능성은 72%, 정보를 부탁할 가능성은 57% 높았다.[28] 이처럼 정중함은 팀의 협업능력을 크게 활성화시킨다.

　정중함은 직원들에게 더 안전하고 더 행복한 느낌을 준다. 앞서 언급한 2만여 명을 조사한 연구에서 리더로부터 존중받는다고 느낀 직원들의 경우, 건강과 웰빙지수는 56%, 즐거움과 만족스러움은 89%, 우선순위와 집중력은 92%, 의미와 중요성은 26%, 몰입도는 55% 높았다.[29]

　정중함이 팀의 실적 향상으로 이어지는 가장 중요한 경로 가운데 하나는 팀원들이 느끼는 '심리적 안정감'의 크기를 키우는 것이다. 심리적 안정감이란 팀의 업무 환경이 신뢰와 존중을 바탕으로 삼고 있다는 느낌, 그리고 위험을 감수할 만한 안전한 곳이라는 느낌을 뜻한다. 내가 진행한 실험에 따르면, 사람들은 다른 업무나 미팅으로 바쁜 사람에게 무턱대고 서류를 들이미는 식으로 무례하게 제안 받을 때보다 정중하게 제안 받을 때 심리적 안정감이 35% 증

가했다.[30]

심리적 안정감은 팀 실적을 전체적으로 향상시키기도 한다. 구글(Google)이 사내에서 활력이 높은 팀 180여 개를 연구한 결과, 어떤 사람들로 팀을 구성하느냐보다 팀원들이 어떤 식으로 소통하고 업무 체계를 구성해서 각자의 성과를 평가하느냐가 생산성에 더 중요한 영향을 미치는 것으로 나타났다. 심리적 안정감이 높은 팀원들일수록, 동료들의 아이디어를 활용할 가능성은 더 높고 구글을 떠날 가능성은 더 낮았다. 회사를 위해 더 많은 매출을 내고 경영진에게 '유능하다'는 평가를 받는 사례도 2배나 많았다.[31]

인재의 기준이 바뀌고 있다

마이크로소프트(Microsoft)에서 인재 및 조직 역량 관리를 총괄하는 비키 로스테터가 내게 이렇게 말한 적이 있다. "실적이란 업무 수행 성과가 아니라 업무 수행 방법을 가리키는 말입니다." 이번 장에서 제시한 여러 연구 결과들을 보면 충분히 동의할 수 있는 의견이다. 일터에서 영향력을 최대로 발휘하고 최선의 방향으로 경력 경로를 개발하려면 무례함이 아니라 정중함의 길을 걸어야 한다.

뉴잉글랜드 슈퍼마켓 체인점 마켓바스켓(Market Basket)의 CEO 아서 디물러스는 정중함의 효험을 톡톡히 보았다. 디물러스는 아무리 바빠도 반드시 시간을 내서 매장을 방문한다. 2만 5,000명에 이르는 직원들의 이름을 익히고 따뜻하게 인사를 나누기 위해서다.[32] 그는 직원들에게 최저 임금을 훨씬 뛰어넘는 급여를 지급하고, 회사 형편이 어려울 때도 직원들과 성과를 제도적으로 나누는 이윤 분배 제도를 운영했다.[33] 그런 그가 경영권을 빼앗기고 쫓겨나자 수천 명에 이르는 직원들이 고객들과 함께 거리로 나와서 항위 시위를 벌였다. 이 시위 덕분에 디물러스는 이사회를 장악한 사촌의 주식을 매입해서 경영권을 되찾을 수 있었다.[34] 디물러스는 "회사에서 일하는 모두가 평등합니다. 직원들을 인격적으로 대하면, 더 열정적이고 헌신적으로 일하는 조직 문화를 만들 수 있습니다"라고 말했다.[35]

정중함은 지혜로운 선택이다. 또한 실질적이고 인간적인 방법이다. 당신은 다른 사람들을 정중하게 대함으로써 훌륭한 인격체가 되는 동시에 앞서 나가는 행동가가 될 수 있다. 이보다 더 좋은 방법이 또 어디에 있을까? 당신에게 정중한 대접을 받은 사람들은 당신을 지지하고 당신을 위해 더 열심히 일하는 것으로 보답할 가능성이 높다.

무례하게 행동해도 성공하는 경우가 얼마든지 있다고 반박하는 주장도 있을 것이다. 그렇다면 나는 그런 사람들이 무례함에도 '불구하고' 성공한 것이라고 반박하겠다. 그동안 쌓인 연구 결과를 보면, 일반적인 상식(무자비한 사람의 성과가 높다)과 달리 경영자에게 실패를 안겨주는 으뜸가는 요인은 무감각하고 거칠고 위압적인 태도이며, 세 번째 요인은 무관심과 거만함이다.[36]

힘으로 순종을 강제할 수는 있다. 그러나 상대방에 대한 몰이해나 결례는 결정적인 상황에서 지지의 철회로 이어질 수 있다. 직원들이 중요한 정보를 공유하지 않거나 노력 또는 자원을 투입하는 것을 망설이게 될지도 모른다. 무례한 리더는 무례함의 대가를 곧바로 치를 수도 있고, 예기치 않은 상황에서 치를 수도 있다. 그것이 고의적으로 이뤄지는지 부지불식간에 저도 모르게 이뤄지는지는 누구도 모를 일이다.

당신이 어떤 위치, 어떤 분야에서 어떤 일을 하는 사람이건 간에 무언가 이뤄내기 위해서는 자신이 어떤 사람인지 판단 받아야 하는 때가 수시로 오게 마련이다. 부디 그 순간을 최대한 활용하기 바란다. 다른 사람들과 소통할 때마다 선택의 기회가 주어진다. 상대방에게 좋은 인상을 주고 싶은가? 아니면 나쁜 인상을 안기고 싶은가? 상대방에게 어떤 사람으로 다가가고 싶은가? 보다 과감해지자. 주저 말고 예의 바르게 처신해보자. 상대방이 좋아할 것이라고 장담한다. 그러면 당신 자신에게도 좋을 일이 있을 것이다.

KEY POINTS

- 사람들은 존중받을 때 자신이 가치 있고, 힘이 있다고 느낀다. 정중함은 사람들을, 그리고 그들이 몸담은 팀과 사업을 고양시킨다.
- 정중한 행동은 사소한 것일지라도 중요한 변화를 가져온다.
- 무례한 사람들은 무례함에도 '불구하고' 성공한 것이지, 무례하기 '때문에' 성공한 것은 아니다.

무례함의
감염경로와 예방법

CHAPTER 4

정중한 태도를 한 번만 잃어버려도 예의와 품위를 되찾기란 불가능하다.
―새뮤얼 존슨

　내가 글로벌 스포츠 브랜드에서 스포츠 아카데미를 담당한 부서에 근무할 때 끔찍한 조직 문화를 경험했다는 이야기, 기억하는가? 그때로 돌아가서 이야기를 계속하자면, 이 아카데미는 프로 선수들과 아카데미 직원들이 이용하는 번듯한 체육관까지 갖추고 있었다. 나는 아침 일찍 그 체육관에 나가서 친구들, 동료들과 운동하면서 땀을 흘렸다. 그 자리에는 코치와 트레이너, 관리직원들도 함께였다.
　그런데 우리의 무례한 리더가 이따금 등장하는 날이 있었다. 그런 날이면 그는 체육관 책임자를 불러서 고래고래 소리를 질렀다.

한번은 템포가 빠른 피트니스용 음악을 스피커로 커다랗게 틀어놨다는 이유로 폭발했다. 그는 자신이 좋아하는 음악을 틀지 않는 의도가 무엇이냐고 따졌다. 그가 좋아하는 음악이란 1970~1980년대에 활약한 알앤비 가수 배리 화이트의 노래였다. 피트니스 센터에서 신나게 땀을 뺄 때 이런 느린 음악을 듣길 원하는 사람이 얼마나 되겠는가?

그 리더가 체육관 책임자에게 휘두르는 언어적 채찍질은 영원히 끝나지 않을 것처럼 느껴졌다. 모두가 지켜보는 자리였고, 심지어 책임자의 아내까지 운동하러 나온 시간이었다. 버럭버럭 소리를 질러대는 리더를 보고는 책임자는 부리나케 사무실로 뛰어가서 허둥지둥 음악을 바꾸었다. 그 상황을 최대한 빨리 모면하려는 듯한 처절한 몸부림이었다. 이내 배리 화이트의 매끄러운 목소리가 체육관 전체에 울려퍼지기 시작했다. 하지만 이 정도로는 리더를 달래기에 역부족이었다. 그는 여전히 화를 가라앉히지 못하고, 책임자에게 계속 고함을 질러댔다. 모두가 어쩔 줄 몰라 했다. 한참 지나서 리더가 떠난 뒤에야 우리 모두는 비로소 안도의 한숨을 내쉬었다. 하지만 누구도 평소처럼 운동할 힘이 남아 있지 않았다. 아침 6시 반도 안 됐는데, 벌써 하루를 망친 듯한 기분이 들었다.

나는 특별훈련이 필요한 선수들을 데리고 이 체육관을 자주 찾았다. 그런데 리더가 불쑥 나타나 무례하게 군 날이면 선수들을 상대하는 코치와 트레이너들이 제대로 집중하지 못했다. 그들은 리더의 직접적인 공격 대상이 아니었는데도 집중력과 적극성이 떨어졌다. 쉽게 말해, 일할 기분이 전혀 나지 않았던 것이다. 코치와 트레이너가 그렇다 보니 부정적인 분위기가 선수들의 마음까지 물들였다. 기분이 상한 선수들은 평소에 못 미치는 기량을 보였다. 때로는 자신에게 좋지 않은 기운을 물들인 체육관 관리자들에게 버럭 화를 내거나 카페테리아 직원들에게 심술궂게 대하기도 했다. 투덜대는 선수들과 함께 점심을 먹는 사람들도 불편한 낌새를 알아차리고 역시 기분이 침울해졌다.

어떻게 무례함은 전염되는가

많은 사람들이 무례함을 혼자만의 경험이라고 생각한다. 이는 한 사람 또는 문제가 된 관계에 한정된 사건으로 보기 때문이다. 하지만 그렇지 않다. 무례함은 사방으로 퍼지면서 접촉한 사람들 모두의 삶을 무겁게 만드는 바이러스다.

이 바이러스가 어느 기업의 본사 건물에 등장했다고 치자. 한 사무실에서 발생한 무례함이 눈 깜박할 사이에 복도를 따라 퍼지다가 세 개 층을 뛰어올라 휴게실로 침입할 수도 있고, 고객을 상대하는 직원들을 감염시킬 수도 있다. 무례함을 그대로 내버려두었다간 자

첫 조직 전체를 풀죽게 만들지도 모른다. 그러면 기업의 모든 구성원들은 덜 친절하고 덜 차분하고 덜 활기차고 덜 즐거워진다. 한마디로, 모든 것이 나빠질 수 있다.

　우리 모두는 서로의 감정에 좋은 쪽으로건, 나쁜 쪽으로건 생각하는 것보다 훨씬 커다란 영향을 주고받는다. 니컬러스 크리스타키스와 제임스 파울러는 《커넥티드(Connected)》에서 행복이 두 사람 사이는 물론 주위의 여러 친구들 그리고, 그 친구들의 친구들, 또 그 친구들에게 어떤 식으로 퍼져 나가는지 적나라하게 보여주었다.[1] 이들의 주장을 한마디로 정리하면 이렇다. 나의 친구의 친구의 친구가 행복해진다면, 그 행복이 나에게 긍정적인 영향을 미친다. 실제로 그럴까? 남자 프로 크리켓 팀을 대상으로 한 실험에서 한 선수의 행복이 팀 동료들의 행복에 영향을 미치고, 팀원들이 더 행복해질수록 팀의 성적도 향상되는 것으로 밝혀졌다.[2] 이런 맥락에서 행복이란 개인 간의 유대 관계만으로 얻을 수 있는 것이 아니다.

　정중함과 무례함은 똑같은 방식으로 퍼져 나간다. 언뜻 보기에 사소한 친절이나 무례가 공동체 전체에 파문을 일으켜[3] 직간접적으로 상호작용하는 인간관계의 네트워크 안에 있는 모든 사람에게 영향을 미친다.

　인간은 자신의 주변에 어떤 형태의 무례함이라도 나타나면 자신이 무례한 언행의 직접적인 표적이 아닐지라도 무례함이라는 개념을 인식하게 된다.[4] 인간의 뇌는 두뇌 속에 있는 결절 하나가 활성화되면 그 신호가 신경망을 타고 인근 결절들로 신속하게 퍼져 나가게 만들어 졌다.[5] 쉽게 말해, 무례한 이메일 한 통이 과거에 경험했거나 목격한 무례함에 대한 기억과 관련된 결절들을 활성화시킬 수 있다. 이렇게 뇌에서 활성화된 무례하고 오만한 기억들은 판단과 의사결정에 결정적인 영향을 미친다.

이와 관련 엘리자베스 로프터스와 존 팔머가 1970년대에 진행한 실험을 살펴보자. 로프터스와 팔머는 실험 참가자들을 두 집단으로 나누고 첫 번째 집단에게 교통사고 장면이 담긴 동영상 몇 개를 차례로 보여준 뒤 차량들이 서로 부딪힐 때 얼마나 빨리 달리는 중이었다고 생각하는지 물었다. 그러고 나서 두 번째 집단에게도 같은 질문을 던졌는데, 다만 '부딪히다'라는 말을 '박살나다' '정면충돌' '처박다' '뭉개지다'처럼 강한 표현으로 바꾸어 물었다.

이제는 그다지 놀랍지 않은 결과겠지만, 빠른 속도와 관련된 어휘가 들어 있는 질문을 받은 참가자들이 중립적인 어휘가 들어 있는 질문을 받은 참가자들에 비해 동영상에 나오는 차량들의 운행속도를 빠르게 인식했다. 로프터스와 팔머는 언어적 표현 자체가 상황을 판단하는 사고방식에 영향을 미쳐서 실험 대상자들의 뇌 속에서 속도와 관련된 의식을 활성화시킨다는 가설을 세웠다.[6]

이 가설을 사무실 환경에 적용하면, 최근에 무례함을 경험한 직원은 그렇지 않은 동료에 비해 업무를 처리하면서 겪게 되는 무례함을 더 민감하게 인식할 가능성이 높다는 뜻이 된다. 한마디로 과거에 겪은 무례한 언행에 채널이 고정되면 '원래 민감한 사람'이 아니라도 현재의 무례한 경험을 한층 날카롭게 받아들이게 된다.

잠재의식에 숨어드는 무례함

인간의 마음은 아주 민감하기 때문에 무례함이 그리 어렵지 않게 악영향을 미칠 수 있다. 말 한마디가 행동 방식에 큰 변화를 일으킬 정도다. 마이애미대학교 찰스 카버와 동료들의 실험을 보자.

연구진은 우선 실험 참가자들이 단순한 '학습실험'에 참여하게 된다고 설명했다. 정답을 맞히면 상을 주고 틀리면 벌을 내리는 식으로 실험에 참가한 다른 사람을 '가르치는' 실험이라고 덧붙였다. 여기서 벌이란, 가르치는 사람이 원하는 시간만큼 전기충격을 가하는 것이었다(물론 진짜 전기충격을 가하진 않았다. 참가자로 위장한 연구진이 연기를 했을 뿐이다. 오해가 없길 바란다).

연구진이 지침에 대한 설명을 끝마치기 직전, 또 다른 연구자가 방에 들어왔다. 그는 석사논문을 위한 설문조사를 거의 끝냈는데 실험 참가자 몇 명이 오지 않았다면서 설문지를 작성해줄 수 있겠느냐고 부탁했다. 모든 참가자가 동의했고 설문지를 작성했다.

그들은 연구진이 설문지를 조작했다는 사실을 까맣게 몰랐다. 설문지 가운데 절반은 '무례'하거나 '공격적'인 표현들이 포함돼 있었고, 나머지 절반에는 그런 표현이 전혀 없었다. 설문지를 작성한 후 참가자들은 학습자에게 충격을 가하는 실험에 참여했다.

어떤 일이 벌어졌을까? 연구진이 불쾌한 표현을 접하게 한 참가자들은 정답을 못 맞힌 학습자에게 전기충격을 가하는 시간이 훨씬 길었다.[7] 적대적이거나 거친 표현에 노출된 것만으로도 행동 방식이 달라진 것이다. 무례함이 사람의 잠재의식 속으로 스며들면 자신도 모르는 사이에 행동이 변하게 된다.

사실 일상적인 근무 환경에서 다른 사람들에게 전기충격을 가할 일은 거의 없다. 하지만 다른 사람들의 말을 끊을 기회는 아주 많다. 상사들이 가장 자주 저지르는 무례한 행동이 '말 끊기'다.[8] 무례함과 관련된 말, 예컨대 '괴롭히다' '불안하게 하다' '가로막다' '끔찍하다' 등에 노출된 사람들이 정중함과 관련된 말, 예컨대 '공손하다' '예의 바르다' '사려 깊다' '감사하다' '상냥하다' 등에 노출된 사람에 비해서 상대방의 말을 끊는 빈도가 더 높은지 여부를 확인한 연구가 있다. 결과는 충격적이다. 정중한 말에 노출된 참가자가 상대방의 말을 끊은 비율은 16%에 그친 반면, 무례한 말에 노출된 참가자는 그 비율이 67%나 됐다.[9]

물론 무례한 경험을 했다고 해서 반드시 타인에게도 무례하게 행동하지는 않는다. 내가 체육관에서 겪은 것처럼 무례한 상황을 경험한 뒤에 다시 친절과 배려의 따뜻함을 느끼게 되면, 후자가 전자를 '덮어쓰기'하면서 마음에 생긴 응어리가 풀어질 수도 있다. 따라서 앞으로 당신이 무례함을 목격하거나 무례함의 피해자가 된다면, 무엇이 됐든 긍정적인 경험에 자신을 의도적으로 노출시켜서 마음을 '새롭게 프로그래밍'하는 것이 좋다.

스포츠 아카데미에서 무례한 상황을 겪을 때마다 나는 다정하고 예의 바른 동료와 몇 분 동안 수다를 떨거나 친절한 정신을 일깨우는 글을 읽곤 했다. 이런 행동은 일종의 진통제로 작용할 뿐 아니라 무례함이라는 바이러스에 대한 면역력을 증강시켜준다.

거품 방울 가두기

얼마 전, 어느 회사의 CEO와 이야기를 나눈 적이 있다. 다음은 그의 이야기다. "고위 임원 한 사람이 직원들에게 함부로 대하는데 어떻게 해야 좋을지 모르겠습니다. 직원들이 그 임원에게 너무 시달려서 그대로 두었다간 사태가 걷잡을 수 없이 악화될 것 같아 걱정입니다." 하지만 그 임원은 이때까지 회사에 많은 성과를 안겨주었으며, 좁은 업계에서 꽤 유명한 사람이다. 그의 노력과 재능이 없었으면 회사가 이만큼 성장한다는 것은 꿈도 못 꿀 일이었다. 게다가 CEO 자신과는 오랜 친구 사이로, 그가 사업을 시작한 내내 엄청난 도움을 주었다. CEO는 신중하게 고민한 끝에 해당 임원에게 휴가를 주어 한동안 회사를 떠나 있게 했다. 그는 자신의 조직이 생기를 되찾고 전진하기를 원했는데, 유일한 해법은 무례함이라는 바이러스를 근무 환경에서 격리시키는 것이었다.

문제의 임원이 휴가를 마치고 돌아오자, CEO는 그가 직원들과 소통하지 못하도록 확실히 분리시켜 독자적으로 일하게 했다. 사실상 거품 방울 안에 가두어버린 셈이다. 그러고는 직원들에게 더 이상 걱정할 필요가 없다고, 해당 임원이 회사와 공식적인 관계를 유지하겠지만 직원들과 부닥칠 일은 없을 것이라고 알렸다.

나는 이런 '거품 방울(bubble)' 전략을 활용하는 기업을 몇 차례 본 적 있는데, 대개 그런대로 효과를 보았다. 내가 관여했던 〈포춘〉 500대 기업에 드는 어느 첨단기술 회사는 자기 회사보다 훨씬 작지만 경쟁력을 갖춘 기업을 인수해서 제품 개발을 맡겼다. 그런데 이 작은 회사의 설립자들이 무례한 언행을 일삼아 기존 조직 사람들을 맥 빠지게 만들었다. 결국 회사는 인수한 회사와 관계를 끊었다. 하지만 머지않아 그 회사가 보유한 기술이 필요하다는 사실을 새삼 깨닫게 되었고, 회사를 다시 인수했다. 다만 이번에는 그 회사 설립자들의 본사 사무실 출입을 철저히 막았다. 무례함의 전염성을 체험한 터여서, 다시는 그 병에 걸리고 싶지 않았던 것이다.

뇌도 화상을 입는다

그렇다고 거품 방울 전략이 무례함에 대한 완벽한 해결책은 아니다. 무례함이라는 전염병을 격리시키더라도 한번 경험한 무례함은 우리 뇌 속에 문신처럼 새겨져 오랫동안 잠복하기 때문이다.

뇌과학자이자 하버드 의대 교수인 에드워드 할로웰 박사가 지적했듯, 나쁜 기억은 몇 년 동안 기억의 수면 아래 도사리고 있을 수 있다. 할로웰 박사는 이런 현상을 뇌 화상(brain burn)이라고 불렀다.[10] 무례한 언행으로 난처하거나 불쾌한 상황을 경험하면, 심리적 격변이 일어나면서 심장이 쿵쾅거리거나 호흡이 가빠오는 등 생리적인 반응이 일어나고 격렬한 감정의 홍수가 야기된다. 이렇게 분노와 두려움과 슬픔이 무례함의 피해자 또는 목격자에게 한꺼번에 밀려들면 몸과 마음 모두에 상처를 남기게 된다. 아드레날린이 온몸에 솟구치면서 뇌를 태워 구멍을 내기 때문이다. 지워지지 않는 '문신'을 뇌에 새기는 셈이다. 이런 압도적인 감정들은 문신으로 남아 절대로 지워지지 않는다. 가해자 또는 그 사건이 발생한 장소를 슬쩍 보기만 해도 그 감정들이 생생하게 되살아난다.

나 역시 얼마 전에 문제의 체육관을 찾았다가 한때 그곳에서 아침마다 겪었던 그 모든 불쾌한 기억들을 고스란히 떠올린 적이 있다. 비록 동료들과 열심히 운동하고, 추수감사절에 축구 시합을 함께 하고, 생일 파티를 즐기는 등 무척 재미있는 시간을 보낸 곳이기도 하지만, 내 마음은 나도 모르게 그 무례한 기억들로 옮아갔다. 나 자신이 무례한 언행의 직접적인 표적이 된 적도 없었는데 말이다! 나는 20년이 지난 지금도 그때 무슨 일이 벌어졌는지 낱낱이 기억한다. 어떻게 그럴 수 있을까?

과학자들은 소뇌에 있는 아몬드 모양의 조그만 편도체(amygdala)가 감정적 반응을 촉발시킨다는 사실에 주목했다.[11] 상사의 사무실에 붙어 있는 좁은 방에서 일하는 직원의 경우, 상사가 다른 사람들에게 내뱉는 험한 소리를 수시로 들으면 그런 패턴이 직원의 편도체를 자극해 부정적인 감정이 뇌에 새겨진다. 그러면 이 직원은 상사의 사무실 출입구를 바라보는 것만으로도 부정적인 감정을 느끼게 된다. 결국, 가해자를 거품 방울 안에 가두어두더라도 무례함이라는 전염병은 별다른 어려움 없이 피해자들의 뇌 속에 그 추악한 머리를 들이밀 수 있다. 상대적으로 사소한 사건들, 예컨대 상대방을 무심결에 깔아뭉개거나 상대방의 역량에 공공연하게 의문을 제기하는 행위들 역시 자국을 남겨서 피해자의 마음을, 성과를, 행복을 옥죈다.

예일대학교의 심리학자 애덤 베어와 데이비드 랜드가 개발한 수학적 모형이 보여주듯, 얼간이들에게 둘러싸인 사람들은 이기적으로 행동하는 법과 함께 자신의 행동에 대해 숙고하지 않는 법을 직감적으로 배운다. 그래서 협력하는 게 이로울 때조차 이기적인 행동을 멈추지 않는다.[12] 환경은 인간을 길들인다. 따라서 환경이 해로우면 누구나 병에 걸릴 수 있고, 그 병을 다른 사람들에게 옮길 수도 있다. 무례함이라는 전염병을 물리치려면, 몇 가지 단계를 밟아 우리 내면의 독성을 제거해야 한다.

정중함이라는 예방주사

무례함은 급속도로 퍼지고, 그 여파가 오랫동안 지속된다. 그런데 정중함도 마찬가지다. 나는 어느 바이오테크 기업을 연구하면서 직원들이 경청하기, 미소 짓기, 말 끊지 않기 등 사소하게라도 정중히 행동하면 그런 행동이 동료에게서 동료로 널리 퍼져 나간다는 사실을 알게 됐다.[13] 그러나 이 같은 사실을 입증하려고 구태여 나처럼 공식적인 연구를 진행할 필요는 없다. 우리의 일상적인 삶에서 언제나 볼 수 있는 현상이기 때문이다.

나는 워싱턴DC의 레이건 공항을 찾을 때마다 주위에 있는 모든 이들에게 긍정과 기쁨을 발산하는 알래스카 에어라인(Alaska Airlines)의 직원 한 사람을 본다. 이따금 바깥 날씨가 몹시 추워서 승객들이 아무리 짜증을 내고 까다롭게 굴어도 이 직원은 평정을 잃는 법이 없다. 그는 미소 띤 얼굴로 누구에게든 예의 바르게 대한다. 나는 그의 행동을 바라보는 것만으로도 기분이 좋아진다. 사람들이 그 직원과 잠깐 이야기를 나누고 나서 표정이 바뀌는 모습을 지켜보는 것도 즐거움이다. 알래스카 에어라인의 승무원들과 승객들은 그 직원의 정중한 소통 덕분에 행복한 기분으로 목적지로 출발한다. 덕분에 승객들과 승무원들은 비행하는 내내 서로에게 조금 더 친절하게 대하고, 한층 기꺼운 마음으로 도우며, 참고 기다려주는 너그러움도 더 발휘한다. 그렇게 비행을 마친 뒤에는 한결 흐뭇한 기분으로 작별 인사를 나눈다.

루이지애나에서 여러 곳의 병원을 운영 중인 옥스너 의료재단(Ochsner Medical Foundation)은 정중함의 전염성을 아주 높이 평가하고 이를 공식적인 정책으로 삼고 있다. 옥스너에서 실행하는 10/5 인사법에 따르면, 상대방과 10피트(약 3미터) 거리 이내에 있으면 눈을 마주치면서 미소를 짓고, 5피트(약 1.5미터) 거리 이내에 있으면 인사를 건네야 한다.[14] 이 작은 제도가 도입된 뒤 옥스너에는 정중한 풍토가 뿌리를 내렸고 환자들의 만족도가 상승했다. 환자들의 만족도가 상승하자 새로 찾아오는 환자들도 늘었다.

무례함은 대개 하나의 고립된 사건이 아니다. 무례함의 전염성과 침투성은 대단히 강력한 바이러스처럼 신속하고도 조용하게 팀과 부서와 조직은 물론 고객을 비롯한 외부의 이해관계자들까지 감염시킨다. 사람들은 자신이 이 전염병에 얼마나 취약한지,

그리고 스스로 매개체가 되어 이를 얼마나 널리 퍼뜨리고 다니는지 잘 알지 못한다.

다행히 정중함의 전파력 또한 무례함과 마찬가지로 강력하다. 무례함에 맞서기로 단단히 각오하고, 무례함이 나타났을 때 열심히 싸워서 물리치며, 주위 사람들에게 친절과 기쁨을 전하기 위해 최선을 다하자. 우리의 주위 환경이 어떠한가는 전적으로 우리 자신에게 달려 있다. 우리 모두에게는 아주 사소한 행동을 통해 서로를 따뜻하게 지지해주고 기운을 북돋아주는 능력이 있다. 우리 모두에게는 그런 일터를 만들 수 있는 능력이 있다. 오늘부터, 아니 지금 당장 그렇게 할 수 있다. 망설일 이유가 무엇인가?

KEY POINTS

- 당신의 말과 행동이 갖는 영향력은 당신과 직접 얼굴을 맞대고 일하는 사람들의 범위를 훨씬 뛰어넘는다.
- 가해자를 거품 방울 안에 집어넣으면 무례함이 확산되는 것을 억제할 수 있다. 단, 근본 해결책은 아니다.
- 당신이 정중하게 행동한다면, 당신이 속해 있는 인간관계 그물망 전체에 정중함이라는 자양분이 선순환하도록 이바지하는 셈이다.

2부

정중한 솔직주의 :
예의는 지키며
할 말은 하는 법

정중한 사람이 되려면 어떻게 해야 할까? 먼저 객관적으로 나의 현재를 진단해야 한다. 그리고 최선의 자아, 최고로 유능한 자아를 끌어내는 방법을 익혀야 한다. 2부에는 정중한 사람으로 거듭나기 위한 자기 진단 방법과 개선 방안을 소개한다.

Mastering Civility

당신은 정중한 사람입니까

CHAPTER 5

모두가 세상을 바꾸어야 한다고 생각할 뿐,
자신을 바꾸겠다고 생각하는 사람은 아무도 없다.
―레오 톨스토이

지금까지 우리는 무례함이 무엇인지, 개인과 조직에 얼마나 큰 피해를 입히는지, 얼마나 빠른 속도로 전염되는지 알아보았다. 아울러 정중한 언행을 통해 당신이 얻을 수 있는 이익이 무엇인지도 살펴보았다. 이제 진지하게 물을 차례가 되었다. "당신은 정중한 사람인가?"

이번 장에서는 나 자신과 나의 행동 방식을 가감없이 들여다보게 해줄 도구와 조언을 소개하겠다. 당신이 직장에서 '또라이'로 통하는지 아닌지 알려주겠다는 뜻이 아니다. 자신에 대해 더 정확히 파악할 수 있도록 돕고 싶을 뿐이다. 자신의 습성과 특성을 제대로 알아야 문제점을 찾아내 수정할 수 있고, 한층 목표 지향적으로 행동할 수 있다. 이를 통해 언행이 반듯하다고 자부하는 사람일지라도 지금보다 더 친절하고 사려 깊게 행동하는 사람이 될 수 있다. 특정 분야에서 눈에 띄게 성공한 사람들을 유심히 관찰하면, 자신의 역량을 지속적으로 발전시키기 위해 꾸준히 노력하고 있다는 사실을 알게 된다. 끊임없이 발전하려는 의지는 언제나 사람을 긍정적인 방향으로 변화시킨다.

나 자신이 타인을 어떻게 대하고 있는지 면밀하게 들여다보자. 그러다 보면 숨어 있는 불편한 진실과 마주하게 될지도 모른다. 심리학자 브라이언트 맥길이 말했듯, "자신이 어떤 사람인지 냉철하게 바라볼 능력과 용기가 없는 사람에게 변화가 찾아올 리 없다."[1]

수많은 학자들이 입증한 대로, 우리 모두는 자신을 실제보다 좋게 판단하는 경향이 있다. 리더십 코치 겸 작가인 마셜 골드스미스는 이런 경향을 가리켜 "우리가 거둔 성공들의 하이라이트 장면"이라고 불렀다.[2] 이 같은 자기 편향적 경향과 관련해서 마음에 꼭 드는 사례를 하버드대학교 경영대학원 프란체스카 지노 교수의 실험에서 찾을 수 있다. 이 실험에 참가한 1,000명의 성인들 중 79%가 테레사 수녀가 천국에 갈 것이라고 답했다. 그런데 재미있게도 '자기가 죽으면 천국에 갈 것'이라고 답한 비율은 테레사 수녀보다 높

은 무려 87%에 달했다.[3]

테스트. 나의 정중함 점수는? ──

〈나의 정중함 점수는?〉은 당신이 얼마나 정중한 사람인지 객관적으로 파악하는 동시에 직장에서 더 정중한 사람이 될 수 있는 구체적이고도 실행 가능한 조언을 제시하기 위해 내가 고안한 질문지다.[4]

나는 이 질문지를 국제 로펌의 변호사들, 글로벌 기업의 임원, MBA 수업에 참여한 학생들을 대상으로 활용하고 있다.[5] 구글에서 운영하는 블로그 're:Work'에 포스트를 작성할 때도 포함시켰는데, 아주 흥미로운 데이터와 결과를 얻을 수 있었다.[6] 〈뉴욕타임스〉에 이 질문지의 일부를 소개하자 이메일과 전화가 쇄도하기도 했다.[7] 이 가운데 상당수는 고객사의 현황을 파악하는 데 이 질문지를 활용하고 싶어 하는 세계 각지의 컨설팅 회사였다.

질문지를 통해 자신의 행동 양상에 대해 새로운 깨달음을 얻었다고 말하는 사람도 많았다. 자신이 얼굴을 맞대고 전달해야 마땅한 정보조차 이메일로 보내는 경향이 있다는 사실을 처음 깨달았다고 털어놓은 사람도 있었다. 회의 시간에 이메일을 체크하느라 상대방이 하는 말에 제대로 귀 기울이지 못했다고 시인하는 사람들도 있었다.

　질문지에 답할 때는 자신을 솔직히 드러내야 한다. 자신이 편견을 지녔다고, 자신의 언행을 실제보다 긍정적으로 보는 경향이 있다고 인정해야 한다. 평소 신경 쓰지 않았던 자신의 무례한 측면을 포착하고 나쁜 습관이 들지 않도록 예방하기 위해 선행적으로 질문지를 활용할 수 있다. 아울러 이따금 내보이는, 그러나 상황에 따라서 이래도 되나 싶어서 망설이기도 하는 긍정적인 언행이 정확히 어떤 것인지도 파악할 수 있다.

　질문에 답할 때마다 당신이 실제로 함께 일하는 특정한 인물들, 특히 그동안 신경 쓰지 않았던 사람들을 떠올려보자. 당신에게 생긴 습관들, 무엇보다 그러지 말아야 한다고 생각하는 습관들에 대해서 떠올려보자. 가까운 친구나 동료들이 당신에게 어떻게 반응했는지, 납득하기 어려웠던 반응은 무엇인지 기억을 더듬어보자. 다시 한 번 강조하지만, 솔직하게 답해야 한다.

나의 정중함 점수는?

http://www.christineporath.com/assess-yourself/에 접속해 아래 질문지와 동일한 테스트를 받으면, 자신의 성향에 대한 상세한 분석을 받을 수 있다

	Naver 절대 안 한다	Almost Never 거의 안한다	Rarely 드물게 그렇다	Sometimes 가끔 그렇다	Often 종종 그렇다	Almost Always 그렇다	Always 항상 그렇다
'부탁한다,' '고맙다'라는 말을 하지 않는다.	☐	☐	☐	☐	☐	☐	☐
얼굴을 맞대고 소통할 필요가 있을 때도 이메일을 이용한다.	☐	☐	☐	☐	☐	☐	☐
협업의 결과를 놓고 자기 공로를 너무 내세운다.	☐	☐	☐	☐	☐	☐	☐
회의 도중에 이메일 또는 문자를 확인 하거나 주고받는다.	☐	☐	☐	☐	☐	☐	☐
사람들을 이유 없이 기다리게 한다.	☐	☐	☐	☐	☐	☐	☐
상대방을 깔보는 투로 말한다.	☐	☐	☐	☐	☐	☐	☐

정보나 자원에 대한 접근을 지연시킨다.	☐	☐	☐	☐	☐	☐	☐
다른 사람을 인정하지 않는다	☐	☐	☐	☐	☐	☐	☐
전문용어를 사용해서 소외감을 느끼게 한다.	☐	☐	☐	☐	☐	☐	☐
자신의 잘못을 남탓으로 돌린다.	☐	☐	☐	☐	☐	☐	☐
소문을 퍼뜨린다.	☐	☐	☐	☐	☐	☐	☐
사람들을 비언어적 방식으로 깔본다.	☐	☐	☐	☐	☐	☐	☐
전자기기만 들여다본다.	☐	☐	☐	☐	☐	☐	☐
인간관계나 팀에서 누군가를 배제시킨다.	☐	☐	☐	☐	☐	☐	☐
사람들을 이용한다.	☐	☐	☐	☐	☐	☐	☐
상대의 의견에 관심이나 흥미를 안 보인다.	☐	☐	☐	☐	☐	☐	☐
듣지 않는다.	☐	☐	☐	☐	☐	☐	☐

안 되는 줄 알면서도 내버려둔다.	☐	☐	☐	☐	☐	☐	☐
초대를 무시한다.	☐	☐	☐	☐	☐	☐	☐
아무런 설명도 없이 회의에 늦거나 일찍 떠난다.	☐	☐	☐	☐	☐	☐	☐
사람들을 모욕한다.	☐	☐	☐	☐	☐	☐	☐
상대의 노력을 인정하지 않는다.	☐	☐	☐	☐	☐	☐	☐
어떤 사람의 존재 자체나 그들의 노력을 평가절하한다.	☐	☐	☐	☐	☐	☐	☐
사람들의 노고를 당연시한다.	☐	☐	☐	☐	☐	☐	☐
어려운 업무는 남에게 미루고 쉬운 업무를 고른다.	☐	☐	☐	☐	☐	☐	☐
누군가를 배제한다.	☐	☐	☐	☐	☐	☐	☐

항목							
어떤 사람에 대해 매정하게 말한다.	☐	☐	☐	☐	☐	☐	☐
정중하지 못하거나 무례한 이메일을 보낸다.	☐	☐	☐	☐	☐	☐	☐
의견이 엇갈린다고 해서 존중하지 않고 무례하게 행동한다.	☐	☐	☐	☐	☐	☐	☐
말을 끊는다.	☐	☐	☐	☐	☐	☐	☐
다른 사람들이 어떻게 되건 신경 쓰지 않는다.	☐	☐	☐	☐	☐	☐	☐
나와 다르면 비판한다.	☐	☐	☐	☐	☐	☐	☐
다른 사람들의 노고를 당연시한다.	☐	☐	☐	☐	☐	☐	☐

테스트 결과가 어떻게 나왔는가? 당신은 어떤 말과 행동으로 무례함을 퍼뜨리고 있는가? 어떤 실수를 저지르고 있는가? 당신은 남들을 높여주는 사람인가, 아니면 깔아뭉개는 사람인가?

결과가 부정적으로 나왔다고 해서 실망할 필요는 없다. 인간은 유전적으로 호르몬 수치 때문이라도 다른 사람들에게 잘 대하려는 성향을 타고났다.[8] 결과가 만족스럽지 않더라도 결국 우리 모두는 인간이다. 질문지에 답한 결과 밝혀진 당신의 행동 방식을 개선하려고 시도하는 게 중요하다.

원인과 결과에 대해 신중하게 생각해보자. 당신을 정중하지 못한 사람으로 만든 요인은 무엇인가? 어떤 사람이 당신이 인내심을 유지하는 데 한계를 느끼게 하는가? 무례한 언행으로 얻는 것이 있다고 생각하는가? 하루 중 어떤 때가 되면 자신의 감정과 언행을 통제하기 어렵다고 느끼는가? 특정한 장소가 당신 내면의 잠자던 짐승을 깨우지는 않는가? 당신을 폭발시키는 조건은 무엇인가? 불공정한 대우? 결례? 오만? 경쟁? 스트레스? 최선의 자아를 발현하지 못하게 만드는 요인은 무엇인가?

일단 당신이 언제, 어디서, 어떻게 무례함을 드러내는지 제대로 이해하면, 위험 구역에 들어서거나 그쪽으로 급속히 다가서는 시점을 더 정확히 판단할 수 있다.

나는 지금도 가끔 스스로 이 테스트를 받는다. 결과에 매번 만족하는 것은 아니지만, 테스트를 하면서 훗날 무례함으로 이어질 수 있는 나쁜 습관을 한층 또렷이 인식하게 된다. 덕분에 자랑스럽게 여기지 못할 만한 행동을 하고 싶어질 때마다 이런 생각이 불쑥 고개를 내밀곤 한다. "나는 어떤 사람이 되고 싶은가?"

이 질문에 대한 답변이 내 마음의 눈에 또렷하게 보이면, 내가 어떻게 행동해야 옳은지 훨씬 분명해진다. 나는 까다로운 상황을 겪어야 하거나 어려운 일을 빈틈없이 처리해야 하는 경우, 최상의 컨디션인 상태를 가정해서 스케줄을 잡으려고 애쓴다. 그러니 당연히 늦은 오후 또는 그 이후로 일을 미루지 않는다!

힘겨운 과제를 해결해야 하거나 화를 돋우는 사람들과 일할 때면, 나 자신을 다스려서 잘 견딜 수 있도록 각별히 신경 쓴다. 나중에 후회할 만한 말을 내뱉고 싶어서 입이 간지러우면, 혀를 깨물고 있으라고 자신을 타이른다. 그리고 나에게 가장 큰 도움이 되는 한 마디를 속으로 읊조린다. "나는 어떤 사람이 되고 싶은가?" 그리고는 사람들에게 나쁜 인상을 남기고 싶지도 않고, 후회하고 싶지도 않다고 다시 한 번 나를 일깨운다. 이 상황이, 또는 사람들이 나를 어떻게 대할지 알고 있으니, 나 자신의 경향성과 싸울 수 있다고 다짐한다. 날이 갈수록 더욱 성숙하게 행동하는 나 자신을 발견할 수 있을 것이라고 믿으면서.

누구나 성격의 사각지대가 있다 ───

이 질문지의 결과 그 자체만으로도 변화의 훌륭한 출발선에 선 셈이다. 그러나 더 나은 효과를 보기 위해 동료들, 친구들, 식구들에게 추가로 피드백을 받으라고 권하고 싶다. 당신이 놓친 사각지대가 존재할 수 있기 때문이다.[9]

우리는 무심결에 크고 작은 무례함을 범하며 산다. 실제로, 비즈니스 현장과 정치적 여론조사, 스피드 데이팅(여러 남녀가 마주앉아 자리를 바꿔가며 만남을 진행하는 이벤트) 등에서 '사각지대(Blind Spots)'에 속하는 언행들은 성공 여부를 판가름 짓는 요인의 40% 정도를 차지한다.[10]

대표적인 요인으로 말투(tone)를 꼽을 수 있다. 다른 사람들과 대화하는 과정에서 우리가 처리하는 모든 정보의 38%가 상대방의 말투와 관련된 것이라는 연구 결과도 있다.[11] 자신의 말투를 스스로 정확히 평가하는 것은 정말 어려운 일이다. 그럴 만한 이유가 있다. 사람은 생후 4개월까지 상측두 고랑(superior temporal sulcus, STS)에서 모든 청각 정보를 분류하고, 7개월째가 되면 STS를 이용해 상대방의 말투에 담긴 정서적 의미를 알아챈다. 그러다가 말을 하기 시작하면 STS의 작동이 멈춘다![12] 그렇다. 나는 내 목소리를 들을 수 있다. 그런데 다른 사람들은 내 목소리를 나와 다르게 듣는다.

이 밖에도 우리에게는 내가 인식하지 못하는 얼굴 표정을 비롯한 수많은 사각지대가 있다. 난처한 상황에서 자신이 미소를 짓는다고 느낄 수도 있지만, 자신도 모르게 놀라움이나 두려움이나 역겨움에 눈썹을 치켜들지도 모른다.[13] 당신은 누군가를 비판하고 싶은 마음이 밀려들 때, 그 감정을 목소리, 표정, 제스처에서 확실히 숨길 자신이 있는가?

우리가 지닌 사각지대의 영향을 증폭시키는 요인들도 있다. 일례로, 우리는 어떤 일을 제대로 해내지 못했을 때 '상황 탓으로' 돌리는 경향이 있다. 하지만 상대방은 (비록 표현하지 않더라도) 대개 우리의 성향에서 원인을 찾는다.[14] 누구나 지각했을 때 차가 막혔다거나 전화를 받지 않을 수 없었다는 식으로 둘러댄 적이 있을 것이다. 하지만 기다리던 사람은 그 말을 곧이곧대로 받아들이지 않을 가능성이 높다. 만약 당신이 평소에도 걸핏하면 약속 시간에 늦는 사람이라면 이는 거의 틀림없다.

또 다른 요인은 당신의 언행에 담긴 의도와 결과 사이에 존재하는 격차를 꼽을 수 있다. 예를 들어, 당신이 회의 시간에 팀 동료에게 상당히 비판적인, 좋게 말하면 발전적인 피드백을 주었다고 생각해보자. 당신의 의도와 달리 상대방은 팀 전체가 보는 앞에서 비난받았다고 느낄지도 모른다. 더글러스 스톤과 셰일라 힌이 《피드백에 감사하라(Thanks for the Feedback)》에서 지적했듯, 우리는 처음에 품은 의도를 기준으로 자신을 판단하는 반면, 다른 사람들은 행동의 결과를 가지고 우리를 판단한다.[15] 우리는 노력한 만큼 인정받고 싶어 하지만 대개 그러지 못한다. 어떤 업무를 수행할 때 무언가 불충분하다면, 예컨대 결과물이 신통치 않다면 사람들은 당신의 노력 여부를 떠나서 당신 책임으로 간주한다는 의미다. 우리에게는 있는 듯 없는 듯 느껴지는 사각지대라도 다른 사람들에게는 아주 커다랗게 보이는 법이다.

설상가상으로, 우리는 자신이 타인에게 미치는 영향을 오해하는 경우가 많다. 내가 교수로 부임한 대학에서 첫 해를 보내던 때였다. 하루는 어느 동료가 직장 생활에 도움이 될 거라며 조언을 건넸다. 선의에서 비롯된 행동임이 분명했다. 하지만 나는 기분이 상했다. 그녀는 내가 학부생을 가르치고 있다는 이유로 '2군 선수' 출신일 것이라고 선을 그은 채 이야기를 풀어갔다. 대표 선수들로 구성된 '1군 팀'에서 활약하기에 충분치 않은 사람이라는 뜻을 넌지시 내비치면서 말이다.

지금도 생생하게 기억한다. 나는 이야기를 듣는 내내 움츠러들고 방어적이고 무기력한, 허울뿐인 존재로 전락한 느낌을 받았다. 전직 운동선수로서 이런 말에 특히 예민할 수밖에 없었던 데다, 다른 곳에서 여러 해 동안 MBA 학생들을 성공적으로 가르쳐왔기에 그녀의 피드백에 심한 거부감이 들었다.

게다가 그녀는 말하는 내내 위압적으로 버티고 서서 뻣뻣하고 엄격한 표정으로 나를 내려다보았다. 물론 일부러 그런 식으로 대했다고는 생각하지 않는다. 도우려는 의도가 있었음이 분명하다. 하지만 자신의 사각지대를 인식하지 못한 것 또한 확실하다. 그 때문에 그녀는 자신의 의도와 달리 나에게 상당히 거친 사람으로 기억되고 있다.

우리는 자신의 세세한 사회적 행동 방식에 대해 얼마나 깊이 이해하고 있을까? 자신을 정확히 파악하려면 다른 사람들에게 도움을 청할 필요가 있다. 아니, 적극적으로 도움을 받아야 한다. 사람들에게 솔직한 거울이 되어달라고 부탁하자. 다음에 소개하는 7가지 전략을 활용해 피드백을 받으면 훨씬 전략적으로 나를 돌아볼 수 있다.

전략 1. 나를 객관적으로 분석하는 법

좋은 기분을 유지하면서 자신의 장점을 강화하고 싶다면 앤티오크 대학교의 로라 로버츠와 동료들이 개발한 기법을 추천한다.[16] 먼저 동료, 친구, 가족 등 10~15명에게 당신의 정중한 모습에 대한 긍정적인 사례와 피드백을 부탁하자. 그들은 당신이 다른 사람들에게 친절하게 대하는 모습을 보며 구체적으로 어떤 느낌을 받았는가? 어떤 상황이었고, 무슨 일이 일어났으며, 다른 사람들에게 존중받는 느낌을 선사한 당신의 언행은 정확히 무엇이었는가? 당신은 어떻게 상대방을 높여주었는가? 피드백을 모아놓고 어떤 공통점이 있는지 꼼꼼하게 살펴보자.

자신이 보여주는 최고의 모습, 최고로 정중한 자아를 만드는 데 기여하는 특성들이 무엇인지 파악하기 위해 워들넷(Wordle.net)을 활용해도 좋다. 글자를 형형색색의 아름다운 그림으로 만들어주는 사이트다. 당신이 가장 훌륭한 모습을 보이는 것은 언제, 어디서, 어떻게, 누구와 함께였을 때인가? 다음에 예시한 도표를 참고해서 공통점을 몇 가지 주제로 분류하고, 이에 관한 자신의 생각을 적어보자.

주제	사례	내 생각
다른 사람을 팀의 일원으로 공평하게 대한다.	"당신은 윗사람이라는 생각이 안 듭니다. 나를 동료로 여겼습니다. 내가 한결 스스럼없이 발언하고 발전적 아이디어를 기꺼이 내놓을 수 있었던 것은 그 때문입니다."	사람들이 존중받는 느낌을 받을 수 있도록 이런 모습을 잃지 않아야겠다. 나에게는 그들이 중요하고 그들의 말을 듣고 싶다는 의사를 전달하고 싶다. 사소한 일에 신경 쓰자. 내가 테이블에서 어디에 앉는지도 중요하다. 사람들에게, 특히 직급이 낮은 사람들에게 "자네는 어떻게 생각하나?" 하고 물어 의견을 구하자.

주제	사례	내 생각
따뜻하고 친절하고 사려 깊은 사람이다. 그런 사실을 남들도 안다.	"당신은 내게 손으로 쓴, 아름다운 감사 편지를 보내주었습니다. 그 이전에도 이후에도 단 한 번도 그런 편지를 받아본 적이 없습니다!" "당신은 내 생일에 내가 제일 좋아하는 쿠키를 구워서 진심을 담은 축하 카드와 함께 선물했습니다." "당신이 정말 바쁘고 출장도 잦은 사람이지만, 병원 검진을 받은 나한테 전화 한 통쯤 걸었어야 합니다. 중요한 검진은 아니었지만, 나로선 어떤 결과가 나올지 몰라 상당히 긴장되는 상황이었습니다. 당신이 그날을 기억하고 전화를 걸었다면 나에게는 아주 큰 의미가 있었을 겁니다."	작은 일을 잘하자! 사람들에게는 그것이 중요하다. 시간을 내자. 기록해 두자. 전화를 걸자. 어떻게 지내는지 진심을 담아 묻자. 사람들이 필요로 할 때 모습을 드러내자.

적는 것에서 멈추면 안 된다. 개선이 필요한 영역에 대해서도 반드시 주변 사람들의 피드백을 받아야 한다. 당신이 잘되기를 진심으로 바라는 믿음직한 동료 두 사람을 찾아내 다른 사람들을 대하는 태도에 어떤 인상을 받았는지 물어보자. 당신은 어떤 것을 잘하는가? 어떤 것을 더 잘할 수 있는가? 주의 깊게 듣고 변화하고 싶은 것을 적어도 한 가지 이상 찾아내자. 그러고 나서 한 묶음의 또 다

른 대화를 이어가면서 필요한 개선을 이룰 수 있는 최선의 방법에 관한 구체적인 정보를 취합하자. 이는 마셜 골드스미스가 주창한 피드 포워드(feed forward, 과거나 현재의 문제점에 초점을 맞추는 피드백과 달리 미래의 목표를 달성하기 위한 정보 또는 해결책을 제시하는 행위)에 해당하는데, 다음 5단계를 포함한다.

- 목표를 분명하게 설정한다.
- 제안을 부탁한다.
- 주의 깊게 듣는다.
- 고맙다고 말하되, 변명하거나 방어하지 않는다.
- 다른 사람들을 상대로 이 과정을 반복한다.[17]

이 같은 접근법을 활용한다면, 자존감을 지키면서도 변화를 위한 구체적인 제안을 한 아름 받아 안게 될 것이다. 이로써 의욕적으로 전진할 수 있는 유리한 위치를 점하게 될 것이다. 단, 이 같은 행동이 일회성으로 끝나서는 안 된다. 같은 사람들로부터 주기적으로 자신의 행동을 점검 받아야 스스로 얼마나 발전했는지 가늠할 수 있다.

전략 2. 코치의 도움을 구하라

전문적인 코치들은 당신의 동료들을 상대로 설문조사, 인터뷰를 진행하거나 회의 또는 행사에서 당신을 그림자처럼 따라다니면서 당신이 지닌 잠재적인 약점을 찾아준다. 또한 자신은 절대 의식하지 못하는 미묘한 언행을 짚어내는 것은 물론, 무례함을 유발하는 기본 전제나 경험, 개인적 특성을 짚어 낸다.[18] 이를 통해 실질적인 개선책을 마련하도록 도울 뿐 아니라 실제로 행동의 개선을 이룰 수 있도록 이끌어준다.

할리우드의 유명한 엔터테인먼트 기업은 사내 법무팀의 수석 변호사와 다투고 있는 젊은 여성 변호사를 위해 코치를 섭외했다. 여성 변호사는 "수석 변호사가 업무를 공정하게 처리하지 않는다"면서 예전에 다니던 회사는 "이런 식으로 돌아가지 않았다"고 코치에게 투덜거렸다.

그런데 이 변호사는 지각이 잦고 자신의 뜻대로 일이 안 풀릴 때마다 남들을 맹렬히 비난하는 버릇이 있었다. 코치는 이 젊은 여성이 행복하지 않다고 느끼는 데는 그럴 만한 이유가 있다는 사실을 금세 알아차렸다. 먼저 파트너 변호사로 채용되었는데도 배정받은 업무는 법무사가 하는 일이었다. 다른 동료들이 누리고 있는 근무 시간에 대한 재량권도 부여받지 못했다.

코치는 이 변호사가 분노하는 원인을 정확히 지적하면서 솔직하게 최적의 해결책을 내밀었다. 변호사는 회사에서 원하는 인재상과 자신이 맞지 않는다는 사실을 인정하고 자신이 추구하는 목표와 욕구에 부합하는 다른 회사를 찾기로 결정했다. 모두가 승리한 셈이다.

전략 3. 동료와 친구를 활용하라 ———

누구나 원한다고 해서 코치를 구할 수는 없다. 적지 않은 시간과 비용이 들기 때문이다. 그렇다고 포기하긴 이르다. 당신을 도와줄 코치는 멀리 있지 않다. 나는 내 수업을 듣는 MBA 학생들과 임원들에게 서로 코치가 되어주라고 말한다. 이는 정중함과 사회지능(social intelligence)을 고양시키는 데 아주 효과적이고 저렴한 방법이다.

정중함을 발전시키기 위해 혼자서 애쓸 필요는 없다. 당신이 속한 팀의 동료들과 더불어 정중함을 발전시킬 수 있다. 아니, 그래야 한다. 자신의 언행을 개선하기 위해 노력하는 동시에 동료들도 함께 노력하도록 격려하자.

서로를 존중하는 말과 행동이란 어떤 것인지 팀원들과 함께 툭 터놓고 이야기를 나눠보자. 혹시 당신과 동료들은 (언제, 어떤 방식으로) 상대를 무례하게 대한 적이 있는가? 더 바람직한 말과 행동이란 어떤 것인가? 서로에게 더 정중하게 대함으로써 얻을 수 있는 이익은 무엇인가? 팀 전체가 뜻을 모아 새로운 규범을 만들고 이를 발전시킨다면, 서로에게 정중하게 대하는 문화가 조직 내에 자연스럽게 뿌리 내릴 것이다.

이와 관련, 이 장의 서두에 소개한 질문지에 동료들과 함께 답해보는 것도 좋은 방법이다. 나는 여러 집단을 상대로 이 테스트를 진행하면서 참가자들이 연필을 내려놓기도 전에 대화를 시작하는 모습을 많이 보았다. 누군가 "내가 다른 사람을 깔보는 투로 말한 적이 있어?" 하고 물으면, 옆자리에 앉은 동료가 "없지는 않아!" 하고 대답하는 식이다. 동료들은 서로에게 코치가 되어 솔직한 피드백을 건네기도 했다. "어이 친구, 혼자서만 스포트라이트를 받으려고 하면 좀 그렇잖아?" "빙빙 돌리지 말고 직설적으로 말하면 어떨까 싶네." "시간 약속을 조금 더 잘 지키면 좋겠어." 이런 식의 열린 소통이야말로 팀의 성과를 향상시키기 위한 첫 걸음이 된다.

다음에 소개한 설문지 〈정중한 사람은 누구?〉를 활용해 조직 내에서 긍정적이거나 부정적인 언행을 두드러지게 나타내는 구성원이 누구인지 지목해보자.

정중한 사람은 누구?

동료들과 피드백을 교환하자. 먼저 집단 내 구성원 각자에게 다음 목록을 한 장씩 나누어준다. 각 구성원들은 맨 윗줄 빈칸에 동료들의 이름을 적고 각각의 언행에 부합하는 사람이 누구인지 표시한다. 언행의 내용을 읽고 떠오르는 사람을 체크하되, 자신을 포함해서 한 사람 이상 선택해도 된다. 적합한 사람이 아무도 없는 항목은 빈칸으로 남겨둔다.

모두가 체크했으면 다 함께 모여서 피드백을 공유하자. 항목별로 진행할 수도 있다. 강점이나 개선이 필요한 부분에 대해 구성원 각자에게 피드백을 제공하는 자료로 활용하자.

이름							
'부탁한다, 고맙다'라는 말을 하지 않는다.							
얼굴을 맞대고 소통할 필요가 있을 때도 이메일을 이용한다.							
협업 결과를 놓고 자기 공로를 너무 내세운다.							
회의 도중에 이메일 또는 문자를 확인하거나 주고받는다.							
사람들을 이유 없이 기다리게 한다.							
상대방을 깔보는 투로 말한다.							
정보나 자원에 대한 접근을 지연시킨다.							
전문용어를 사용해서 소외감을 느끼게 한다.							
자신의 잘못을 남 탓으로 돌린다.							
소문을 퍼뜨린다.							
사람들을 비언어적 방식으로 깔본다.							

전자기기만 들여다본다.						
인간관계나 팀에서 누군가를 배제시킨다.						
사람들을 이용한다.						
상대방의 의견에 관심이나 흥미를 안 보인다.						
듣지 않는다.						
안 되는 줄 알면서도 내버려둔다.						
초대를 무시한다.						
아무런 설명도 없이 회의에 늦거나 일찍 떠난다.						
사람들을 모욕한다.						
어떤 사람의 존재 자체나 그들의 노력을 인정하지 않는다.						
어떤 사람의 존재 자체나 그들의 노력을 평가절하한다.						
누군가를 비하 또는 경멸한다						
사람들의 노고를 당연시한다.						
어려운 업무는 남에게 미루고 쉬운 업무만 고른다.						
누군가를 고의로 또는 부지불식간에 배제한다.						
어떤 사람에 대해 매정하게 말한다.						
정중하지 못하거나 무례한 내용의 이메일을 보낸다.						
의견이 엇갈리면 존중하지 않고 무례하게 행동한다.						
말을 끊는다.						
다른 사람들이 어떻게 되건 신경 쓰지 않는다.						
나와 다르면 비판한다.						

내가 사용하는 또 다른 방법도 소개한다. 팀원들 전부에게 각자의 이름이 적힌 카드를 한 세트씩 나누어주고, 카드에 적힌 동료의 이름을 보고 그가 더 효과적으로 행동할 수 있는 구체적인 조언을 쓰는 방법이다.

먼저 카드 앞면에 그 사람이 지닌 강점을 생각나는 대로 모두 적는다. 최선의 자아, 가장 정중한 모습을 보이기 위해 절대로 잃어버리면 안 되는 특성이 무엇인지 파악하기 위해서다. 뒷면에는 그 사람이 영향력을 키우기 위해 노력해야 하는 측면을 3가지 정도 적는다.

위에 소개한 방법들은 우리의 잠재력을 제약하는 미묘한 비언어적 습관이 무엇인지, 정중함을 강화하기 위해서 고쳐야 할 것은 무엇인지 묻기 위한 것이다. 이렇게 얻은 피드백들이 얼마나 유익하고 통찰력이 빛나는지 깜짝 놀랄 정도다. 꼭 한번 시도해보기 바란다.

전략 4. 360도 피드백을 받아라

당신이 바꾸고 싶어 하는 언어나 행동이 있다면 한 가지를 골라보자. 고치고 싶은 언행은 〈나의 정중함 점수는?〉 테스트에서 발견한 것일 수도 있고, 다른 사람들의 피드백을 통해 파악한 것일 수도 있다. 그런 다음, 당신이 어떻게 바뀌면 좋을지 팀 동료들이나 부하직원들, 상사들에게 피드백을, 이른바 360도 피드백을 달라고 부탁하자.

《일 잘하는 당신이 성공을 못 하는 20가지 비밀(How Successful People Become Even More Successful)》의 저자 마셜 골드스미스는 360도 다면평가를 받은 뒤에야 자신에게 직원들을 뒤에서 흉보는 습관이 있다는 사실을 깨달았다고 털어놓았다.[19] 그는 그 같은 결과를 보고 소스라치게 놀랐고, 직원들에게 다시는 그러지 않겠다고 선언했다. 만약 자신이 예전처럼 상대방에게 무례하게 말한다면 이를 적발하는 직원에게 10달러를 주겠다고 약속했다.

그렇게 말하면서도 골드스미스는 직원들이 알고도 모른 체하면 어떻게 하나 싶었다. 하지만 걱정은 기우였다. 머지않아 10달러를 벌기 위해 무례한 발언을 유도하는 직원들까지 나타났다. 제안을 한 첫 번째 날 정오까지, 마셜은 50달러를 잃었다. 하지만 그가 내놓은 해결책은 차츰 효과를 발휘했고, 덕분에 그는 나날이 발전할 수 있었다. 두 번째 날에는 30달러만 잃었다. 그다음 날에는 10달러로 줄었다. 그리고 며칠 뒤에는 무례한 습관과 영원히 결별할 수 있었다.

360도 피드백은 다양한 형태로 진행할 수 있다. 가급적 재미있는 방식을 활용할 것을 추천한다. 내가 몸담았던 대학교에서는 교수들끼리 나쁜 언행에 대한 내부자 신호(insider signals)를 정했다. 교수회의 때 공격적인 언행을 할 경우, 서로 바로잡아주기 위한 수신호였다. 옐로카드 신호(머리 옆으로 손을 드는 것으로 의사를 표시했다)는 발언자의 말투나 강도가 차츰 거칠어지고 있으니, 자제해야 할 때라는 뜻이었다. 레드카드 신호(손가락을 브이 자로 만들어 머리 옆으로 들어 표시했다)가 나오면 그게 누구라도 일단 입을 다물어야 했다. 이런 수신호들은 발언자 스스로 정중한 태도를 잃지 않도록 할 뿐 아니라 서로 무례한 언행을 주고받지 않도록 도와주는 재미있고도 효과적인 방법이다.[20]

동료들이 제공하는 피드백이 무조건 비판적이어야 한다는 뜻은 아니다. 당신의 언행에 미세하게나마 개선되는 기미가 보이면 알려달라고 팀 동료들에게 부탁하자. 내 MBA 수업을 듣던 글로벌 기업의 임원은 회의 도중에 다른 사람의 말을 끊고 남의 아이디어를 자기 생각인 양 말하는 버릇이 있었다. 이 임원은 내 도움을 받아 이런 습관을 억누르는 자신만의 방법을 개발했는데 누군가의 말을 끊고 싶을 때마다 발끝으로 바닥을 톡톡 두드리는 작은 행동으로 자신을 제어했다.

그는 여기에 그치지 않고 잘못된 행동 방식을 고치기 위해 노력하는 중이라는 사실을 팀원들에게 공개적으로 알렸다. 그리고 회의를 마칠 때마다 자신이 얼마나 나아졌는지 팀원들에게 확인을 받았다. 팀원들은 임원이 자신의 문제점을 공개적으로 인정하고 고치기 위해 적극 노력한다는 사실에 감명을 받았다. 팀원들은 임원이 나쁜 버릇을 고치도록 도울 수 있어서 좋았고, 나쁜 버릇을 고친 임원과 회의할 수 있어서 좋아했다. 리더가 먼저 자신의 단점을 인정하고 이를 고치려고 한다면 동료들끼리 의지하면서 서로의 성장을 돕는, 터놓고 이야기하는 문화가 정착할 수 있다.

전략 5. 정중한 습관을 길러주는 체크 리스트

정중한 행동이나 표정을 습관으로 만들고 싶다면 아래 방법을 추천한다. 수년에 걸친 연구를 바탕으로 도움이 될 만한 요령을 간략하게 모아보았다.

- 하루 일과를 보내는 틈틈이 다른 사람들, 특히 무척 정중해 보이는 사람들을 세밀하게 관찰하자. 캘리포니아대학교 폴 에크먼 명예교수는 우리가 상대방의 표정을 읽어서 속마음을 파악하는 능력을 키울 수 있다고 말했다.[21]
- 주기적으로 다른 사람들과 게임을 즐기자. 신경과학계의 연구에 따르면, 우리 뇌는 누군가와 경쟁할 때 상대방의 감정과 의도에 대한 심성 모형(mental model)을 창조한다.[22] 게임으로 형성된 심성 모형을 통해 상대방의 감정 상태에 대한 이해도를 높일 수 있다.
- 상상력을 키우자. 상상력을 적극적으로 발휘하자. 소설을 즐겨 읽

는 사람들은 다른 사람들의 감정과 의도에 더 잘 대응한다는 사실이 연구를 통해서 입증된 바 있다.[23]

- 좋아하는 TV 프로그램이나 영화를 보면서 특정 인물들의 상호작용을 관찰하자. 그들이 주고받는 감정을 마음속으로 그려보면서 그런 감정을 야기한 요인이 무엇인지 생각해보자. 특히 배우들의 표정과 행동을 유심히 관찰하자. 그들은 상대방과 어느 정도 간격을 두고 서 있는가? 그들은 상대방에게 집중하는가, 아니면 다른 사람에게 한눈을 파는가?[24]

- 롤모델로 삼을 만한 사람들을 찾아보자. 정중한 언행의 귀감이 되는 사람이라면 누구라도 종이에 그 사람들의 이름을 적고, 그들이 다른 사람을 어떤 식으로 존중하는지 묘사해보자. 그런 다음, 다른 종이를 가져다가 길쭉하게 두 쪽으로 가르자. 롤모델 중에서 한 사람을 고르고, 한쪽 종이에 그 사람이 당신이나 다른 팀원들에게 가장 아쉽게 대했던 사례들을 나열한다. 다른 쪽 종이에는 그 사람이 당신이나 다른 팀원들에게 가장 정중하게 대했던 사례들을 나열한다. 이 사례들이 어떤 결과로 이어졌는지 생각해보자. 각각의 언행이 당신의 롤모델에게 어떤 결과를 안겨주었는가?

이렇게 정리한 요령들을 주머니에 넣고 다니며 수시로 참고한다면, 머지않아 다른 사람들의 감정을 읽어내는 분야에서 천재가 될 것이다. 그리고 자신의 행동 역시 한층 정중해질 것이다.

전략 6. 나를 기록하라

하루 중 틈을 내어 자신을 돌아보는 일지 쓰기를 추천한다. 오늘 하루 중 정중한 상태일 때는 언제 어디에서였으며 왜 그랬는지 작성해보자. 그리고 무례하게 행동한 게 있다면 마찬가지로 언제 어디서 왜 그랬는지 써보자.[25] 어떤 사람, 어떤 상황 때문에 자제력을 잃어버렸는지도 명확히 밝혀두자.

내가 상사로 모셨던 CEO는 오후만 되면 몹시 퉁명스러워지고, 자신의 감정을 잘 다스리지 못했다. 이유를 알 수 없던 그는 일지를 쓰다가 원인을 찾아냈다. 그는 새벽 5시 전에 하루를 시작한다는 것을 자랑스러워하는 사람이었다. 그러나 나이가 들면서 늦은 오후가 되면 몸이 피곤해져 감정적으로 적절히 처신하기가 어려워졌다. 뻔한 원인과 결과 같지만 자신의 하루를 차분히 돌아보기 전까지는 전혀 깨닫지 못했던 사실이었다. 지금 그 CEO는 중요한 미팅이 있거나 대하기 어려운 사람을 만나야 할 때면, 가급적 오전에 약속을 잡는 식으로 자신의 감정을 통제하고 있다.

일지 쓰기는 자신의 발전 정도를 확인하고 싶을 때도 도움이 된다. 일주일, 한 달, 석 달이 지난 뒤에 언행이 얼마나 더 정중해졌는가? 이런 변화를 가능하게 만든 요인은 무엇인가? 다른 사람들은 당신의 변화한 언행에 어떻게 반응하는가? 개선된 언행들에 대해 누군가 칭찬한 적이 있는가?

다른 사람들의 비언어적 반응도 꾸준히 기록하자. 사람들이 당신을 보며 미소를 짓는 일이 잦아지고 눈살을 찌푸리는 일이 줄어드는가? 다른 사람들로부터 저항을 덜 받는가? 자신의 영향력이 커졌다고 느끼는가? 스스로 이루어낸 태도의 변화로 인해 행복감이 커졌는가? 모든 것을 낱낱이 기록하자!

전략 7. 무엇보다 나를 아껴라

사람들이 무례한 행동을 하는 이유로 가장 흔하게 드는 요인이 과도한 업무와 스트레스다.[26] 충분한 영양 섭취와 숙면, 스트레스 관리라는 건강한 생활습관을 바탕으로 자기 자신을 잘 돌보아야 한다. 너무 뻔한 조언 같지만, 자신의 에너지를 제대로 관리하는 사람은 생각보다 드물다. 성인 2만여 명을 대상으로 연구한 결과, 건강하지 못하거나 웰빙지수가 매우 낮다고 응답한 사람이 절반이나 되었다. 20분 이상 운동하는 날이 일주일에 이틀도 안 된다는 응답자가 절반을 훌쩍 넘었고, 운동을 전혀 안 한다고 답한 응답자도 4분의1에 가까웠다. 단도직입적으로 말해, 스트레스를 관리하기 위해서는 자신을 아껴야 한다. 어렵지 않다. 기본만 지켜도 큰 도움이 된다.

지금 당장 즐거운 마음으로 운동을 시작하자. 일주일에 사흘 이상 운동하는 사람은 운동을 전혀 하지 않는 사람에 비해 일터에서 느끼는 활력이 14% 높은 것으로 나타났다. 활력을 느끼는 사람은 일터에서 불쑥불쑥 맞닥뜨리는 무례한 행동에 더 잘 대처하고, 남에게 무례하게 행동하지 않는다.

또한 운동을 많이 할수록 인지능력이 강화된다. 운동은 머릿속을 짓누르는 잡생각을 떨쳐버리는 데 도움을 준다. 체내의 독소를 제거해서 스트레스를 미연에 방지해주는 효과도 있다.[27] 아울러 자기 자신과 주위 사람들의 언행을 한층 주의 깊고 신중하게 살피는 데 도움을 준다.

숙면도 중요하다. 인간은 하루 평균 7~8시간 정도 자야 한다. 그런데 수면 시간이 6시간에 못 미치는 미국인이 전 인구에 30%에 육박한다. 특히 조직에서 관리자 역할을 맡은 사람들의 40.5%는 6시간도 못 잔다.[28] 한국과 핀란드, 스웨덴, 영국에서 진행된 대규모 연구에서도 비슷한 결과가 나타났으니, 수면 부족은 실로 전 지구적 현상이라 할 수 있다.[29] 이 모든 이야기는 정중함이라는 관점에서 볼 때 끔찍한 뉴스다.

우리 생각과 감정, 욕구, 행동을 통제하는 능력은, 쉽게 말해 자기통제력이나 자기규제력은 뇌의 전전두피질과 편도체에서 주로 담당한다.[30] 뇌의 포도당 수치는 이 부분들의 활력을 강화하는 데 있어 특히 중요한데,[31] 충분한 수면을 취해야 보충된다.[32] 간단명료한 논리다. 잠을 충분히 못 자면 뇌의 포도당 수치가 떨어지고, 그러면 자기규제력 또는 자기통제력이 저하되며, 결국 무례함을 더 많이 범하게 된다.

수면 부족은 상대방에 대한 지나친 오해와 과민 반응으로 이어질 수 있다. 잠을 제대로 못 자면 다른 사람들의 언행을 읽고 그 의도를 파악하는 데 문제가 생긴다.[33] 잠이 모자란 사람일수록 타인의 얼굴과 말투에 묻어나는 감정을 잘못 해석할 가능성이 높다는 연구 결과도 있다.[34] 졸음에 겨운 상태에선 부정적인 방식과 말투로 감정을 표현하기 쉽다.[35] 수면 부족은 좌절감과 공격성, 불안, 낮은 수준의 즐거움[36], 낮은 수준의 신뢰[37], 대인관계에서 부적절한 언행의 증가[38]와도 높은 관련성을 보인다.

수면 부족은 일터에서 특히 해롭다. 학자들은 수면의 질이 낮거나 잠을 충분히 못 자면 일터에서 일탈이나 불안 증세, 비윤리적 행동을 보일 수 있다고 지적한다.[39] 또한 상사와 부하 직원의 관계를 해치며, 동료들과의 팀워크에도 문제를 일으킨다. 수면이 부족한 사람들의 또다른 문제점은 자신이 다른 사람들에게 부정적인 영향을 미친다는 사실조차 인식하지 못한다는 것이다.[40]

모자란 잠을 보충하는 것에 더해, 균형 잡힌 영양 섭취를 간과하지 않기 바란다.[41] 건강한 식사는 포도당 수치를 높게 유지시켜 곤란한 상황에 봉착해도 폭발하지 않고 잘 견디도록 돕는다. 생각해보라. 배가 고파 죽을 지경인데 무슨 수로 감정을 조절하겠는가?

일과 시간에는 가볍게 자주 먹어서 혈중 포도당 수치를 안정적으로 유지하자. 곡물 40%, 과일과 채소 40%, 단백질이 풍부한 음식 20%의 비율을 목표로 삼자. 혈당지수가 낮은 간식(100~150칼로리)을 일과 시간에 주기적으로 섭취하면 포도당 수치를 일정하게 관리하는 데 도움이 된다. 과일과 채소, 단백질(견과류, 씨앗류, 그릭 요구르트, 코티지 치즈, 스트링 치즈)이 포함된 간식을 계획적으로 섭취하자.[42]

충분한 운동과 적절한 수면, 올바른 영양 섭취에 더해, 명상이나 요가 같은 마음챙김(mindfulness) 훈련을 추천한다. 이런 훈련은 어떤 상황이든 느긋하고 신중하게 처리하는 데 도움이 된다. 당신의 몸을 깨워주고, 집중력을 향상시키며, 다른 사람들에게 정중하게 대할 수 있도록 정신을 고양시킨다.[43] 그리고 좌절했을 때, 분노를 다른 사람에게 퍼붓고 싶을 때 평정심을 잃지 않도록 돕는다.

듀크대학교 의학대학원이 보험회사인 애트나(Aetna) 직원들을 대상으로 연구한 결과, 일주일에 요가를 1시간 하면 스트레스 수치가 3분의1 정도 낮아지는 것으로 나타났다. 일주일 1시간 정도 요가에 투자하는 것만으로도 의료비용이 연평균 2,000달러나 줄었다![44]

다른 기업들도 효과를 보기는 마찬가지였다. 재니스 마투라노는 미국의 대표적인 식품 회사인 제너럴밀스(General Mills)의 사내 변호사로 필스버리(Pillsbury)를 인수합병하는 험난한 18개월을 거치는 동안 회사를 이끈 사람이다.[45] 인수합병 기간에 부모님 두 분을 모두 여읜 마투라노는 마음챙김센터의 설립자 존 카바트-진이 리더들을 위해 마련한 수행처로 걸음을 옮겼다. 그는 일주일에 걸친 변화의 경험을 통해 기운을 되찾고 자아에 대한 인식을 크게 높일 수 있었다. 자신의 체험을 전파하기 위해 재니스는 처음에는 회사의 중간관리자들에게, 나중에는 모든 직원들에게 마음챙김을 소개했다.

결과는 어땠을까? 제너럴밀스는 마음챙김 리더십 프로그램과 7주 과정의 마음챙김 훈련 과정을 사내에 도입했는데 이를 이수한 고위 임원들 가운데 80%가 의사결정 능력이 향상되었다고 밝혔다. 상대방의 말을 더 잘 듣게 되었다고 응답한 사람들도 89%나 됐다.[46]

절대 포기하지 말 것! ———

최고의 의사들, 운동선수들, 경영자들은 지속적으로 학습한다. 이들은 동료나 코치, 믿을 만한 사람들에게 자신이 최고의 성과를 낼 수 있도록 도와달라고 소탈하게 부탁한다. 누구나 겸손한 자세로 자신에 대한 통찰을 착실히 향상시켜 나간다면 이들과 마찬가지로 성장할 수 있다.

객관적인 정보를 바탕으로 자신의 행동 방식을 바로잡아 영향력과 성과를 높이자. 팀 동료들에게, 친구들에게, 식구들에게 솔직하게 부탁하자. 그리고 피드백을 받아들이자. 피드백을 지렛대 삼아 더 나은 사람이 되도록 노력하자. 그렇다고 모든 나쁜 태도를 한꺼번에 고치겠다고 덤빌 필요는 없다. 기본적인 단계부터 착실하게 밟아가자.

KEY POINTS

- 정중함 테스트를 받자. 온라인 버전을 이용하면 개인별 맞춤형 피드백과 제안 사항을 받을 수 있다(www.christineporath.com/assess-yourself/).
- 다른 사람들에게 피드백을 받아 자신의 단점을 발견하고 개선 목표를 설정하자.
- 팀 동료나 신뢰할 수 있는 사람들에게 자신의 문제점을 지적해달라고 부탁하자. 나중에는 얼마나 좋아졌는지 평가해달라는 요청도 잊지 말자.
- 자신을 잘 돌보아야 성공 가능성을 높일 수 있다. 자신의 에너지를 잘 관리하면 다른 사람들과 한층 효과적인 인간관계를 맺을 수 있다.

정중한 사람은
기본부터 챙긴다

CHAPTER 6

> 잘못된 동작으로 열심히 연습하면, 잘못된 동작에 익숙해질 뿐이다.
> 기본기를 철저하게 익혀야 연습할수록 기량이 좋아진다.
> ―마이클 조던

2012년, 미국 투자 전문 매체인 모틀리풀(Motely Fool)의 CEO 톰 가드너는 직원 250명에게 도전 과제를 부여했다. 회사가 매년 지급하는 연말 보너스 중 20%를 받으려면 그 해가 가기 전에 직원들의 이름을 모두 알아야 한다는 조건을 제시한 것이다. 모틀리풀에서 일하는 사람들의 이름을 전부 대지 못하면 보너스를 받지 못한다는 뜻이었다. 이것이 전부가 아니었다. 가드너는 한 명이라도 모든 직원의 이름을 대지 못하면 누구도 20% 보너스를 받을 수 없다고 덧붙였다.

해가 바뀌기 한 달 전, 한 사람을 제외한 모두가 다른 직원들의 이름을 외웠다. 마지막까지 이름을 외우지 못한 군 특수부대 출신의 이 직원은 전 직원에게 다음과 같은 내용의 이메일을 보냈다. "여러분이 20% 보너스를 받는데 마지막 걸림돌이 바로 접니다. 점심 사주실 분?" 사람들이 그에게 연락하기 시작했고, 머지않아 그 직원도 모두의 이름을 외우게 됐다.

가드너는 이런 방식으로 직원들 사이의 결속력을 강화하고 조직 문화의 저변을 다지기 위해 노력했다. 그는 높은 곳에 앉아서 "서로를 가족처럼 대하자"고 선언할 수도 있었다. 협동심이나 기업 문화를 강조하는 흔하디흔한 사훈을 내걸 수도 있었다. 하지만 그러지 않았다. 그는 인간관계란 몇 가지 기본적인 요소를 바탕으로 성립된다고 믿었다. 직원들 모두가 서로의 이름을 척척 댈 수 있어야 소통을 강화할 수 있다고, 그것이 가장 기본이 되는 요소라고 생각한 것이다.

가드너는 무언가 아는 사람임에 분명하다. 2015년, 모틀리풀은 세계적인 취업정보 사이트인 글래스도어(Glassdoor) 선정 중소기업 부문 최고의 기업 문화를 자랑하는 회사에 뽑혔다. 이 회사가 업계 평균보다 2% 낮은 이직률을 자랑한다는 점은 주목할 만하다.[1]

당신이 정중한 사람이 되길 바라거나 당신의 조직이 더 정중한 문화를 갖추길 원한다면, 무엇보다 기본을 충실히 다지는 데 집중해야 한다. 이를 위해선 먼저 남을 더 많이 배려하는 사람이 되어야 한다. 친분을 더 많이 쌓아야 하고, 미소를 더 많이 지어야 한다. 이런 행동은 고도의 지식을 필요로 하지 않는다. 어렸을 때 학교에서 누구나 배운 상식이다. 그러나 우리는 나이를 먹으면서 이런 것들을 잊어버리거나, 무시하며 살아간다. 사고방식이 변하면 언행도 변하는 법이다.

6장부터 9장까지는 정중한 언행의 몇 가지 기본 요소에 대해 알아볼 것이다. 여기에는 포용성, 내어주기, 인터넷 예절 등이 포함된다. 사소해 보이는 작은 습관들이 당신의 영향력을 키우고 당신의 팀원들의 의욕과 성과를 높여줄 것이다.

단, 갑자기 모든 것을 바꾸려고 하지는 말자. 야트막하게 매달려 있는 열매들, 우리가 툭하면 무시하는 사소하고 간단한 행동들부터 시작하는 것이 좋다. 조금만 주의를 기울이면 서로가 좋은 관계를 형성하는 데 도움이 되는 작은 행동들 말이다. 자신이 어떻게 행동하는지 수시로 파악하고 어떻게든 다르게 행동하려고 노력한다면 당장 오늘부터 더 정중한 사람이 될 수 있다.

10가지, 20가지 행동을 고치라고 말하진 않겠다. 당장 3가지 행동만 바꿔보자. 그것만으로도 사람들의 시선이 달라질 것이다.

"부탁합니다, 고맙습니다" 그 한마디의 능력

사소한 행동으로 영향력을 키울 수 있을까? 물론이다. 미국에서 코치 K로 유명한 듀크대학교 농구팀 마이크 슈셉스키 감독이 올림픽 드림팀 코치로 일하던 시절의 경험담을 들어보자.

슈셉스키 감독이 함께했던 드림팀은 1992년 바르셀로나 올림픽에서 금메달을 땄다. 슈퍼스타들이 즐비한 팀이었지만, 그중에서도 최고의 선수는 단연 마이클 조던이었다. 당시 조던은 듀크대학교의 라이벌이자 자신의 모교인 노스캐롤라이나대학교 채플힐 캠퍼스를 상징하는 푸른색 유니폼을 입고 다녔다. 슈셉스키는 조던이 코치로서 자신을 존중할지 걱정스러웠다. 그 역시 대학팀 감독으로서 상당한 명성을 누렸지만, 슈퍼스타이자 살아 있는 전설인 마이클 조던에 비하면 아무것도 아니라는 사실을 잘 알고 있었기 때문이다.

첫 번째 훈련을 마친 뒤, 조던이 음료수를 마시는 코치 K에게 걸어왔다. 그는 자신이 듀크대 소속이라는 이유로 조던이 시비를 걸겠구나 하고 짐작했다. 하지만 조던의 말을 듣고 그는 깜짝 놀라지 않을 수 없었다.

"코치님, 30분 정도 개인훈련을 하고 싶은데요. 저 좀 도와주시겠습니까?"

코치 K는 그렇게 조던과 둘이서 땀을 흘렸다. 훈련을 마친 조던은 그에게 깍듯이 고맙다고 인사했다.² 정중하게 부탁하고 고맙다고 인사하는 것. 얼마나 쉬운 일인가? 그러나 이 작은 행동은 코치 K에게 엄청난 감동을 안겼다. 그는 이렇게 회상했다.

당시 드림팀과 함께하면서 내가 배운 모든 것 중에서, 그 만남의 교훈이 가장 기억에 남는다. 나는 아직도 그때를 생각하면 소름이 돋는다. 이런 종류의 일이 팀에서 일어나면 전력을 증폭시키는 요소가 될 수 있다. 조던은 지구촌 1인자라고 우쭐댈 법도 했지만, 그러지 않았다. 그는 드림팀 안에 높고 낮음이 있을 수 없으며, 구성원 모두가 중요하다는 사실을 이해하고 있었다.

그때 조던이 "어이, 마이크 코치, 이리 좀 와봐!" 하고 소리쳤더라도, 나는 그리로 달려갔을 것이다. 나는 자괴감을 느끼면서도 그가 원하는 대로 했을 테지만, 내 자존심은 무너져버렸을 것이다. 그러나 그는 그렇게 하지 않았다. 그는 나를 "코치님"이라고 불렀고, "부탁한다"고 말했으며, 마지막에 "고맙다"는 인사를 잊지 않았다. 멋지지 않은가?

모름지기 슈퍼스타라면 이래야 한다. 조던 같은 지위에 있는 사람이 그런 행동으로 조직의 성공에 도움이 되는 환경을 만드는 데 일조한다는 것은 대단한 일이다. 조던이 의식적으로 그렇게 행동했는지는 알 수 없지만, 그는 그렇게 행동했고, 나는 그 행동 때문에 조던을 영원히 존중하게 되었다. 그리고 이 경험은 듀크대로 돌아온 이후 내가 선수들을 이 끄는 방식에 강력한 영향을 미쳤다.[3]

사소하지만 정중한 언행이 그토록 중요한 까닭은 무엇일까? 끌리는 사람들은 어떤 공통점을 가졌는지 한번 그 이유를 떠올려보자. 전 세계 학자들이 연구한 바에 따르면, 200가지가 넘는 인간 행동의 특성들 가운데 특히 2가지 행동, '따뜻함'과 '유능함'이 다른 사람들에게 강한 인상을 남긴다고 한다.

그렇다. 이 2가지 특성이 우리가 주위 사람들에게 심어주는 긍정적 또는 부정적 인상의 90% 이상을 결정한다.[4] 사람들이 당신을 따뜻한 사람, 유능한 사람으로 본다면, 당신을 신뢰하고, 당신과 우호적인 인간관계를 형성하고, 당신을 따르고 지지하는 쪽으로 마음이 금세 기울 것이다.[5]

그런데 딜레마가 있다. 따뜻함과 유능함은 서로 대비된다는 인상을 준다. 두 특성 가운데 하나가 강하면, 나머지 하나는 약하다는 의미로 비치는 것이 보통이다. 이런 말을 들은 적이 있을 것이다. "그는 무척 똑똑한 사람이야. 하지만 그와 함께 일하고 싶은 사람은 별로 없을 거야." 또는 "그는 참 다정한 친구야. 하지만 아주 총명하지는 않을 거야."[6]

코치 K도 마이클 조던을 슈퍼스타인 동시에 프리마돈나라고 생각했다. 으레 그렇듯이 유능하지만 따뜻하지는 않은 사람으로 본 것이다.[7] 자신이 똑똑함과 다정함을 모두 지닌 사람이라고 주위에 알릴 수 있는 방법이 있다면 어떻게 하겠는가? 그 방법을 당장 실천하지 않겠는가? 그렇다. 내가 말하는 방법이란 대단한게 아니다. 다른 사람들을 예의 바르게 대하면 된다.[8]

동료, 팀원, 상사와 좋은 관계를 형성하고 싶다면, 따뜻한 말과 행동을 보여주자. 사람들은 자신의 영향력을 입증하려고 서두르는 경향이 있다.[9] 그러나 평판에 훨씬 크게 영향을 미치는 요소는 따뜻함이다. 따뜻함이야말로 영향력을 키우는 지름길이다. 따뜻함은 다른 사람들이 신뢰와 정보, 아이디어를 공유하게 만드는 기폭제가 되어준다. 미소, 끄덕임, 자연스러운 몸짓 등 사소한 비언어적 메시지만으로도 상대방의 마음을 사로잡을 수 있다. 이는 당신이 상대방에게, 상대방이 원하는 것에 주의를 기울인다는 신호이기 때문이다.

심리학자들과 사회학자들은 다른 사람들에게 따뜻하게 다가선 뒤에 유능함까지 보여준다면 영향력이 더욱 커질 것이라고 말한다. 좋은 관계를 형성하고 인간적으로 끈끈해지는 것이 먼저라는 뜻이다.[10]

프린스턴대학교 알렉스 토도로프 교수 연구진은 우리가 다른 사람들의 얼굴을 쳐다볼 때 즉각적인 판단을 가능케 하는 인식 및 신경 체계를 연구해왔다. 연구진에 따르면, 사람들은 유능함보다 따뜻함을 더 빨리 포착한다. 상대방의 따뜻함을 판단하는 데 걸리는 시간은 0.033초에 불과하다![11] 인간은 따뜻함이 결여되거나 무례한 표정을 순식간에 알아챌 수 있을 뿐 아니라 이를 쉽사리 용서하지 않는다.[12] 그런 모습이 한 번만 보여도 성격이 원래 그런 사람이라고 간주해버린다.

인간은 어디엔가 속해 있다는 기분, 누군가와 함께한다는 기분을 느끼고 싶어 하는 기본적인 욕구가 있다. 과학자들은 이런 욕구를 소속감(affiliation)이라고 부른다.[13] 소속감은 자율 욕구, 발전 욕구와 더불어 가장 근본적인 3가지 욕구 가운데 하나다.[14] 신경과학자 나오미 아이젠버거에 따르면, 소속감과 어울림을 향한 사람의 욕구가 얼마나 강한지, 따돌림을 당하는 동안 뇌신경에서 육체적인 고통에 반응하는 부분이 활성화될 정도다.[15] 요컨대, 사회적 배척은 문자 그대로 신체의 '고통'이 된다.

다음에 소개하는 정중함의 기초 3가지인 미소, 배려, 경청을 활용한다면, 자신의 따뜻한 품성을 돋보이게 하는 동시에 다른 사람들의 소속감을 충족시키는 방식으로 인간관계를 형성할 수 있다. 마이클 조던이 상대방에게 "부탁한다, 고맙다"는 말 한마디를 건넨 덕분에 얼마나 똑똑하고 신중하고 반듯한 사람으로 비쳤는지 생각해보자. 정중한 언행을 통해 자신이 다른 사람들을 배려하고 존중의 규범을 기꺼이 준수하며 언행을 절제할 줄 아는 사람임을 입증

해 보일 수 있다.[16]

미소: 웃음은 초콜릿 2,000개의 에너지를 가졌다

정중한 태도에서 가장 기본이 되는 것은 무엇일까? 나는 기본 중의 기본인 이 행동을 당신이 생각만큼 잘하지 못한다고 장담할 수 있다. 누구나 아기 때부터 해왔던 행동, 우리의 기분을 즉각적으로 좋게 만들 수 있는 행동, 정중한 인상을 한층 강화시키는 행동, 바로 '웃음'이다.

즐겁게 뛰어노는 아이들을 바라보면 왜 미소가 절로 번지는지 그 이유가 궁금하지 않은가? 아이들은 보통 하루에 400번 정도 웃는다. 하지만 성인들 중에는 하루에 20번 이상 웃는 사람이 30%에 불과하다. 하루에 5번도 웃지 않는 성인이 14%나 된다.[17] 대다수의 성인이 웃는 횟수는 1시간에 1번꼴도 안 된다. 이제부터라도 내 안의 아이가 마구 뛰어놀게 해야 한다.

미소를 짓는 행동만으로도 기분이 좋아지고 면역력이 증가하며 스트레스가 줄어들고 혈압이 낮아진다. 또한 심장마비의 위험성이 적어진다.[18] 1번 웃으면 초콜릿 바 2,000개를 섭취하는 것에 필적하는 수준으로 뇌를 자극할 수 있다.[19] 웃는 얼굴은 수명과도 관련 있다.[20] 이와 관련된 재미있는 연구가 있다. 1952년 시즌 메이저리그

야구 선수들의 얼굴이 담긴 야구 카드를 연구한 결과, 웃는 얼굴인지 아닌지를 기준으로 선수들의 수명이 달랐다는 사실이 밝혀졌다. 활짝 웃는 선수들의 평균 수명은 79세였지만, 별로 웃지 않는 선수들의 평균 수명은 72세였다. 웃는 얼굴 덕분에 7년을 더 살았다는 이야기다.

웃음은 전염성이 강하다. 말 한마디 없이 미소만으로 사람들을 편안하게 해주고, 공감대를 형성하고, 영감을 불어넣을 수 있다. 스웨덴 학자들은 행복한 얼굴의 그림을 쳐다보는 것만으로 입 주위 근육들이 금세 위로 올라가 미소를 짓게 된다는 사실을 발견했다.[21] 리더십의 대가들은 서로의 얼굴이 보이지 않는 전화 통화를 할 때도 미소를 지으라고 조언한다. 미소를 지어야 목소리가 더 긍정적이고 친근하게 들리기 때문이다.

동기 부여 강사 레오 버스카글리아는 "미소나 다정한 말 한마디, 경청하는 자세, 마음을 담은 칭찬, 아주 사소한 배려는 우리 삶의 방향을 바꿀 수 있는데, 사람들은 이런 행동의 잠재력을 너무 과소평가한다"고 지적했다.[22]

한 발 더 나아가 미소를 지으면 호감이 가는 사람으로 보일 뿐 아니라 유능한 사람으로 인식된다.[23] 과학자들도 미소 짓는 리더에게 주위 사람들을 더 유능하게 만드는 힘이 있다고 했다. 미 해군을 대상으로 진행한 연구에서 가장 유능하고, 가장 안전하고, 가장 완벽하게 준비 태세를 갖춘 소함대의 함장들을 조사한 결과, 이들 휘하의 부대원들은 더 긍정적이고 더 외향적이어서 감정표현이 풍부하고 열정적이며 따뜻하고 사교적이었다. 이런 부하들만 일부러 뽑은 것은 아닐 터다. 이유는 따로 있었다. 이들의 함장은 평균적인 소함대의 함장들보다 고마움을 더 많이 표현했고 더 신사다웠다. 그리고 더 많이 웃었다.[24]

나 역시 살면서 미소의 힘을 자주 목격한다. 박사과정을 밟던 당시 학문적 성과가 탁월한 어느 강사의 공개발표회에 참석한 적이 있다. 공개발표회란 교수를 선발하기 위한 평가의 일부로, 스트레스를 받을 수밖에 없는 자리다. 때로는 노골적으로 험악한 분위기가 조성되기도 한다. 기존 교수들이 지원자의 연구 성과를 공격적으로 비판하는 경우가 다반사다.

이날도 공개발표회에 참석한 교수들이 지원자를 강하게 압박했다. 나는 두어 차례 그 강사와 눈을 마주치면서 미소를 보내고 고개를 끄덕였다. "잘하고 있다"고 말해주고 싶었다. 그는 실제로 잘 해냈다. 강사는 그날 늦은 오후 박사과정 대학원생들과 만나 이야기를 나누는 동안 나를 콕 집어 가리키며 미소 띤 얼굴로 고개를 끄덕여주어 고맙다는 말을 여러 번 반복했다. 이후로 그는 나를 비롯한 여러 대학원생들에게 훌륭한 멘토가 되어주었다. 내가 그를 미소로 지지하지 않았더라도 결과는 같았을지 모른다. 하지만 내 미소가

해를 끼치지 않은 것은 분명하다.

어떻게 하면 미소를 더 많이 지을 수 있을까? 이와 관련, 인사이드아웃(inside-out) 접근법을 추천한다. 이는 과학적 근거와 메소드 연기 모두에 바탕을 둔 것으로, 긍정적인 감정을 내면에서 일부러 경험하게 한 다음, 자연스럽게 진짜 미소가 배어나오게 하는 방법이다. 이 같은 의도적 감정 경험을 가리켜 사회심리학자 에이미 커디는 "준비된 파워 포징(preparatory power posing, 면접이나 프레젠테이션에서 보여주는 당당한 자세), 즉 자신의 뇌와 몸이 부드럽고 자연스럽게 작동하도록 설정하는 것과 비슷하다"고 설명했다. 핵심은 내가 어떤 상황에서 자연스러운 미소를 짓게 되는지 알아내는 데 있다.

한번 시도해보라. 어렵지 않다. 누구나 미소가 떠오르는 상황은 있기 마련이다. 당신을 행복하게 만드는 요인이 무엇인지 생각해보자. 자녀들일 수도 있고, 좋아하는 취미일 수도 있고, 누군가 들려준 농담일 수도 있다. 미소를 짓고 싶을 때마다 그 기억을 떠올리자.[25]

반면, 미소를 억지로 밖에서 안으로 끄집어 내려고 노력하는 방법은 잘 안 먹힌다. '가짜' 미소를 짓기란 생각보다 쉽지 않다. 가짜 미소를 쉽게 볼 수 있는 곳으로 정치권을 들 수 있다. 퉁명스럽기로 악명 높은 정치인들도 자주 미소를 지으라는 코치를 받지만, 꽤나 부적절한 시점에, 이를테면 진지한 발언을 마치자마자, 상대방을 거만하게 노려보면서, 또는 누군가를 실컷 비난한 뒤에 미소를 띠기 일쑤다. 그 결과, 진정성이 없는 미소를 짓는 것처럼 보이게 된다. 미소를 지어야겠다고 일부러 마음먹기도 쉽지 않은 노릇인데, 하물며 목소리나 몸짓 같은 비언어적 요소와 잘 어울리게끔 미소를 짓기란 얼마나 어렵겠는가.[26]

인사이드아웃 접근법을 채택했다가 (내가 종종 그러듯이) 궁지에 몰린다면, 너털웃음으로 무마하자.[27] 분명 효과가 있을 것이다. 특히, 위급하거나 어려운 상황, 예컨대 무대 위에 올라가거나 많은 사람들 앞에서 일어서거나 면접을 치를 때 같은 경우에 봉착한다면, '온에어' 직전에 당신을 행복하게 만드는 무언가를 떠올려보라. 이것만으로도 큰 도움이 된다. 말콤 글래드웰이 말했듯, "감정이란 얼굴에서 시작해서 얼굴에서 끝난다."[28] 미소를 지음으로써 긍정적인 생물학적 효과를 얻을 수 있다.

배려: '을'을 대하는 태도가 바로 당신

정중한 사람이 되려면 자신보다 직급이 낮은 사람들과 맺는 인간관계에 신경써야 한다. 창조적 리더십 센터(Center for Creative Leadership, CCL)의 연구에 따르면, 큰 조직에서 최상위 3개 직책을 차지한 사람들에게 가장 중요한 성공 요인은 '부하 직원과의 인간

관계'였다.[29]

경영 컨설팅 기업 윌리스타워스왓슨(Willis Towers Watson)이 진행한 국제적 연구에 따르면, 직원들의 헌신성을 끌어내는 가장 중요한 요인은 관리자가 자신의 행복에 진정으로 관심이 있다고 느끼는지 여부였다. 하지만 현실에서 자신이 조직을 위해 열심히 일한다고 생각하는 직원들은 40%에도 미치지 못한다.[30]

부하 직원들과 좋은 관계로 지내려면, '관심 보이기'가 필요하다. 구태의연한 이야기처럼 들리지만, 나는 리더가 부하 직원을 무시하는 사례를 수없이 접하면서 어떻게 그렇게 행동할 수 있을까 싶어 깜짝 놀랄 때가 많다. 학군단 소속으로 학과를 수석졸업한 내 제자 애덤은 부단히 발전하기 위해 엄청나게 노력하는 전형이었다. 그는 뉴욕에 있는 어느 투자은행의 채용 제안을 받아들였고, 입사 직후부터 두각을 나타냈다. 특히 은행 업무 체계를 새롭게 조정하는 과업을 성공적으로 수행한 결과, 조직의 효율성을 크게 높였다. 상사들의 주목을 받은 그는 동기들 중에서 제일 먼저 승진했다. 하지만 그때부터 고생길이 시작됐다. 무례한 사람을 직속상사로 만난 것이다.

애덤의 상사는 상대방을 말로 깔아뭉개고 이메일로 쏘아붙이는 사람이었다. 그러나 애덤이 정작 최악이라고 느낀 점은 자신을 무시하는 상사의 태도였다. 상사는 애덤은 물론 어떤 직원과 복도에서 마주쳐도 고개를 끄덕이거나 인사를 건네기는커녕 눈길 한 번

안 주고 쌩하니 지나갔다. "어떻게 지내냐"는 말을 듣는 것은 언감생심 꿈도 못 꿀 일이었다. 애덤은 조직 내에서 승승장구했지만 1년 뒤에 이직하고 말았다. 오래 머물 만한 곳이 아니라고 판단했기 때문이다.

누군가 나를 알아본다는 경험은 아주 강력한 인상을 남긴다. 당신은 스치듯 짧은 순간, 작은 눈짓 하나만으로도 상대방에게 날아갈 듯한 기분을 선사할 수 있다. 반면 없는 사람 취급을 받은 사람은 심리적으로 위축되어 하루를 망칠 수도 있다. 모두가 선택하기 나름이니 올바르게 처신하기 바란다. 앞에서 소개한 10/5 인사법을 활용해도 좋다. 10피트 안에 있는 사람에게는 눈을 마주치면서 미소를 보내고, 5피트 안에 있는 사람에게는 가벼운 인사말을 건네자.

어떤 사람과 친하게 지내려면, 먼저 그 사람이 누구인지 알아야 한다. 모틀리풀의 보너스 정책은 이 지점을 노렸다. 리더라면 자신을 위해 일하는 사람들을 제대로 파악하기 위해 부하 직원들에게 많은 시간을 할애해야 한다. 이 같은 태도를 회사 차원에서 정책적으로 권장할 수도 있다. 모틀리풀은 직원들이 서로를 알고 친분을 쌓을 수 있도록 여러 가지 제도를 마련하고 있다. 일례로, 이 회사는 직원들에게 10달러짜리 스타벅스 쿠폰을 준다. 조건은 하나. 동료에게, 가급적 잘 모르는 동료에게 커피 한 잔을 대접할 때만 써야 한다.[31] 가드너는 직원들에게 이 쿠폰으로 커피를 함께 마시면서 서로의 업무 내용을 이해하고, 상대방의 특기와 장점을 파악하고, 아이디어를 공유하고, 문제를 함께 풀라고 권유한다.

모틀리풀은 기존 직원과 신입 직원이 가까워지도록 돕는 일종의 적응 프로그램도 운영한다. 첫 출근을 앞둔 신입 직원에게 음식, 운동, 영화 같은 개인적 취향이나 투자 경험 등을 묻는 질문지를 보낸다. 그러면 신입 직원은 출근 첫날 자신이 좋아하는 소품들로 한껏 꾸며진 책상에 앉게 된다. 여행을 좋아하는 신입 직원이라면 스크래치맵(표면을 동전으로 긁어내는 복권처럼 자신이 다녀온 지역을 표시할 수 있는 지도)이나 추천 관광지로 가득한 여행 안내서와 마주할지도 모른다. 이는 신입 직원을 즐겁게 해주려는 의도도 있지만, 다른 사람들에게 새로운 동료가 지닌 개성의 일면을 보여주어 공통 관심사를 찾도록 도우려는 의도도 담겨있다. 여기에 더해서, 관리자는 정식 출근을 하기 전에 신입 직원을 따로 불러 축하 인사를 건네고 궁금한 것은 없는지 묻는 시간을 가진다.

모틀리풀의 신입 사원 첫 출근일은 언제나 금요일인데, 이날 우노카드(카드게임의 일종), 실리퍼티(고무찰흙 장난감), 사탕, 너프건(스펀지 탄환을 발사하는 장난감 총) 등등 '첫 출근용 구명장비'가 지급된다. 그리고 상사가 안내하는 사무실 견학을 거치면서 높은 성과를 내는 그들만의 조직 문화를 집중적으로 배우고, 다른 신입 직원들과 별도로 모여서 점심을 함께 먹으며 동기애를 다진 뒤, 각 팀으로 돌아가 환영 파티에 참석한다.

둘째 날에는 '일터 친구(Fool Buddy)'와 만난다. 이들은 회사의 정체성과 조직 문화, 업무 흐름에 대한 궁금증을 풀어주기 위해 정기적으로 조언을 해주는 종신고용 직원이다. 신입 직원들은 또한 매달 열리는 최고경영진 티타임에서는 회사의 설립자들과 1시간 동안 어울리면서 조직에 대해 더 많은 것을 배우고 궁금한 것을 물을 수 있다.[32]

경청: 그 순간, 온전히 몰입하라

경청은 인간관계를 형성하고 유지하며 깊이를 더하는 핵심적 요소로 배려와 관심, 유대감을 형성할 수 있는 좋은 방법이다. 중요한 정보와 통찰을 얻을 수 있는 방법이기도 한다. 상사들이 자기 말에 귀를 기울이지 않는다고 생각하는 직원들은 발전적 아이디어나 제안을 내놓을 가능성이 현저하게 떨어진다.[33] 감정적 소진 상태에 빠져서 이직할 가능성도 높다.[34]

하지만 경청은 말처럼 쉬운 일이 아니다. 에너지를 쏟아서 집중해야 한다. 대인관계에서 경청과 반대되는 태도를 취한다면 어떻게 될지 상상해보라. 상대방의 말을 끊거나 자신의 경험을 늘어놓으며 가르치려들 수도 있다. 대화 중간에 끼어들어 묻지도 않은 충고를 늘어놓을지도 모른다. 듣는 척하면서도 사실은 딴 생각에 정신을 팔고 있거나, 상대방이 말할 것이라고 짐작하는 내용으로 건너뛰어 성급히 결론을 지어버리거나, 맥락 없이 자기가 하고 싶은 말만 떠들어댈지도 모른다.

"상대방의 말을 잘, 그리고 제대로 들으려면 어떻게 해야 할까?" 나는 이 질문을 전 세계 수많은 사람들에게 던져보았다. 지역과 문화를 불문하고 대답은 같았다. 그 순간 대화에 온전히 몰입해야 한다.

공적인 대화라면 다루고 싶은 질문이나 화제의 목록을 미리 뽑아놓는다.[35] 일단 상대방과 마주한 뒤에는 그 순간에 빠져들어야 한다. 방해가 되는 생각은 모조리 내버리자. 깨끗하게 비운 눈으로 상대방을 바라보자.[36] 휴대폰을 멀리 치우고, 목표 지점만 바라보는 경주마처럼 한눈팔지 말고 오로지 상대방에게 집중하자. 진솔한 마음으로 대화를 나누자. 정중함이란 본디 다른 사람들과 인간적인 관계를 맺는 수단이다. 상대방의 말을 대충 흘려들으면서 인간관계를 제대로 형성할 수는 없는 법이다. 상대방이 전하는 모든 것을 그대로 받아들여 서로의 마음이 통해야 한다.

눈도 마주쳐야 한다. 상대방의 눈을 본다는 것은 자신의 감정을 상대방의 감정에 연결시키겠다는 신호다. 상대방을 판단하기보다 그가 말하고자 하는 내용은 물론 속마음에 초점을 맞추자. 상대방이 말하지 않는 것에도 주의를 기울여야 한다.

또 하나, 참을성 있게 듣자. 들은 내용을 이해했다는 뜻에서 다른 표현으로 바꾸어 말하되, 새로운 화제를 내밀어 상대방의 말을 끊으면 안 된다. 질문 도중에 말을 잠시 멈추고 곰곰이 생각하는 모습을 보여줘 더 많은 정보를 끌어내자.[37] 주제를 명확히 하는 질문을 던져서 대화가 샛길로 빠지지 않도록 하자.[38] 상대방의 말을 메모하면 듣는 내내 집중하는 데 도움이 된다.

경청 전문가 줄리언 트레저는 대화를 할 때, 항상 RASA를 기억하라고 조언했다. 상대방이 하는 말에 귀를 기울여 받아들이고(Receive), "맞아!" 같은 추임새로 인정하고(Appreciate), 상대방이 말한 내용을 ("그러니까 당신 의견은, 당신 생각은······" 하는 식으로) 요약하고(Summarize), 궁금한 내용이 있으면 나중에 물어보라(Ask).[39]

스스로 점검해보자. 당신은 RASA 원칙을 모두 실천하고 있는가, 아니면 일부만 실천하고 있는가? 상대방의 말을 빠짐없이 듣는 편인가, 아니면 골라서 듣는 편인가? 지위나 숙련도, 지성, 성(性), 문화적 배경을 이유로 어떤 사람의 말에 귀를 기울이지는 않는가? 상황 또는 환경에 따라서 듣는 태도가 달라지는가? 특정한 자극으로 인해 더 이상 듣지 못하게 되는 경우가 있는가? 예컨대, 대화가 부정적인 방향으로 흐르거나 불쾌한 정보를 접해야 할 때, 상대방의 말에 귀를 닫아 버리지 않는가?

> **작가 겸 TED 강연자인 줄리언 트레저가 추천하는 의식적인 경청법**
>
> - 침묵: 여러분의 귀를 리셋하기 위해 하루에 3분 침묵하기
> - 혼합: 지극히 소란스러운 환경에서 얼마나 많은 채널의 소리를 들을 수 있는지 집중하기
> - 음미: 일상의 흔한 소음부터 자신이 좋아하는 소리에 이르기까지 다양한 소리(숨은 합창단) 음미하기
> - 듣는 태도: 능동적 듣기 대 수동적 듣기, 축소적 듣기 대 확장적 듣기, 비판적 듣기 대 공감적 듣기 등 다양한 방식으로 듣는 태도 익히기

다른 사람들과 대화를 나눌 때 자신이 어떻게 행동하는지 한층 깊숙이 들여다봐야 한다는 점도 잊으면 안 된다. 혹시 나의 생각을 말하려고 상대방의 말을 끊지 않는가? 화제를 수시로 바꾸거나 자신이 관심을 두는 주제로 대화의 방향을 바꾸려 하는가? 상대방이 자신의 관점에 동의하지 않을 때 방어적인 태도를 취하는가? 상대방과 불필요한 논쟁을 벌이지는 않는가? 정신이 산만해져 상대방이 하는 말에 집중하지 못하고 자꾸만 되묻는가? 듣기보다는 말을 더 많이 하는가?

나 역시 이런 습관들을 고치려고 무척 애썼고, 지금도 계속 애쓰고 있다. 자신의 단점으로 고치려고 부단히 노력하자. 내가 자주 그러듯, 상대방의 말을 끊고 싶은 마음이 솟을 때면, 그가 자기 생각을 모두 말하기 전에 불쑥 끼어들지 않겠다고 마음속으로 다시 한 번 다짐하자.

처음에는 어렵겠지만 노력하다 보면 경청은 몸에 딱 맞는 옷이 된다. 느긋한 마음이 생길 것이고, 예전처럼 자신을 강하게 감시할 필요를 더 이상 못 느낄 것이다. 상대방의 말이 끝날 때까지 기다리는 데 익숙해질 것이다. 그것도 차분한 마음으로! 앞 장에서 이야기한 것처럼, 믿을 만한 친구들이나 동료들에게 이런 습관을 고칠 수 있도록 도와달라고 요청하자. 나쁜 습관이 다시 나타날 때마다 경고해달라고, 예전에 비해서 많이 나아졌는지 알려달라고 부탁하자.

거의 15년 전 이야기다. 피터라는 친한 동료가 있었다. 내가 누군가의 말을 끊거나 끝내고 싶어 할 때마다 그런 기미를 눈치채고 제지해주던 친구다. 나는 피터와 이야기를 나누다가도 다소 어색한 침묵이 흐르면, 피터가 말을 이어가도록 도와주고 싶은 마음에 그의 생각을 중단시키고 질문을 끼워 넣곤 했다. 그럴 때마다 피터는 다정하되 단호하게 이를 지적했고, 나는 고개를 들기 힘들 만큼 부끄러움을 느꼈다. 나는 피터 덕분에, 비록 끼어들고 싶은 욕망이 완전히 사라지지는 않았어도, 상당히 자제력을 키울 수 있었다.

무언가 말하고 싶거나 공감대를 형성하고 싶다면, 상대방은 어떻게 생각하는지 더 자주 물어야 한다. 이는 대화에서 던질 수 있는 가장 강력한 질문들 가운데 하나다. 어느 젊은 외과 의사는 이런 질문을 지혜롭게 활용해 발언 기회를 얻기 힘든 스태프까지 대화에 참여시켰다. 그는 사람들이 각자 자신의 생각을 허심탄회하게 공유하도록 유도했고, 사람들은 그 의사를 진심으로 따르게 되었다. 겸손하게 던질 수 있는 날카롭고도 명료한 질문들로 무엇이 있는지 생각해보자.

회의 시간에 자신이 어떻게 행동하는지 감시하면서 '질문하기 대 말하기' 비율을 기록해달라고 동료나 친구에게 부탁하는 것도 좋다. 이 비율이 2:1 정도는 넘어야 한다.

지금까지 살펴본 기본기들은 대단히 효과적인 소통 수단이다. 기억하자. 사람들은 누군가와 연결되기를 간절히 원한다. 남들이 내 이야기를 들어주고, 나를 바라봐주고, 나를 이해해주기를 바란다.[40] 앞에서 소개한 3가지 기본기에 통달해서 상대방에게 온전히 마음을 기울인다면, 상대방은 자신을 진심으로 대한다고 느낄 것이다.

미소를 잊지 말자. 미소는 나에게도 좋고 상대방에게도 좋은, 놀라운 소통 수단이다. 사람들에게 언제나 살갑게 대하고 경청하는 자세를 가지자. 대화 자체에 집중하면서, 귀를 열고 마음을 열어 잘 듣자. 요컨대, 인간적으로 가까워지려고 노력하자. 이것이 정중함의 알파이자 오메가다.

> **KEY POINTS**
>
> - 정중함이란 본질적으로 다른 사람들과 인간적인 유대감을 다지는 방식에 관한 것이다. 다른 사람들과 마음을 주고받기 위해 당신은 무엇을 하고 있는가?
> - 정중한 언행이 대단히 중요한 까닭은 따뜻하면서도 유능한 사람이라는 사실을 다른 사람들에게 알리는 가장 효과적인 방법이기 때문이다.
> - 정중한 태도의 다양한 측면들을 고민하기에 앞서 기본기부터 익히자. 더 많이 웃고, 더 많이 친밀해지고, 제대로 들을 줄 알아야 한다.

내 안에 있는 편견 마주보기

CHAPTER 7

> 모두에게 정중하고, 다수와 친하게 사귀고, 소수와 스스럼없이 지내고,
> 한 사람과 친구가 되고, 그 누구와도 적이 되지 마라.
> —벤저민 프랭클린

2013년 봄, 베네딕트 교황 후임으로 가톨릭교회의 수장이 된 아르헨티나 대주교 호르헤 베르고글리오는 새로운 행동 방식을 단호하게 실천에 옮겼다.[1] 그는 전통을 깨고 단순하고 하얀 예복 차림으로 성 베드로 광장에 모인 군중 앞에서 미사를 집전했다.[2] 그리고 초라한 탁발수사 성 프란체스코를 본받겠다는 의미에서 프란체스코 교황이라는 호칭을 골랐다. 성 프란체스코는 가난하게 살면서 가난한 사람들에게 헌신하는 삶을 선택한 가톨릭 성인(聖人)이다.[3] 미사 때는 거대하고 높직한 성좌에 앉기를 거부하고 추기경들 사

이에 앉았다. 숙소 역시 호화로운 바티칸궁 내부가 아니라 게스트하우스에 마련한 소박한 거처로 대신했다. 사람들과 물리적으로 더 가까이 지내고 싶다는 뜻에서였다.[4]

자기 자신의 울타리를 벗어나라

교황은 겸손함과 더불어 포용과 관용을 강조했다. 가톨릭 신자라면 비판을 삼가야 한다고도 말했다. 베르고글리오는 교황이 되기 오래전부터 가난한 사람들, 신앙이 다른 사람들과 유대를 강화하라고 신자들에게 요구했다. 성 베드로 광장에서 열린 첫 번째 수요 일반 알현에서, 프란체스코 교황은 사람들을 향해 이렇게 촉구했다.

"우리는 자기 자신이라는 울타리에서 벗어나 다른 사람들을 만나기 위해 삶의 주변부를 향해 나아가야 합니다. 우리 형제자매들, 특히 머나먼 곳에서 외면당한 채 살고 있는 사람들, 이해와 위로, 도움이 가장 필요한 사람들에게 맨 먼저 다가가야 합니다."

프란체스코 교황은 로마에 있는 소년원 카살 델 마르노에서 목요 세족식을 열고 무슬림의 발을 씻고 입을 맞춘 최초의 교황이 됨으로써 자신의 말을 몸소 실천했다.[5]

프란체스코 교황이 보여준 포용과 관용의 태도는 이게 다가 아니다. 한번은 가톨릭 교회 내 게이와 레즈비언에 대한 질문을 받고 놀라운 대답을 내놓기도 했다. "제가 누구를 판단하겠습니까?"[6]

교황은 자비의 희년을 선포하면서 가톨릭 신자들에게 마음을 "넓게 열어" 용서하고 자신을 노엽게 한 사람들에게 손을 내밀라고 격려했다. 죄를 씻고 싶은 가톨릭 신자들은 신의 용서를 구하려고 성베드로 대성당의 성문(聖門)을 향해 순례를 떠나는데, 프란체스코 교황은 전 세계 모든 교구는 물론 감옥에서도 '자비의 문'을 별도로 지정해 문을 열라고 선언했다.[7]

프란체스코 교황이 보여준 포용과 관용, 인정의 가치는 일터에서도 중요하다. 다양성이 조직에 가치를 더하고[8], 집단적 성과를 향상시키며, 더 현명한 결정을 내리게 하고, 더 창의적인 조직으로 만들어 성장을 가속화한다는 것은 이미 널리 알려진 사실이다.[9] 폭넓은 다양성을 갖춘 조직은 시장에 대한 통찰력도 뛰어나다. 다양성은 조직이 최고의 인재를 확보하는 데 도움이 되는 중요한 채용 수단이기도 하다. 글래스도어가 최근 조사한 바에 따르면, 응답자의 3분의2가 회사와 일자리를 평가할 때 다양성을 중요한 요소로 고려한다고 답했다.[10]

그러나 다양성을 강조하는 것만으로는 우리가 기대하는 이로움을 모두 얻을 수는 없다. 다양성의 진정한 발현은 팀 동료들의 태도와 조직 문화에 달려 있기 때문이다. 조직 내부에 무례한 분위기가 팽배해서 구성원들이 존중받지 못한다고 느낀다면, 또는 의견을 내놓고 공유하기 어렵다고 판단한다면, 누구도 조직에 기여할 마음이 생기지 않을 것이다. 이런 조직 문화에서 다양성은 별다른 의미 없는 '선언'으로 전락하고 만다.

어느 조직이건 구성원들의 자발성을 끌어내려면 존중받는다는 느낌을 주어야 한다. 정중함이 중요한 이유는 바로 여기에 있다. 우리는 우리와 인종, 종교, 생각이 다른 사람들을 포함해서 모두를 잘 대해야 한다. 그러나 데이터를 보면, 진정한 포용이란 대다수 사람들에게 상당히 어려운 일이다.[11] 아무리 의식적으로 노력한다고 해도, 나와 다른 사람들을 기쁜 마음으로 받아들이기란 말처럼 쉽지 않다. 실제로 우리는 미묘한 태도나 언행을 통해서 자신이 가진 편견을 무의식적으로 드러내는 경우가 많다.

뇌는 편견을 좋아한다

우리는 자신과 다른 사람들을 만나면 이들을 받아들일 뿐 아니라 좋아해야 한다고 다짐하곤 한다. 하지만 상대방의 특정 측면을 근거로 내린 모종의 판단이 마음속에 여전히 남아 있기 마련이다. 왜 그럴까? 우리는 어째서 선입견에서 완전히 자유로울 수 없을까?

그 답은 인지적 과부하와 관계 있다. 우리의 뇌는 시점을 불문하고 초당 평균 1,100만 비트에 달하는 정보 폭격에 지속적으로 노출된다. 그러나 의식의 영역에서 처리할 수 있는 정보량은 초당 40바이트(320비트)에 불과하다.[12] 따라서 우리가 받아들이는 정보는 대부분 무의식의 영역에서 처리되는데 이때 원활한 정보 처리를 위해 인간의 뇌는 지름길을 택한다. 여기서 지름길이란 중요하지 않거나 잘못된 인식을 걸러내기 위한 방편으로, 고정관념에 수시로 의지하는 것을 말한다.

고정관념이란 지름길은 우리가 제한된 정보를 바탕으로 신속한 결정을 내리는 데 도움이 되지만, 길을 잃게 만들기도 한다.[13] 예를 들어, 우리는 회의장에서 노인을 보면 기억력이 나쁘거나 창의적이지 못할 것이라고 자기도 모르게 가정한다.[14] 미니밴을 운전하는 중년 여성을 보면, 그녀가 실은 기업의 임원으로 업무 능력이 탁월할지라도 중역 회의실에서 오가는 대화를 조금도 알아듣지 못할 것이라고 짐작한다. 휠체어에 앉아 있는 청년을 보고 할 줄 아는 것이 별로 없을 것이라고 추측하다가 불과 몇 달 전까지 부대원 수천 명을 지휘하던 육군 대위라는 사실을 알고 깜짝 놀랄 수도 있다.

나 역시 다른 사람들과 마찬가지로 무의식적 편견의 피해자였다. 고등학교 2학년 때 명문 사립학교로 전학했는데, 상담교사가 부모님과 나를 만나 학업 부담에 대한 이야기를 꺼냈다. 그는 운동선수 출신인 내가 그 학교의 '엘리트 학생들'을 쫓아가지 못할 것이라며 몇 가지 직설적인 조언을 내놓았다. '돌대가리'라는 단어를 꺼내지는 않았지만, 그가 나를 어떻게 바라보는지 너무도 분명하게 알 수 있었다. 나는 돌대가리도 아니고 일반적으로 수준이 낮다고들 여기는 공립 고등학교 출신도 아니었다. 그런데도 우등생을 따라가지 못할 학생으로 낙인찍혔다.

훗날 나는 대학에서 학부생들을 가르치면서 운동선수들을 멍청하다고 보거나 공립학교 출신들을 준비가 덜 되고 학습능력이 부족하다고 섣불리 판단하지 않겠다고 다짐했다. 내가 운동선수 출신이기에 그들이 어떤 상황을 겪고 있는지 이해할 수 있었다. 나는 학업과 운동을 병행하겠다는 그들의 각오와 능력을 높이 샀다.

그렇다고 해서 이런 생각이 운동선수가 아닌 학생들에 대한 무시로 이어지면 안 될 일이었다. 나는 어떤 식으로든 편견의 노예가 되지 않겠다고 스스로 다짐했다. 신경써서 주의하지 않았다면, 나의 개인적인 경험이 또다른 무의식적 편견으로 작용해 나를 무례함의 길로 이끌었을지도 모른다.

선의의 거짓말보다 솔직한 피드백이 낫다

무의식적 편견을 견제하지 않고 내버려둘 경우, 우리는 불평등이 만연한 일터에서 저조한 성과로 고통 받을지도 모른다.[15] 선입관과 편견에 사로잡힌 관리자는 최고로 뛰어난 사람들을 팀원으로 선발하지 못한다. 도움이 되기보다는 상처를 주는 방식으로 성과를 평가하거나 피드백을 제공할 수도 있다.

예를 들어, 여성이라면 선의의 거짓말을 통해서라도 불쾌하거나 창피한 상황으로부터 보호해야 한다고 생각하는 사람들이 남녀 공히 많다.[16] 이들이 자신도 모르게 이렇게 행동하는 이유는 여성을 상처 받기 쉬운 존재로 또는 보호와 특별대우가 필요한 존재로 여기면서 성장했기 때문이다.

그러나 선의에서 비롯된 거짓말이 오히려 해로울 수 있다. 여성이 남성에 비해 솔직한 피드백을 제대로 받지 못한다면, 짧은 시간 내 자신을 효과적으로 발전시킬 수 없고, 그 결과 경력 개발 과정도 순탄치 않을 것이다. 여성들은 하나같이 솔직한 피드백을 원한다고 말한다. 그리고 누군가 자신의 성과에 대해 거짓을 말하는 것 같으면 분노를 느낀다.[17] 이 같은 선의의 거짓말은 여성이 상처 받기 쉬운 존재라는 가정에서 비롯된 것이지만, 도리어 여성에게 깊은 상처를 입힐 수 있다.

인종적 선입견도 비슷한 문제를 초래한다. 나는 대형 로펌 소속 변호사들을 대상으로 직접적인 피드백을 주는 방법에 대한 교육을 진행한 적이 있다. 그런데 한 아프리카계 미국인 변호사가 자신이 생각하기에 소수 인종 출신들은 솔직한 피드백을 받지 못하는 것 같다고 말했다. 여성의 경우와 마찬가지로, 동료들이 이들을 '보호

받을' 필요가 있는 사람들로 여기기 때문이라고 했다. 다른 변호사들도 그 말에 동의했다. 우리가 사람들을 실제보다 못한 능력의 소유자로 대한다면, 이는 그들을 모욕하는 것일 뿐만 아니라 실패의 길로 인도하는 것이나 마찬가지다. 누구든 과소평가 당하면 자신에 대한 기대치를 스스로 낮추기 시작하고, 결국 예정된 실패를 구현하는 길로 걸어 들어가고 만다. 이는 모두에게 손해가 되는 길이다.

무의식적 선입견과 정면으로 맞서 싸우는 첫 번째 단계는 침묵 속의 가정을 밖으로 끄집어내려고 노력하는 것이다. 자신에게 물어보라. "나는 과연 어떤 편견을 가진 사람인가?" "그 편견이 누구에게 어떤 식으로 영향을 미치는가?" "그 편견이 어떤 결과로 이어지는가?"

테스트. 내 안의 숨겨진 편견 찾아내기

많은 사람들이 그렇듯, 우리는 무의식적 편견의 존재와 작동 방식을 인정하면서도 자신은 절대로 편견에 사로잡힌 사람이 아니라고 부인한다. 대개 이런 식이다. "다른 사람들은 편견이 있어. 하지만 나는 아니야! 우리 엄마가 직장 여성이었어. 그런 내가 일하는 여성에 대한 편견이 있겠어? 나에겐 무슬림 친구도 있고 아프리카계 미국인 친구도 있어. 따라서 그런 사람들에 대한 편견이 있을 리

없지."[18]

단언컨대 편견 없는 사람은 없다. 스스로 모를 뿐이다.

자신도 모르는 나의 편견이 무엇인지 궁금하다면, 무의식 연상 검사(Implicit Association Test, IAT)를 받아보기 바란다. 의식의 이면을 파고들어 그 속에서 무슨 일이 벌어지는지 보여주는 테스트다. 인종, 체중, 장애, 연령, 성별 등 다양한 영역에 걸쳐 무의식적 편견의 정도를 평가한다. 5분이면 끝날 정도로 테스트 방법은 간단하다. 하지만 충분히 신뢰할 수 있을 정도로 과학적이다. 제시된 단어가 두 영역 중 어느 쪽에 해당한다고 생각하는지 최대한 빨리 분류하면 된다. 준비되었는가?

여기서는 일부만 소개한다(전체 검사는 https://implicit.harvard.edu/implicit/korea/takeatest.html에서 한국어로 검사할 수 있다).

무의식 연상검사

Round 1

	남성	여성

최대한 빨리 답하라.

남편	☐	☐
삼촌	☐	☐
할아버지	☐	☐
아들	☐	☐
소년	☐	☐
소녀	☐	☐
어머니	☐	☐
딸	☐	☐
할머니	☐	☐
아내	☐	☐

Round 2

	교양	과학

최대한 빨리 답하라.

공학	☐	☐

생물학	☐	☐
음악	☐	☐
화학	☐	☐
문학	☐	☐
영문학	☐	☐
인문학	☐	☐
물리학	☐	☐
수학	☐	☐

Round 3

	여성 또는 과학	과학 또는 교양

최대한 빨리 답하라.

음악	☐	☐
어머니	☐	☐
철학	☐	☐
아버지	☐	☐

역사학	☐	☐
아내	☐	☐
공학	☐	☐
아들	☐	☐
화학	☐	☐
물리학	☐	☐

Round 4

	남성 또는 교양	여성 또는 과학

최대한 빨리 답하라.

아버지	☐	☐
공학	☐	☐
음악	☐	☐
딸	☐	☐
삼촌	☐	☐
수학	☐	☐

소녀	☐	☐
문학	☐	☐
남편	☐	☐
물리학	☐	☐

인터넷으로 이 테스트를 받은 사람들의 75%는 여성을 과학이 아니라 교양으로 분류할 때, 하얀 얼굴을 유쾌한 단어로 분류할 때, 남성을 직업적 용어로 분류할 때 테스트를 더 빨리 끝마쳤다.[19] 테스트 참가자가 백인이건 흑인이건, 여성이건 남성이건, 나이가 많건 적건 결과는 크게 다르지 않았다. 무의식적 편견은 실재하며, 우리 모두는 자신이 생각하는 것보다 강하게 편견에 사로잡혀 있다.

이 말은 우리가 무의식적 편견을 억제하기 위해 일상적으로 노력해야 한다는 뜻이다. 다른 사람들을 대할 때 자신이 무의식적인 편견에 사로잡혀 있는 건 아닌지 의식적으로 따져봐야 한다. 따라서 내가 편견을 가졌음을 인식하는 것은 중요한 첫 걸음이다. 자신의 성향을 성찰하자. 어떤 경험들이 어떤 방식으로 나의 인식에 영향을 미치는가?

편견의 덫에 빠지지 않는 법

무의식적 편견을 제어하는 간단하지만 효과적인 전략이 있다. 바로 상대방과 나 사이의 유사점과 공통점에 따져보는 것이다. 사회심리학자 제이 반 바벨과 윌 커닝햄이 이를 실험으로 입증했다.

바벨과 커닝햄은 참가자들에게 여러 단어를 주고 '좋다' 또는 '나쁘다'로 신속하게 분류하는 과제를 부여했다. 그런데 두 사람은 단어들을 제시하기에 앞서 실험 참가자들에게 백인 남성 또는 흑인 남성의 얼굴을 잠시 보여주었다. 이것만으로도 참가자들은 실험에서 전형적인 무의식적 편견을 드러냈다. '하얀 얼굴'이란 단어는 긍정적으로, '검은 얼굴'은 부정적으로 분류한 것이다.

두 사람은 다른 집단을 대상으로 같은 실험을 했다. 다만 이번에는 백인과 흑인의 얼굴들을 보여주면서 이 가운데 일부는 다음번 과제를 수행할 때 우리 팀으로 합류할 학생들이고 나머지는 상대팀 쪽이라고 설명했다. 참가자들은 우리 팀에 흑인이 들어올지도 모른다는 생각을 갖자 '검은 얼굴'을 긍정적으로 분류했다. 실험 결과에서 알 수 있듯이 특정인이 우리 팀이 될지도 모른다는 가정 하나만으로도 인종적 편견이 약화될 수 있다.[20]

같은 집단에 소속된 사람들에게 긍정적인 감정을 느끼는 것은 인간의 본성이다. 따라서 타인과 유대관계를 강화하고 싶다면 그와 공통된 정체성 또는 동일한 소속 집단을 찾아보는 것도 방법이다. 주변의 사람을 선정한 후 나와 공통된 측면은 무엇인지, 다른 측면은 무엇인지 나열해보자. 아이를 키운다거나 어느 도시에 산다거나 어떤 스포츠 팀의 팬이라거나 같은 종교를 믿는 신자라는 것 등등 공유하고 있는 요소들에 강조점을 찍어보자.[21]

내 안의 편견을 깨기 위해 편견과 충돌하는 환경을 경험하는 것도 좋은 전략이다.[22] 샌프란시스코에 사는 내 삼촌 테렌스 클라크는 수십 년 동안 기독교인과 무슬림, 유대인 등 다양한 종교를 믿는 사람들이 한데 어울려 대화하고 봉사하는 단체를 운영하면서 나와 다른 사람이라도 서로 알아갈수록 편견이 줄어든다는 사실을 알게 됐다고 한다. 이처럼 인종, 종교, 사상이 다른 사람들도 친선을 도모하는 자리를 자주 마련할수록 서로에 대한 신뢰를 높일 수 있다.[23] 조직 차원에서는 업무상 중요한 결정을 내릴 때 다양한 배경을 가진 사람들로 구성된 위원회를 활용하는 것도 방법이다. 연구에 따르면, 의견이 엇갈리는 사람들로구성된 팀에서 편견은 더 적으면서도 더 좋은 결정을 내놓았다.[24]

구글이 무의식적 편견에 저항하는 이유 ———

구글은 기업 차원에서 편견을 줄이기 위해 노력하는 대표적인 기업이다.[25] 구글은 통찰력과 창의력을 높이는 데 다양성이 중요한 역할을 한다고 믿는다. 그래서 다양성을 공식적으로 지지하는 것을 넘어 다양성을 침해하는 무의식적 편견을 통제하는 조직 문화를 갖추기 위해 노력하고 있다. 구글은 임원들이 자신에게 다음 3가지 질문을 던지게 한다.

- 우리가 지닌 편견의 힘에 대해서 회사 전반적으로 의식을 재고할 수 있는 방안은 무엇인가?
- 우리가 나날이 내리는 결정에서 편견을 제거하려면 어떻게 해야 하는가?
- 조직 문화를 새롭게 바꾸고 이어가려면 어떻게 해야 하는가?[26]

임원들만 편견을 가진 것은 아니다. 구글은 모든 구성원에게 잠재된 무의식적 편견과 싸우기 위해 다양성의 가장 흔한 '걸림돌'부터 제거하기로 했다. 바로 편견의 존재를 부정하는 태도였다. 구글 직원들은 보통 이렇게 생각했다. "무의식적 편견? 우리 회사에는 그런 것이 절대 없습니다." 하지만 직원들은 모두 IAT 테스트를 받은 뒤, 일터에 구조적인 편견이 스며들어 있었다는 조사 결과를 받아들여야 했다.[27] 이런 무의식적 편견은 구글만의 문제는 아니다. 일례로 벤처캐피털에 비슷한 아이디어를 제시할 경우 남성이 여성보다 자금을 따내는 비율이 60%나 높다는 연구 보고서가 있다. 외모가 준수한 경우, 이 가능성은 더 높아졌다.28

구글이 공개한 무의식적인 편견이 조직에 미치는 장기적인 해악에 대한 연구 결과를 함께 보자. 이 실험에서 구글은 무의식적인 편견이 가상의 조직에 미치는 영향을 8단계로 모형화했다.29 1단계 조직은 직원 수가 500명이고, 8단계 조직은 직원 수가 10명이다.30 구글의 연구자들은 매년 단계별로 15% 정도 감원한다고 가정하고 직원이 떠난 빈 자리는 바로 아래 단계의 조직에서 성과 점수를 기준으로 직원들을 뽑아 보충하는 모형을 만들었다. 성과 점수의 차이는 대단히 보수적으로 설정했다. 여성의 성과 점수를 남성에 비해 겨우 1% 낮게 계산한 것이다. 그러나 19년이 지나면 전체 조직에서 여성의 비율은 38%에 불과해 졌다. 이처럼 성과 평가에 있어서 언뜻 미미하고 사소해 보이는 성차별조차 시간이 흐를수록 승진을 결정하는 데 극적인 영향을 미치면서 조직의 전반적인 구성을 크게 변화시킨다.31

여러 노력을 통해 구글 직원들은 무의식적 편견이 존재할 뿐 아니라 작은 편견도 중요한 차이를 초래할 수 있다는 사실을 깊이 깨닫게 되었다.32 이제 남은 문제는 어떻게 대처하느냐였다. 심리학을 포함한 여러 분야의 연구를 두루 살펴도 무의식적 편견을 극복하는 방법에 대해서는 이렇다 할 해결책을 찾기 어려웠다. 특정한 접근법이 효과적이라는 명확한 근거도 거의 없었다. 하지만 구글은 늘 그렇듯이 단념하지 않았다.

구글은 먼저 무의식적 편견에 대해 직원들을 가르치기로 결정했다. 이를 위해 구글 인재운영팀은 무의식적 편견 일터(Unconscious BiasWork)라고 불리는 60~90분짜리 훈련 프로그램을 개발했다. 앞서 언급한 연구 결과 등 다양한 연구와 함께 무의식적 편견 극복을 목적으로 구글이 내부적으로 노력해온 사례들을 모두 포함한 과정이었다.[33]

2016년 한 해에만 5만 5,000명의 전체 직원 가운데 3만 명이 넘는 인원이 이 프로그램을 이수했다. 구글이 그 효과를 자체 연구한 결과, 프로그램 참가자들의 무의식적 편견에 대한 인식과 이해도가 크게 높아졌으며, 편견을 극복하겠다는 동기가 강하게 내면화된 것으로 나타났다.[34] 워크숍에 참석하고 한 달이 지난 뒤 직원들을 조사했더니, 구글의 기업 문화를 공정하고 객관적이며 다양성 지향적이라고 인식하는 경향이 높아진 것으로 나타났다.[35]

구글은 직원에 대한 교육훈련과 함께 무의식적 편견이 채용 결정 과정에 개입하지 않도록 구조화 면접을 도입했다.[36] 관리자들에게는 업무 추진 및 의사결정 과정에서 무의식적 편견에 더 주의하라는 취지에서 '편견에 물든 가정들을 깨부수는' 체크리스트를 내려보냈다. 관리자들은 직원들을 6개월에 한 번씩 평가할 때마다 이 체크리스트를 바탕으로 자신을 폭발시킨 특정 행동 또는 상황을 되짚어보라는 권유를 한다. 또 자기 자신을 대상으로 체크리스트를 활용하는 동시에, 무의식적 편견에 사로잡힌 임원 또는 직원을 볼 때마다 지적하라는 권유도 받는다.

구글이 취한 정책 중 가장 주목할 대목은 관리자와 직원 모두에게 스스로 무의식적 편견을 점검할 뿐 아니라 다른 사람들의 편견이 눈에 띌 때마다 지적하라고 권한다는 점이다. 나도 구글의 사내 행사에 참석했다가 직원에게 숨은 편견을 지적당한 적이 있다.

점심을 먹다가 얼마 전 임신 사실을 알게 된 어느 여성의 이야기로 화제가 흘렀다. 나는 구글이 시행하는 유연근무제도 덕분에 그 여성이 갓 태어난 아기를 잘 돌볼 수 있을 테니 얼마나 다행이냐고 했다. 그러자 한 직원이 장난스럽게 소리쳤다. "명백한 편견입니다! 편견!"

맞는 말이다. 사실 그랬다. 나는 일하는 여성에 대해 구글 직원들이 받아들이기 어려운 편견을 지니고 있었다. 그 이야기의 주인공이 남성 직원이었다면, 그 직원이 일과 육아의 균형을 어떻게 맞출 수 있을까? 그에게는 새로운 업무가 배당될까? '더 이상 일하기 어려울지 몰라' 아니면 '더 나쁘게는 직장 생활과 육아를 병행한다는 것은 불가능할 거야'라는 생각이 들었을 것이다.

부끄러웠다. 하지만 구글 직원에게 경고를 받은 덕분에 내 마음

성과 평가 면담 시 편견을 없애기 위한 구글의 체크 리스트[37]	
행동	주의할 편견들
해당 직무와 직급의 성과 기대치에 대해 소통하라	고정관념에 기반한 편견
언급하는 피드백과 사례들은 전체 평가 기간에 서 나온 것이어야 한다	최신 효과에 의한 편견
겉으로 드러나지 않는 중요한 업무에 대해 이야 기를 나누라	가용성 편견
성과에 영향을 미친 (직장 내) 상황적 요인들과 개인적 요인들을 구분하라	기본적 귀인 오류
평가자들이 언급한 복수의 구체적인 행동 사례 를 활용해서 강점과 약점을 지적하라	관대화 오류, 자기 위주 편향
다른 집단에서 부하 직원이었던 사람을 떠올리고 그래도 같은 피드백을 주었을 것인지 자문하라	고정관념에 기반한 편견

속의 편견을 새삼 되돌아볼 수 있었다. 그날 이후로 비슷한 말을 또다시 내뱉는 적은 없다.

비난 대신 대화

구글뿐만 아니라 다른 조직들도 포용을 조직 문화로 받아들이고 있다. 2015년 익스피디아(Expedia)의 부회장으로 포용 정책 추진을 담당한 브리타 윌슨은 지구촌 각지에 흩어져 있는 산하 조직을 순회했다. 포용을 주제로 이야기를 나누고 이해도를 높이기 위한 행사를 진행하기 위해서였다. 윌슨의 순회 강연이 있기 9개월 전까지만 해도, 이 회사의 사전에 '포용'이란 없었다.

그런데 9개월이 지난 후 직원들을 대상으로 조직 몰입도 설문조사를 벌인 결과, 익스피디아의 가장 긍정적인 특성으로 포용 정책이 꼽혔다. 직원들은 상호존중과 신뢰, 평등한 접근권이 빛나는 일터를 창조하고 더불어 누린다는 의미, 그리고 이 과정에 깊이 참여할 기회가 모두에게 주어진다는 가치에 대한 이해도가 크게 높아졌다. 더 중요한 것은 새로운 방식으로 대화를 나누는 문화가 뿌리내렸다는 점이다. 무의식적인 편견 때문에 모욕 당했다는 생각이 들면, 직원들은 이제 그 불쾌한 경험이 자신을 갉아먹도록 내버려두지 않고 스스럼없이 이야기할 가능성이 훨씬 높아졌다.

윌슨은 최근 익스피디아 글로벌 사무소 가운데 한 곳을 방문해 포용에 관해 대화하는 시간을 가졌다. 만남이 끝난 뒤, 여성 직원 2명이 찾아와 사무실의 남성들이 자신들을 깔보는 투로 말한다고 보고했다. 이후에 남성 직원 예닐곱 명은 여성 동료들을 비하하거나 폄하하려는 의도가 아니었다고, 어릴 때부터 '여성의 역할'에 대한 편견에 젖어 살아온 탓일 뿐이라고 해명했다.

여성들이 제시한 사례 중에는 이런 일도 있었다. 해당 팀이 어느 날 늦도록 복잡한 문제를 놓고 씨름을 거듭하고 있는데, 남성인 팀장이 여성 팀원들에게 "우리가 일을 마무리할 테니, 여러분은 집에 가서 남편과 아이들에게 저녁상을 차려주세요"라고 했다는 것이다. 그러자 한 여성 직원이 "걱정하지 마세요. 알아서 하겠습니다"라고 쏘아붙였다. 남성 직원들은 인간적으로 배려하는 뜻에서 한 말로, 전혀 개의치 않을 테니 퇴근해도 좋다고 말한 것에 불과하다고 설명했다. 나중에 그 팀은 이 문제에 관해 열띤 토론을 벌였다. 윌슨이 말하듯, 회사가 포용을 둘러싼 논의를 개시하고 장려하지 않았다면 직원들은 이런 종류의 마찰에 대해 생산적인 대화를 나누지 못했을 것이다.

익스피디아처럼 기업 차원에서 공식적인 대화를 주도하는 방법 외에도, 직원들을 하나로 묶을 수 있는 재미있고 창의적인 방법은 얼마든지 있다. 일론 머스크가 세운 우주 탐사 기업 스페이스엑스(SpaceX)의 경우, 시간제 직원과 정규 직원 사이에 장벽이 존재했다. 로켓을 설계하는 기술 직원들과 나머지 직원들 사이도 마찬가지였다. 이 같은 장벽을 허물기 위해서 회사는 '런치타임 룰렛'이라는 실험을 고안했다. 점심을 함께 먹으면서 공동 관심사를 탐색하도록 회사가 부문별로 직원들을 초대해 밥값을 내는 프로그램이다. 이로 인해 직원들 사이의 협력이 원활해지고 성과가 개선되었다는 조사결과가 나왔으니, 적어도 지금까지는 성공적으로 보인다.

프란체스코 교황이 옳다. 비판은 상대방에게 도움이 되지 않는다. 상처를 남길 뿐이다. 우리는 일상과 일터 모두에서 마음을 터놓기 위해 애써야 한다. 정중함의 이로움을 충분히 누리려면, 무의식적으로 사람들을 깔보게 하는 편견을 억눌러야 한다. 개인도 조직도 프란체스코 교황의 모범을 따르자. 매 순간 모든 사람을 존중하고 평등하게 대하자. 그 과정에서 동료들로 하여금 자신의 온전한 잠재력을 깨닫게 할 수 있고, 자신의 잠재력을 제대로 파악할 수 있을 것이다.

KEY POINTS

- 인정하자! 우리 모두의 머릿속에는 무의식적 편견이 들어 있다.
- 내가 어떤 편견에 젖어 있는지, 그 편견이 자신의 대인관계에 어떤 영향을 미치는지 파악해보자.
- 팀 차원에서 무의식적 편견에 대한 인식을 제고하자. 부정확한 가정들에 대해서, 그것이 다른 사람에게 상처를 주는 까닭에 대해서 터놓고 이야기하자.

네트워크 시대에 인정받는
공유형 인간

CHAPTER 8

지혜로운 사람은 재물을 쌓아두지 않는다. 남에게 많은 것을 베풀수록,
자신에게 많은 것이 돌아오기 때문이다.
―노자

정중함의 기초를 닦았다면, 이제 다음 단계로 넘어갈 차례다. 정중함의 기본기로 소개한 웃음에 대해 조금 더 살펴보자.

당신의 미소가 상대방에게 어떤 영향을 미칠까? 복도에서 동료를 만나면 고개를 끄덕하고 가던 길을 계속 갈 수도 있다. 대신에 웃는 얼굴을 보인다면? 우연하게나마 만나서 반갑다는 좋은 감정을 상대방에게 전달할 수 있다. 그 짧은 순간에 따뜻함과 동료애를 안겨줄 수 있다는 뜻이다. 물론 반드시 그래야 할 의무는 없다. 누구도 미소를 강요할 수 없다. 자발적으로 해야 하는 일이다. 다만

미소를 보낸다면 상대방도 당신에게 호의를 되돌려줄 것이다.

정중함을 마스터하려면, 웃는 얼굴뿐만 아니라 많은 것을 내어줄 용의가 있어야 한다. 나는 그동안의 연구와 상담 경험을 바탕으로 친절과 존중의 분위기를 조성하는 데 특히 중요한 내어줌을 5가지 태도로 정리했다. 이 5가지 태도를 잘 익힌다면, 인간관계는 물론 조직 내에서 놀라운 파급 효과를 맛볼 수 있다. 고대 그리스의 정치가 페리클레스가 말했다. "사람이 죽어서 남기는 것은 비석에 새겨진 비문이 아니라 다른 사람들의 삶에 깃든 무엇이다." 당신이 다른 사람에게 내어준 것이 곧 당신이 남긴 유산이 된다.

자원을 공유하자

목표를 달성하기 위한 수단과 정보, 인맥, 자신이 할애할 수 있는 시간을 다른 사람들과 나누고 나자. 내 귀에 벌써 반대하는 목소리가 들리는 것 같다. 극한의 경쟁사회를 살고 있는 마당에 자신의 희소한 자원을 다른 사람들과 어떻게 공유할 수 있단 말인가? 너무 이상적인 이야기 아닌가?

전혀 그렇지 않다! 와튼스쿨의 애덤 그랜트 교수는 베스트셀러 《주는 사람이 성공한다(Give and Take)》에서 더 많이 나누는 사람이 그러지 않는 사람보다 더 많이 얻게 되는 까닭을 풀어냈다. 언뜻 자기 것을 남에게 내어주는 사람은 무능한 사람으로 보인다. 예컨대, 상품을 판매할 때 내어주는 영업사원이라면 매출 목표를 달성하려는 자신의 필요보다 저렴한 가격을 원하는 고객의 필요를 먼저 챙긴다. 의대 학생이라면 자신이 집중해서 공부할 시간보다 다른 친구들을 도와주느라 시간과 에너지를 더 많이 쏟는 학생들이 여기에 해당한다. 그런데 놀랍게도 1년을 추적해보니 후한 인심으로 상품을 판매한 영업사원이 가장 높은 매상을 올렸고, 친구들을 도와준 의대생이 학기말에 최고 학점을 획득했다고 그랜트는 설명한다.[1]

이 결과는 무엇을 의미할까? 2가지, 즉 더 나은 인간관계와 동기부여다. 그랜트가 밝힌 대로, 내어주는 사람들은 오랜 시간이 흘러도 변치 않는 깊고 넓은 인간관계를 형성하는데, 이는 결국 높은 성과로 돌아오기 마련이다. 또한 자원의 공유는 내어주는 사람에게 삶의 의미와 목적을 제공해서 더 열심히 일하도록 기운을 북돋고 자신의 기여가 중요하다고 느끼게 한다. 더군다나 내어주는 사람은 위기가 닥쳐도 자존감이 높아서 쉽게 포기하지 않는다.[2]

나 역시 연구 과정에서 자원의 공유가 주는 이로움을 확인할 수 있었다. 세계적 컨설팅 기업의 직원 400명을 대상으로 한 연구에서 가장 높은 성과를 낸 직원들이 평균 또는 그 이하의 성과를 내는 직원들에 비해 자원을 2배 이상 자원을 공유했다는 사실을 발견했다.[3] 자원의 공유는 기분 좋은 반응을 부를 뿐 아니라 생산성도 향상시켰다. 물론, 정확히 무엇을 얼마나 공유해야 하는지는 현명하게 판단해야 한다.

로브 크로스, 레브 리벨, 애덤 그랜트가 기업 300여 곳을 대상으로 조사한 결과, 가치를 창출하는 협력의 3분의1 가까이는 3~5%에 해당하는 직원들로부터 나오는 것으로 나타났다.[4] 다시 말하면, 어느 조직에서든 다른 이들보다 많은 것을 내어주는 소수의 사람들이 있다는 뜻이다. 크로스와 리벨, 그랜트는 직원들이 가치를 창출하기 위해 동료들과 공유하는 3가지 협력적 자원, 즉 정보 자원과 사회적 자원, 개인적 자원을 구분하는 것이 중요하다고 지적했다.[5]

정보 자원은 전달 가능한 전문지식을 말한다. 사회적 자원은 중요한 인물과의 친분, 인맥에 접근하는 능력, 네트워크에서 차지하는 위치 등을 말하는데, 이를 통해 동료들이 다른 사람들과 원활하게 협력하도록 돕는다. 개인적 자원은 주로 시간과 에너지를 가리킨다. 정보 자원과 사회적 자원의 경우, 일회성 교환만으로도 효과적인 공유가 가능하고, 남에게 준다고 해서 자기 것이 없어지지 않는다. 반면, 시간이나 에너지 같은 개인적 자원은 유한한 것이어서 고갈될 수 있다. 즉, 남에게 주면 자기 것이 줄어든다.

사회 생활을 하다보면 30분 미팅 호출 등 개인적 자원에 대한 요구를 수시로 받게 된다. 이때 정보를 대신 전달하게 하거나 자기소개를 하는 정도로 요구한 사람의 필요를 충족시킬 수도 있다.[6] 만약 개인적 자원을 처분해야 한다면 약간 고민할 필요가 있다. 어떤 요구는 큰 부담이 될 수도 있기 때문이다.

이 충고는 특히 여성이 귀담아 들어야 한다. 여성이 남성에 비해 타인의 요구에 부담을 더 많이 짊어지고 감정적 소진을 더 많이 경험하는 경향이 있기 때문이다.[7] 2013년 〈허핑턴 포스트〉가 미국인들을 대상으로 다른 사람을 얼마나 돕는지 조사한 결과, 남성은 지식과 기술(정보 자원)을 공유할 가능성이 36% 높은 반면, 여성은 (보통 시간과 에너지가 더 많이 들어가는) 어려움에 처한 사람을 도울 가능성이 66% 높았다.[8] 따라서 자신이 내어주는 자원의 종류를 어떻게 조정할지 고려해볼 필요가 있다.

자신의 인적 그물망에 속해 있는 사람들과 어떤 관계를 형성할 것인가? 친구나 동료를 돕기 위해 당신이 공유할 정보는 무엇인가? 자신의 임무와 이해관계를 감안하면서 공동체에 기여하려면 어떻게 해야 할까? 다른 사람들에게 선사할 수 있는 작지만 친절한 행동으로는 무엇이 있을까? 최근에 친구나 동료에게 얼마나 소중한 사람인지 모른다고 고마움을 표시한 적이 있는가? 만약 당신이 내어주는데 익숙치 않은 95%의 사람에 속한다면 자원을 공유하려고 더 노력해 보자. 그리고 자원의 공유가 당신의 감정과 정신, 마음, 신체에 어떤 영향을 미치는지 주의 깊게 살펴보라.

인정을 공유하자 ─

당신이 이룩한 성과에 대해 공로를 인정을 받게 된다면, 설령 그 인정을 혼자 독차지하고도 남을 상황이라 하더라도 자신을 도운 모든 이에게 공을 돌릴 방법을 찾아야 한다. 리더십 분야의 대가인 워런 베니스가 지적하듯, 훌륭한 리더는 스포트라이트 아래서 빛나지만 위대한 리더는 다른 사람들이 빛나도록 돕는다.[9]

겸손한 태도는 다양한 방식으로 이로움을 안겨준다. 브래들리 오언스와 마이클 존슨, 테렌스 미첼이 수행한 일련의 연구에 따르면, 겸손함이야말로 다른 사람들의 강점과 기여에 대한 인정을 포함해서 개인의 수많은 특성이나 정신적 능력보다 성과에 직결되는 요소다.[10] 겸손한 리더들은 학습에 더 집중하는 팀 분위기를 조성할 수 있고, 그런 팀의 구성원들은 높은 몰입도 및 직무 만족도를 보이는 반면 이직률은 낮다.[11] IBM이 직원 1만 9,000명을 대상으로 조사한 '2013/2014 워크 트렌드'를 보면, 인정받는 직원들의 직무 몰입도가 그렇지 않은 직원에 비해 3배 이상 높고, 이직률 또한 현저히 낮았다.[12]

혹시 자신의 공로를 크게 인정해주는 리더를 위해 일하는 기쁨을 느낀 적 있는가? 어떤 느낌을 받았는가? 내가 컨설턴트로 관여한 어느 로펌에는 동료들이나 법률보조들이 제안한 정보와 단서,

아이디어를 분명히 언급하면서 그들의 공로를 반드시 인정하는 파트너 변호사가 있었다. 이 변호사는 주위의 사랑을 듬뿍 받았다. 그를 위해서라면 부하 직원들은 물불을 안 가릴 각오가 되어 있었다. 심지어 초과근무를 하게 되어도 싱글벙글이었다. 다른 팀 직원들도 그 팀에 들어가지 못해 안달이었다. 부하 직원들이 리더의 인정 때문에 자신의 역량을 발전시키겠다는 강한 동기를 느낀다면, 조직 차원에서도 이로운 일이 아닐 수 없다. 나는 컨설턴트로 일하면서 이런 패턴이 나타나는 사례를 10번도 넘게 목격했다.

작은 성취가 동기와 성과를 크게 증폭시킨다.[13] 동료와 팀원들을 수시로 꾸준히 칭찬해야 한다는 점을 명심하자. 미시간 주의 식품 회사 징거맨스(Zingerman's)는 회의가 끝날 때마다 관리자와 직원들이 서로를 칭찬하는 시간을 갖는다.[14] 뛰어난 서비스 정신을 발휘한 직원을 매달 한 사람 뽑아서 사보의 〈서비스 스타!〉 코너에 소개하고 50달러의 상금을 수여한다. 직무 범위를 뛰어넘어 활약한 직원들은 〈엑스-트라 마일 파일〉 코너에 사연을 싣는다.[15] 굳이 공식적인 칭찬이 아니어도 좋다. 오늘 하루 수고했고 잘했다고 서로 격려하는 문화가 당신의 조직에 있는가? 서로 격려해보자. 격려하는 문화가 조직의 역량을 높인다.

고마움을 공유하자 ───

혹시 고맙다는 인사를 받고 깜짝 놀라본 기억이 있는가? 내 친구이자 작가인 토니 슈워츠가 즐겨 들려주는 이야기가 있다. 기자 초년병으로 〈뉴욕 타임스〉에서 일하던 시절이었다. 하루는 아침에 수화기를 붙잡고 누군가와 통화하는데 그의 책상 옆을 황급히 지나가던 편집국장이 메모장을 집어 들더니 이렇게 썼다. "오늘 신문에서 자네 기사가 최고였어." 그는 수십 년이 흐른 지금도 그 순간을 잊을 수 없다고 했다.[16]

나도 한때 몸담았던 대학에서 비슷한 경험을 했다. 학장이 내 연구실 출입문 아래로 고맙다고 적은 쪽지를 슬며시 밀어 넣은 것이다. 내가 폭스뉴스와 인터뷰를 마친 뒤였다. 다음 날 아침 그 쪽지를 보고 얼마나 놀랍고 기뻤는지 모른다. 짤막하게 손으로 쓴 쪽지 한 장이었지만 기분이 날아가는 듯했다.

고맙다는 말 한마디가 당신을 남다른 존재로 만든다. 알고 있는가? 직장인 중 절대다수는 동료에게 고맙다고 말하는 횟수가 기껏해야 1년에 1번 정도라고 한다.[17] 1년에 1번! 애덤 그랜트와 프란체스카 지노는 감독자에게 듣는 고맙다는 말 한마디가 직원들의 자존감을 높이고 자신감을 강화해서 동료들을 믿고 돕는 분위기를 만든다고 했다.[18] 이와 관련한 그들의 실험을 살펴보자.

그랜트와 지노는 실험 참가자들에게 취업준비생의 입사지원서 쓰는 일을 도우라는 과제를 부여했다. 참가자들이 피드백을 보내자 그 학생은 다음과 같은 내용으로 답장을 보냈다. "제 입사지원서 도입부에 대한 선배님의 피드백, 잘 받았습니다." 그러고는 또 다른 문제를 도와달라고 부탁했다. 답장을 받은 실험 참가자들 중 그 학생을 재차 도운 사람은 32%에 불과했다. 하지만 그 학생이 위의 답장에 "정말 고맙습니다! 큰 도움이 되었습니다"라는 짧은 두 마디를 추가하자, 도와주겠다는 비율은 66%로 2배 이상 높아졌다.

여기서 끝이 아니다. 연구진들은 참가자들에게 또 다른 학생이 도와달라고 부탁했는데, 고맙다는 말을 들은 참가자들이 또 다른 학생을 도울 확률은 55%로, 그렇지 않는 참가자들의 25%보다 2배 이상 높았다. 당신이 동료들에게 고마움을 전하면, 자신은 물론 다른 사람이 일터에서 원하는 것을 얻는 데 도움이 된다.[19] 누군가 나에게 진심으로 고마워한다는 느낌을 받으면 마음이 들뜨고 에너지가 샘솟는 기분이 든다. 그러면서 나도 다른 사람들을 정중하게 대해야겠다는 생각이 들기 마련이다.

상대방에게 고마움을 표현할 때는 인사를 받는 사람마다 선호하는 방식이 다르다는 점에 유념해야 한다. 스포트라이트가 쏟아지는 무대 한복판에 서기를 좋아하는 사람이 있는가 하면 어떤 사람들은 그런 상황을 끔찍하게 여긴다. 누군가는 고맙다는 말로 인사 받기를 좋아하고, 선물이나 다정한 행동을 좋아하는 이들도 있다. 이를테면, 책상 위에 놓인 꽃다발이나 좋아하는 팀의 경기 입장권 등을 호의의 대가로 기대하는 사람들도 있다. 따라서 사람마다 어떤 방식을 선호하는지 잘 살펴야 한다.

고마움을 표현할 수록 당신에 대한 사람들의 신뢰가 높아질 것이고, 인간관계는 공고해질 것이며, 결과적으로 급여 수준도 올라갈 것이다.[20] 정말이다! 고마움을 잘 표현하는 사람들은 그렇지 않은 사람들에 비해 7% 정도 높은 급여를 받는 조사가 있다.[21] 고마움을 잘 표현하는 사람들은 스트레스도 덜 받고 회복탄력성이 뛰어나며 건강 상태도 양호한데, 실제로 혈압이 12% 낮고 늘 기분이 좋은 편이다.[22]

피드백을 공유하자

식품 회사 진저맨스(Gingerman's)는 우리가 좀처럼 공유하지 않는 무언가에 초점을 맞추기로 결정했다. 바로 성과에 대한 피드백이다. 진저맨스는 개인의 성과에 대한 피드백은 물론이고 조직의 성과에 대한 피드백까지 공유하는 주간 모임을 5년 넘도록 시행하고 있다. 회의에 참석한 직원들은 하얀 보드판 주위에 둘러앉아서 지난주의 업무 성과를 점검하고 다음 주의 업무 성과를 함께 예측한다. 흥미롭게도 평가 대상에는 금전적 측면은 물론 기본으로 서비스 및 식품의 품질 평가와 평균 판매액, 내부 만족도와 함께 '재미'까지 포함한다. 직원들의 혁신적 아이디어에 대해 고객만족도 점수를 매기는 주간 콘테스트 제도도 있다. 이 회사의 매출은 2000~2010년 300% 가까이 성장했다. 진저맨스의 경영자들은 이 같은 성공의 핵심 요소로 기업의 다양한 경영 정보를 직원들과 공유하는 오픈북 경영(open book management)을 꼽았다.[23] 이처럼 피드백을 공유하는 과정은 진저맨스에서 일하는 최전방 직원들의 주인의식을 크게 높였고, 성과가 향상되는 데 기여했다.

당신이 직원들을 관리하는 위치에 있다면, 사업이 어떻게 진행되고 있는지 전반적인 현황과 자세한 정보를 수시로 공유함으로써 직원들 스스로 가치 있는 존재라고 느낄 수 있도록 해야 한다. 이를 위해 조직이 최우선시하는 중요한 목표들이 반영된, 설득력 있는 스코어보드를 만들어 보자. 여기에는 현재 상황(우리는 지금 어디에 있는가), 목표로 삼은 결과(우리는 어디에 있어야 하는가), 마감 시한(언제까지 완수해야 하는가) 같은 요소들이 포함되어야 한다. 모든 구성원들이 이 스코어보드를 매일 또는 매주 충분히 점검하도록 격려하고 목표를 초과달성하는 방법에 대해 다양한 가능성을 브레인스토밍할 것을 요구하자.

개개인의 성과에 대해 피드백도 잊으면 안 된다. 직설적인 피드백은 가이드라인 역할을 한다. 직설적인 피드백을 적절한 방식으로 전달받은 직원들은 시간이 흐를수록 자신의 행동과 역량에 대한 확신과 자부심이 커진다.[24] 일부 기업들은 직설적인 의사소통을 쉽게 하려고 코드나 신호를 활용하는 안전한 공간(safe space)을 마련하기도 한다. 사람들은 이곳에서 불편한 정보를 한결 마음 편하게 주고받을 수 있다. 존슨앤존슨(Johnson & Johnson) 직원들은 대단히 직설적인 말을 꺼내고 싶을 때면, 회의실 선반을 지키고 있는 무스 인형을 테이블에 올려놓는다. 이는, 무엇이든 거리낌 없이 노골적으로 말하겠다는 신호다.

상대의 강점을 구체적으로 짚어서 강조하면 성취감과 함께 자신을 꾸준히 발전시키겠다는 동기를 부여하는 데 도움이 된다. 최고 수준의 성과를 내는 사람일수록 동료들에게 긍정적인 피드백을 더 많이 제공한다. 실제로 성과가 탁월한 팀은 일반적인 팀에 비해 긍정적인 피드백을 6배 이상 공유했다.[25] 반면, 성과가 낮은 팀은 평균에 비해 부정적인 피드백을 2배 이상 공유했다. 갤럽(Gallup)의 조사에 따르면, 관리자가 강점에 주목하는 직원들의 경우, 업무에 온전히 몰입하는 비율이 67%에 이르는 데 비해 약점에 주목하는 관리자의 직원들은 그 비율이 31%에 불과했다.[26]

긍정적인 피드백을 제공할 때 핵심은, 과업을 제대로 수행한 바로 그 시점을 포착해서 곧바로 칭찬하는 것이다. 동료나 직원들이 목표를 달성했는데도 이를 당연하게 여기고 그냥 넘어간 적은 없는 가? 지금부터라도 자신의 능력을 발휘하는 사람을 볼 때마다 분명 하게 축하하고 인정하자. 다시 말하지만 인정은 가능한 한 구체적 으로 표현해야 한다.

당신이 조직의 리더라면 구성원들 각자가 새롭게 시작하거나 그 만두거나 계속하기를 바라는 것이 무엇인지 생각하면서 긍정적 피 드백과 부정적 피드백을 취합해보자. 피드백을 받는 직원에게 도움 이 되는 행동 요령을 정리해서 함께 공유하면 더 좋다.

실질적으로 도움이 되는 피드백은 몇 가지 단계를 적용함으로써 훨씬 강력하고 생산적인 피드백으로 전환할 수 있다. 특히 피드백 을 받는 사람과 자신을 동일시하고 그가 느낄 감정을 이해하려고 노력해야 한다. 피드백의 근거는 간단명료해야 하며 진술해야 한 다. 나 자신에게 피드백을 준다고 상상해보자. 나라면 어떤 식의 피 드백을 받고 싶은가? 또한 피드백은 반드시 미래에 초점을 맞추어 야 한다. "앞으로 더 잘하려면 무엇을 어떻게 해야 할까?"

피드백을 전달할 때 짓는 표정도 주의하자. 마이애미대학교 경영 대학원 마리 다스보로 교수는 두 집단을 관찰했다. 첫번째 집단은 부정적 피드백을 고개를 끄덕이거나 미소를 짓는 것 같은 긍정적 신호들과 함께 받았고, 다른 집단은 긍정적 피드백을 눈살을 찌푸 리거나 흘겨보는 부정적 신호들과 함께 받았다.[27] 놀랍게도 긍정적 피드백을 불쾌한 신호와 함께 받은 사람들은 부정적 피드백을 부드러운 신호와 함께 받은 사람에 비해 자신의 성과에 대해 더 나쁜 기분을 느끼는 것으로 나타났다.[28] 피드백을 전달하는 방식이 내용 자체보다 중요할 수도 있다는 뜻이다.

미션을 공유하자

의미 있는 업무를 맡으려는 사람들은 많지만, 자신의 노력이 발전에 기여하지 못한다고 믿는 사람들 또한 아주 많다. 대단히 나쁜 상황이 아닐 수 없다. 자신이 맡은 업무에서 의미를 찾을 수 있어야 개인의 성장[29]과 업무 몰입도[30], 행복감[31]이 올라간다. 모든 이들이 자기 업무에서 의미를 찾는다면 활력이 넘칠 것이고, 성과가 올라갈 것이며, 한층 강하고 깊은 유대감이 형성될 것이다.[32]

애덤 그랜트의 연구에 따르면, 가장 훌륭한 동기부여의 원천은 조직의 직접적인 생산과 서비스로부터 이득을 얻는 최종소비자의 피드백들에서 나온다.[33] 디지털 미디어 기업 더마이티(The Mighty)는 직원들이 독자들의 사연을 돌려 보게 하거나 게시판에 올려놓는다. 주로 도움이나 감동, 정보를 알려준 직원에게 독자가 고맙다고 인사하는 내용이다. 더마이티 설립자가 직원들을 만나 그 주의 업무를 수행하면서 가장 좋았던 경험이 무엇이냐고 물으면,

직원들은 자부심에 한껏 부푼 얼굴로 독자들이 보낸 인상적인 사연들을 시시콜콜 소개하곤 한다.

마이세인트마이히어로(MY Saint My Hero)는 여성의 삶을 바꾸어 더 좋은 세상을 만들겠다는 사명감에 불타는 기업이다.[34] 이 회사가 판매하는 보석류와 장신구들은 보스니아헤르체고비나와 우간다, 이탈리아, 캄보디아의 빈곤 여성들이 제작하는데, 여성들은 여기서 돈을 벌어 식구들을 먹이고 자녀들에게 신발을 사주고 학교를 보낸다. 직원들은 여성들의 사진과 이야기를 접하면서 자기네 회사가 그들의 삶에 어떤 영향을 미치고 있는지 공감한다.

모틀리풀 역시 "전 세계 모든 사람들의 더 나은 투자를 돕는다"는 자사의 미션을 직원들과 공유하려고 노력하고 있다.[35] 예를 들어 모틀리풀은 2015년부터 고객들을 초청해 직원들을 직접 칭찬하는 자리를 마련하고 있다.

캠벨수프의 반전

정중함이란 규격화된 예절 항목들을 하나씩 체크하는 의전이 아니라, 매 순간 넓은 마음으로 타인을 포용하고 내 것을 내어주는 태도를 말한다. 한번 그렇게 해보길 권한다. 그러면 주위 사람들의 마음을 확실히 사로잡을 수 있다. 이는 궁극적으로는 당신의 조직과 이해관계자들에게 엄청난 이익으로 돌아온다.

내어주기의 힘을 이해하려고 할 때, 앤디 워홀의 작품에 등장하는 캠벨수프 캔으로 유명한 캠벨수프컴퍼니(Campbell Soup Company)처럼 적합한 사례는 찾기 어렵다. 더그 코넌트가 CEO 자리를 물려받은 2001년, 캠벨의 시장가치는 절반으로 추락한 상태였다. 매출은 끝없이 감소하고 있었고, 조직은 정리해고로 휘청대고 있었다. 상황이 얼마나 나쁜지 갤럽의 담당자가 "〈포춘〉 500대 기업 중에서 직원 몰입도가 이렇게 저조한 기업은 본 적이 없다"고 혀를 찼을 정도다.[36]

하지만 코넌트는 2006년 무렵부터 반전을 이루어내는 데 성공했다. 2010년에는 역대 최고의 성과를 기록하면서 주가 상승률이 S&P500을 5배나 앞질렀다. 같은 해 전 세계에서 가장 윤리적인 기업 가운데 하나로 뽑힌 것을 비롯해 최고의 일터, 여성을 위한 최고의 일터, 다양성 부문 최고의 일터 등 수많은 타이틀을 거머쥐었다.[37]

무엇이 이 같은 변화를 일으켰을까? 코넌트는 2가지 원칙을 꼽는다. 성과를 냉철하게 평가한다는 원칙과 직원들을 인간적으로 대한다는 원칙이다.[38] 코넌트는 조직 전체의 업무 몰입도를 높이려면 직원들 개개인에게 투자해야 한다고 믿었다. CEO가 직원들에게 헌신하는 모습을 보이면 직원들도 회사에 헌신하게 된다고 보았다.

코넌트는 부임 첫날 자신의 철학을 시험대에 올렸다. 훗날 '캠벨의 약속(Campbell Promise)'으로 널리 알려진, 캠벨이 직원들을 소중하게 여긴다는 선언을 직원들 앞에 내놓은 것이다.[39]

여기서 끝이 아니다. 코넌트는 직원들에 대한 CEO의 개인적인 관심을 드러내는 방식도 적극적으로 고민했다. 그는 모든 것은 직원들과의 접점(Touch point), 즉 직원들과 복도에서, 식당에서, 회의실에서 하루하루 나날이 이뤄지는 짤막한 대화들에서 결정된다고 보았다.[40] 그래서 각각의 접점들을 잘 다룬다면, 직원들은 존중받았다는 느낌을 받을 것이고 자신을 조직에 기여하는 구성원으로 자각할 것이라고 판단했다. 그래서 코넌트는 접점이 생기기를 그저 기다리지 않고 접점을 만들기 위해 동분서주했다. 예를 들어, 그는 CEO로 재직하는 동안 3만 통이 넘는 감사 편지를 2만 명에 달하는 직원들에게 일일이 보냈다.[41]

망해가는 〈포춘〉 500대 기업을 회생시킬 기회가 우리에게 주어질 가능성은 없을지도 모른다. 그러나 우리는 하루하루 주위 사람들에게 내어주는 삶을 살면서 리더로서의 자질을 뽐낼 수 있다. 수고했다, 잘했다 칭찬하는 한마디가 몰입도와 생산성이 높은 팀을 만드는 데 큰 도움이 된다.

노력을 인정하고 동기를 부여하고 성과를 칭찬함으로써 주위 사람들의 마음을 사로잡기 위해 노력해보자. 성공 스토리를 공유하

자. 발전한 모습을 강조하고 삶의 의미를 선사할 수 있는 방법을 찾자. 나의 시간과 에너지를 필요한 사람에게 나누어주자. 이 모든 것이 우리 조직을 한층 정중한 곳으로 만들 것이고, 모두에게 기운을 불어넣을 것이며, 성과를 향상시킬 것이다.

KEY POINTS

- 자원을 공유하되, 그 한계선을 현명하게 판단하자.
- 겸손한 태도를 갖추고 함께 일한 사람들에게 공을 돌리자.
- 피드백을 전달하는 방식에 주목하자. 피드백 받는 사람에게 감정이입해서 그가 어떤 기분을 느낄지 이해하자.
- 사람들에게 일하는 의미를 선사하자. 그들의 업무는 다른 사람들에게 어떤 식으로 긍정적인 영향을 미치는가?

클릭하기 전에
다시 한번 생각하라

CHAPTER 9

인간의 정신이 기술을 압도해야 한다.
—알버트 아인슈타인

혹시 여차하면 나중에 취소하면 되겠지 생각하면서 이메일을 보낸 적이 있는가? 소프트웨어 기업인 서너 코퍼레이션(Cerner Corporation)의 CEO 닐 패터슨은 그랬던 모양이다.

아침 7시 45분에 출근할 때마다 거의 텅 비어 있는 주차장이 마음에 들지 않았던 패터슨이 대책을 세워야겠다고 결심한 것은 2001년 3월 13일이었다. 텅빈 주차장은 직원들이 전체적으로 열심히 일하지 않는다는 의미라고 간주한 그는 400명도 넘는 직원들에게 다음과 같은 이메일을 단체로 전송했다.

우리 회사는 캔자스시티 본사에서 일하는 직원들 대다수로부터 주당 40시간에 못 미치는 노동력을 얻고 있다. 주차장은 오전 8시에도, 오후 5시에도 거의 비어 있다. 직원들이 무엇을 어떻게 하고 있는지, 관리자인 여러분이 아예 모르거나 신경을 안 쓴다는 뜻이다. (중략) 여러분은 직원들에게 이런 식으로 일해도 괜찮을 것이라는 그릇된 생각을 심어주었다. 상당히 좋지 않은 풍토를 조성한 것이다. 어떤 이유에서건 여러분에게 문제가 있으니 시정하지 않으면 자리를 내놓아야 할 것이다.

나는 지금껏 내 밑에서 일하는 직원들이 주당 40시간만 일하면 된다고 생각하도록 내버려둔 적이 단 한 번도 없다. 그런데 여러분은 이 지경이 되도록 내버려두었다. 더 이상은 안 된다. (중략) 나라는 CEO는 직원들이 이런 분위기를 즐기는 꼴을 하늘이 두 쪽 나도 용납하지 않는 사람이다. (중략) 승진 대상자가 문제를 해결하는 사람인지 문제를 일으키는 사람인지 확신이 서기 전까지는 결정을 보류할 것이다. 후자에 해당하는 사람이라면 짐을 싸라.

이 문제를 개선하는 데 2주의 시간을 주겠다. 판단 기준은 주차장이 될 것이다. 주차장은 오전 7시 30분과 오후 6시 30분에 가득 차 있어야 한다. 피자 배달부가 야근하느라 허기진 팀들을 먹이기 위해서 저녁 7시 30분에 나타나야 한다. (중략) 앞으로 2주 남았다. 재깍재깍.[1]

이메일 전문은 곧 야후 토론방에 올라갔다. 〈월스트리트 저널〉 〈

파이낸셜 타임스〉〈뉴욕 타임스〉〈포브스〉〈포춘〉 같은 매체는 앞다퉈 패터슨의 메일을 다루었다. 이후 사흘 동안 서너의 주가는 22%나 곤두박질쳤다. 대략 300만 달러가 한순간에 증발한 셈이다. 패터슨의 개인자산도 2,800만 달러가 날아갔다. 이 모든 것이 무례한 이메일 한 통에서 비롯되었다.

패터슨처럼 되지 않으려면, 이메일을 절대 보내서는 안되는 경우에 대한 간략한 지침이 필요하다. 몇 가지를 소개한다.

- 무언가 (이메일에) 덧붙이고 싶은 욕구가 불끈 솟을 때!
- 의견의 불일치를 해결할 수 없을 때
- 이메일이 부정적인 반응을 촉발하는 내용일 때
- 화가 날 때
- 모욕감을 느낄 때
- 상대방이 스트레스로 끓어오른 상태임을 알고 있을 때
- 자신의 스트레스 지수가 점점 올라간다고 느낄 때
- 심각하게 나쁜 소식을 전할 때

이메일은 업무를 처리하는 데 있어 헤아릴 수 없을 만큼 큰 도움을 주지만, 일터에 무례함의 소용돌이를 일으키기도 한다. 분노 어린 이메일이나 창피를 주는 이메일, 부적절하고 비공식적인 이메

일, 지루하게 늘어지는 이메일 등등 발신자가 결례를 범하는 방식은 무궁무진하다.

수신자가 무례하게 대응하는 경우도 마찬가지로 다양하다. 제때 답장을 보내지 않거나 아예 안 보내는 경우, 불필요하게 전체 수신을 선택하는 경우, 발신자를 나쁘게 보이게 하려고 이메일을 포워딩하는 경우가 이에 해당한다. 오프라인에서는 공손하다가 온라인에서는 괴물로 변하는 사람이 되지 않으려면, 정중한 태도를 갖추기 위한 모든 노력에 더해서 이메일 에티켓을 스스로 점검할 필요가 있다.

온라인에서 해야 하는 일과 해서는 안 되는 일 ———

오프라인에서 패터슨처럼 감정을 폭발시키지 않으려고 조심하는 것은 그리 어려운 일이 아니다. 자신의 감정 상태를 잘 살피는 데 집중하면서 전통적인 자기 통제 기법들을 활용하면 된다. 그런데 온라인에서 사소한 실수를 줄이기란 생각보다 까다롭다.

이메일과 관련해서 우리가 겪는 어려움 가운데 상당 부분은 이런 식의 소통 방식에 내재된 맥락의 결핍이 주된 원인이다. 누군가 메시지를 보내면, 수신자는 상대방이 쓴 단어나 이모티콘 한두 개 정도만 받아보게 된다. 수신자는 상대방의 보디랭귀지를 전혀 볼 수 없고, 억양도 느낄 수 없다. 대면접촉에서 보디랭귀지와 억양은 다양한 의미를 전달하는 유용한 수단이다. 이메일을 주고받는 과정에서 오해와 실수가 빚어질 가능성이 기하급수적으로 치솟는 까닭이 바로 여기에 있다.

해결책은 없을까? 이메일을 언제 어떻게 왜 써야 하는지 한층 더 신중하고 사려 깊게 접근해야 한다. 수신자의 시간을 빼앗지 않기 위해 이메일의 길이에도 주의해야 한다. 간단명료하게 진심을 담아서 쓰자. 기분 내키는 대로 이메일을 보내면 안 된다. 올바른 문법을 사용하고, 사적인 이메일 주소를 여러 사람과 공유하지 말자. 아래 소개하는 내용은 복잡하진 않지만, 바쁜 하루를 지내다 보면 놓치기 쉬운 사안들이니 주의하길 바란다.[2]

- 제목은 간단명료하고 사실적으로 쓴다. 창의성이 아니라 적확성이 중요하다.
- 참조는 신중하게, 꼭 필요한 사람들로 제한한다.
- 이메일로 부탁하거나 부탁받을 때도 오프라인에서처럼 정중함을 잃지 말자.
- 유머나 풍자, 비판에 대해 조금이라도 애매한 느낌이 들면 다시 읽어보고 다시 생각하자. 오해를 불러일으키는 표현은 아니함만 못하다.

- 자신의 어투에 확신이 서지 않는다면, 이메일을 저장해두었다가 다시 한 번 찬찬히 읽어본 뒤에 보내자.
- 이메일을 하루 중 언제 보내는 것이 좋은지 생각해보자. 이메일을 쓰자마자 보낼 수도 있지만, 예약 발송 기능을 활용해 나중에 보낼 수도 있다.
- 시간, 날짜, 약어 등을 명확하게 쓰자.
- 받은 이메일을 꼼꼼하게 읽지 않고 답장을 보내면 안 된다.
- 실제로 그런 경우가 아니면, '긴급' 같은 표현을 쓰지 말자. 정말 긴급한지 아닌지는 수신자가 판단할 문제다.
- 발신자 확인이나 추가 작업 플래그는 되도록 사용하지 않는다.
- 서명란에 성명, 직책, 연락처를 반드시 기재하자. 연락하는 상대방이 자신의 정보를 먼저 밝혔다면 더 꼼꼼히 챙겨야 한다.
- 조직 전체가 읽을 경우, 수신자가 수치심을 느낄 수 있는 내용이라면 특히 조심한다. 이런 이메일은 수신자의 회사 이메일로 보내면 절대 안 된다.
- 수신란에 수신자들의 이름을 적절한 순서로 적는다. 대개 직급 순으로, 또는 해당 업무 담당자들의 책임성을 기준으로 기입한다.
- 상대방에게 사과해야 할 때 이메일이 최선의 수단인지 고민하자. 나중에 상대방을 직접 만나서 사과한다는 전제 아래 이메일은 최초의 사과로 훌륭할 수 있다. 이 전략을 택할 경우, '미안합니다'

같은 말을 제목에 써서 수신자가 이메일을 반드시 열어 보도록 해야 한다.
- 전체수신은 꼭 필요한 경우에만 선택한다.
- 누군가를 흉보려고 이메일을 포워딩하면 안 된다.
- 면전에서 하지 못할 말이라면 이메일에도 쓰면 안 된다.
- 부정적인 감정을 전달하기 위해 느낌표를 사용하면 안 된다. 진지한 내용인 경우, 이메일 한 통에 느낌표를 한 번 이상 사용하지 않는다.

부탁하는 이메일을 써야 한다면

무언가 부탁하는 이메일을 보낸다면 정말 필요한 부탁인지, 수신자에게 부탁할 만한 내용인지 확신할 수 있어야 한다.[3] 오프라인에서는 부탁하기 힘든 일을 온라인에서는 아무렇지 않게 요구하는 사람들이 의외로 많다. 인터넷 검색으로 구할 수 있거나 직접 처리가 가능한 일은 부탁해선 안 된다.[4] 이메일로 부탁할 때 도움이 되는 에티켓은 다음과 같다.

- 부탁할 때는 간단명료하고 직설적이어야 한다. '누가, 무엇을, 언제, 어떻게 도와달라'고 명시하자.

- 상대방이 당신의 메시지를 수긍하고 따를 필요가 있다고 생각한다면, 이메일 제목에 그 내용을 적시하자.
- 수신자에게 반드시 고마움을 전하자.
- 마감시한을 가급적 넉넉하게 부여하자.
- 얼굴을 맞대고 이야기할 시점을 못 박거나 대화가 가능한 시간대를 너무 짧게 제시하지 말자.
- 수신자에게 후속 이메일을 서둘러 보내지 말자. 답변할 수 있는 시간을 충분히 주자.

얼굴 맞대고 할 일을 온라인으로 미루지 마라 ─────

다음과 같은 이메일을 받는다면 어떤 기분이 들까?

현재 정리해고 통보가 진행 중입니다. 불행히도 당신의 직무가 정리 대상에 포함되었습니다.[5]

미국 가전기기 소매 체인업체 라디오색(Radio Shack) 직원 400명은 일자리를 잃었다는 통보를 이런 식으로 받았다. 무례하기 짝이 없는 행동이다. 슬프지만 이런 일은 심심치 않게 벌어지고 있다. 앞서 소개한 정중함 테스트에서 사람들이 가장 많이 저지르는 실수가

'얼굴을 맞대고 소통할 필요가 있는 상황에서 이메일을 이용하기'였다. 민감한 문제나 갈등 상황, 성과 평가 같은 주제를 거론할 때는 상대방을 직접 만나 이야기해야 한다. 보내야 할지 말아야 할지 애매한 이메일은 안 보내는 편이 낫다. 아니 그런 이메일은 아예 보낼 생각을 하지 말자. 수화기를 들거나 직접 찾아가라.

이메일을 제대로 받을 줄 아는 것도 중요하다. 이는 이메일로 보내면 안 되는 내용이나 이메일을 보내면 좋지 않은 시점을 아는 것과는 별개의 문제다. 이메일을 열어 보면 안 되는 '상황'이 언제인지 알아야 한다는 뜻이다. 예를 들어, 내가 그동안 휴대폰 사용 문제로 이야기를 나누어본 관리자와 임원 수천 명 중에서 4분의3은 회의 시간에 휴대폰을 사용하는 사람을 보면 무례하다고 생각했다. 그러나 조사에 따르면 70%에 가까운 미국 직장인들이 회의 시간에 휴대폰을 사용한다고 답했다.

글로벌 소비재 기업에서 CIO를 지낸 존 길보이는 무례한 이메일 사용자들에 대해 급진적인 접근법을 선택했다. 그는 경영진이 참석하는 주간회의 때마다 분위기가 어수선하다고 느꼈다. 참석자들이 자기 노트북 컴퓨터에 코를 박고 자판을 맹렬히 두드려대거나 휴대폰 자판을 누르고 있었기 때문이다. 몸만 회의에 참석했을 뿐, 정신은 다른 곳에 팔려 있었다. 부산스러운 회의실 분위기에 맥이 빠질 수밖에 없었다.

이런 식의 멀티태스킹을 어떻게든 멈추고 싶었던 길보이는 한가지 실험을 해보기로 마음먹었다. 그는 다음번 회의 때 회의실 문밖에 상자를 두고 참석자 전원에게 스마트폰과 노트북을 넣은 뒤 입장하라고 요구했다. 회의에 참석했으면 회의에 집중하라는 뜻이었다. 모두들 처음에는 이 낯선 해법이 마음에 들지 않는 눈치였다. 모두 알다시피 노트북이나 스마트폰에 연결된 탯줄을 스스로 자르기란 쉽지 않은 법이다.

하지만 이렇게 몇 달을 보내는 동안 회의가 생산적으로 진행되면서 회의 시간이 절반으로 줄어들었다. 좋지 않을 이유가 어디 있겠는가? 참석자들은 더 집중했고, 더 참여했으며, 더 즐거워했다. 길보이의 실험 덕분에 회의의 참된 의미를 새삼 깨닫게 됐다. 참가자들은 여기서 배운 정중한 태도를 다른 회의나 대화에도 적용했다.[6]

조사에 따르면 직원들이 상사에게 느끼는 가장 큰 불만도, 상사가 자신의 말에 집중하지 않는 태도다. 지위고하를 막론하고 자신에게, 그리고 다른 사람들에게 집중해야 한다. 누구를 만나고 누구와 이야기하더라도 스마트폰을 옆으로 치워야 한다. 지금 앞에 마주한 상대방을 그 무엇보다 우선시하자. 대화를 나누면서 종이에 메모하는 옛날 방식도 좋다. 이런 행동은 상대방이 하는 말을 기억하겠다는 의지의 표현처럼 받아들여진다. 존중 받았다고 느낀 상대는 오랫동안 고마운 마음을 간직할 것이다.

알아두면 힘이 되는 이메일 에티켓 ———

이메일 사용법에 관한 조직의 규범은 상사의 습관에 달려 있다. 상사가 이메일을 보통 밤이나 주말에 보낸다면, 직원들은 회신을 보내야 한다는 부담을 느낄 가능성이 크다. 상사가 답장을 기대하지 않더라도, 부하 직원들은 이를 다르게 받아들이기 십상이다.

이메일을 아무 때나 작성하는 습관이 있다면, 근무 시간이 될 때까지 임시저장 폴더에 넣어두거나 예약 발송 기능을 활용하자. 이렇게 보낸 이메일에 답장이 더 빨리 온다. 200만 명이 넘는 이메일 사용자를 대상으로 조사한 결과, 사람들은 근무 시간에 받은 이메일에 더 빨리 반응하는 것으로 나타났다.[7]

상대방이 퇴근했거나 휴가 중이거나 시간대가 다른 지역에 있을 때는 예약 발송 기능을 사용하자. 근무 시간 중 이메일을 보내더라도 상대가 즉각적으로 반응할 것이라고는 기대하지 말자. 예약 발송은 상대방을 위한 배려이기도 하다. 이메일을 받는 사람이 우선순위가 훨씬 높은 중요한 업무와 씨름할 시간에 내 이메일에 반응하느라 집중력을 잃고, 스트레스를 받고, 생산성이 떨어지게 해서 되겠는가?

캘리포니아대학교 어바인캠퍼스의 글로리아 마크 교수가 미군 소속 군무원들을 대상으로 이메일 사용을 5일 동안 금지하자 스트레스 지수가 떨어진다는 사실을 발견했다. 조사 대상자들은 이메일에 신경 쓰지 않자 직장생활에 대한 자기주도성이 높아졌다고 밝혔다. 얼굴을 맞대고 대화할 때도 더 집중했고, 생산성 역시 훨씬 높아졌다.[8]

마크는 직원들이 일과시간 내내 수시로 이메일을 체크하는 대신 정해진 시간에 읽도록 지침을 주라고 권했다.[9] 이 해법의 장점은 또 다른 연구에서도 확인되었다. 연구자들은 첫 번째 집단의 참가자들에게 이메일 수신함을 하루에 3번만 들여다보라고 지시했다. 그리고 두 번째 집단에는 아무 때나 내킬 때마다 체크하라고 했다. 일주일 뒤 두 집단에 내린 지침을 반대로 적용해서 다시 한 주를 보내게 했다.

실험 결과, 하루에 3번만 이메일을 확인한 직원들은 수시로 이메일을 확인한 직원들에 비해 스트레스를 훨씬 덜 받았다. 그리고 이메일을 하루에 3번만 확인한 사람들은 대조군과 비교할 때 답장을 보낸 횟수는 거의 비슷했지만, 답장을 보내기까지 걸린 시간은 20% 정도 빨랐다.[10]

라이엇게임즈의 악성 채팅 소탕 작전 ———

이번 장에서는 주로 이메일에 초점을 맞췄는데, 온라인 세상 전반으로 관점을 넓혀보자. 〈2014년도 미국인 예의지수〉에 따르면, 인터넷이 무례한 언행을 부추긴다고 믿는 사람이 70%나 됐다.[11] 그러나 온라인에서 횡행하는 무례한 언행을 단속하기란 무척 어렵다. 악플러들의 패악질을 무슨 수로 막겠는가? 공격적인 말과 이미지로부터 사람들, 특히 청소년들을 보호할 방법이 있기는 할까?

게임회사 라이엇게임즈(Riotgames)의 디자이너와 연구자들이 3년 넘도록 씨름해온 문제가 바로 이런 것이다. 이들의 주된 표적은 자사에서 내놓은 유명한 온라인 게임으로, 이용자가 전 세계 6,700만 명이 넘고 총수입이 12억 5,000만 달러에 이르는 리그 오브 레전드였다.[12] 라이엇게임즈 연구팀이 부정적 언행과 긍정적 언행이라는 관점에서 게임 이용자들을 분류하고 보니, 지독한 욕설부터 비교적 평범한 공격적 언어에 이르기까지 거의 모든 부정적 언행의 출처는 상습적 악성 이용자들이 아니었다. 오히려 중립적 또는 긍정적 이용자들이 온라인을 물들인 유해성의 87%에 책임이 있었다. 아울러 연구팀은 부정적 이용자들끼리 짝을 이룰 경우, 부정적 언행이 계속 증폭하는 악순환이 발생한다는 사실도 알아냈다.[13]

라이엇게임즈는 무례함을 줄이기 위한 노력의 일환으로 24가지 메시지를 만들었다. "실수에 대해 건설적인 피드백을 제공해야 상대방이 더 좋은 성과를 낼 수 있다"고 정중한 언행을 장려하거나 "실수했다는 이유로 팀원들을 비난하면 승률이 더 떨어진다"는 식으로 못된 언행을 자제시키는 내용들이다. 연구진은 이런 메시지를 세 가지 색깔로 게임 중간중간에 띄웠다. 라이엇게임즈는 도합 216가지 상황을 테스트한 뒤 메시지를 전혀 안 띄운 상황과 대조했다.[14]

메시지 가운데 몇 가지는 무례한 언행을 억제하는 데 분명한 효과가 있었다. 실수에 대한 비난이 나쁜 결과로 이어진다는 메시지가 뜨면, 메시지가 안 뜨는 상황에 비해 언어폭력이 6.2%, 거친 말투가 11% 줄었다. 이 메시지는 특히 서구권에서 오류의 회피를 상징하는 빨간색으로 띄울 때 강력한 영향력을 발휘했다. 이용자들의 협동을 촉구하는 긍정적인 메시지 역시 거친 말투를 6.2% 줄였고, 그 밖에 여러 가지 개선 효과를 낳았다.[15]

라이엇게임즈는 한 발 더 나아가 게이머들 공동체 내부의 문화를 바꾸는 시도를 했다.[16] 라이엇게임즈는 익명 사회에 구조와 질서를 도입하는 것이 무척 어려운 만큼, 강력한 조치를 동원할 필요가 있다고 보았다. 그 결과, 2011년 게임 내에 일명 '재판소(Tribunal)'가 탄생했다. 재판소는 게이머들에게 부정적 행동과 긍정적 행동이 특정한 결과로 이어진다는 사실을 인식시키기 위해 게이머들이 서로의 행동에 대해 실시간으로 피드백을 보낼 수 있도록 구축한 시스템이다. 이는 이용자들 스스로 용납 가능 또는 용납 불가로 등급을 매긴 언행들을 공유하는 일종의 '사례 파일'이었다. 재판소는 이용자들이 채팅 기록 등을 보다가 무례한 언행을 사용한 이용자를 지목하면 '용납 가능' 또는 '용납 불가'로 투표하는 방식으로 운영됐다. 투표 결과에 따라 이용자는 맞춤형 벌칙이나 보상을 받았다.[17] 재판소 운영을 통해 라이엇게임즈는 이용자들이 구체적이고 즉각적인 피드백을 받을수록 자신의 언행을 고치고 정중한 태도를 취할 가능성이 높다는 사실을 확인했다.[18]

재판소 시스템이 자리 잡을 무렵, 라이엇게임즈는 그 결과에 상당히 흡족해했다. 온라인 게이머들 대다수가 혐오 발언에 거부감을 드러낸 것으로 나타났기 때문이다. 북미에서 거부감이 가장 높은 발언은 동성애를 혐오하는 비방이었다.[19]

라이엇게임즈는 재판소 투표가 1억 차례를 넘긴 뒤로 부정적인 단어를 긍정적인 단어로 바꾸는 작업에 들어갔다. 그 결과, 동성애 혐오, 성차별, 인종주의와 관련된 단어의 사용이 극적으로 감소했고, 지금은 문제의 단어가 등장하는 경우가 리그 오브 레전드의 전체 게임 횟수에서 2%에 불과하다. 언어폭력도 40%나 급감했다. 부정적 이용자들 가운데 무려 91.6%가 나쁜 습관을 고쳤다. 특히 벌칙 대상으로 신고 당한 이용자가 또 다시 잘못을 저지르는 경우는 전혀 없었다.[20] 이와 관련, 라이엇게임즈의 사회시스템 담당 수석

게임디자이너인 제프리 린은 또래들로부터 인종차별적 발언을 지적당한 어느 소년이 자신에게 보낸 메시지를 소개했다.

"라이트 박사님, 제가 온라인에서 욕을 쓰면 안 된다고 지적을 받은 것은 이번이 처음입니다. 죄송합니다. 다시는 안 그러겠습니다."[21]

라이엇게임즈 연구팀은 이 밖에도 게이머들의 소통 문화를 한 단계 발전시키기 위해 다양한 실험을 진행 중이다. 일례로, 이용자들에게 명예 포인트를 지급하는 등 여러 가지 보상을 제공함으로써 스포츠맨십을 장려하고 있다. 채팅방에서 쓰이는 언어를 개선하는 방법도 꾸준히 연구하는 중이다.[22]

라이엇게임즈의 노력이 시사하는 바는 분명하다. 게임을 즐기는 도중이건, 퇴근 이후의 사적인 시간이건, 업무 시간 동안이건 간에 온라인 예의를 잘 지키면 훨씬 유능한 사람이 될 수 있다. 다른 사람들과 온라인으로 소통할 때도 사려 깊은 언행은 필수다. 오프라인에서 소통할 때와 마찬가지로, 작은 문제들부터 차츰 고쳐간다면 큰 변화를 이룰 수 있다. 이메일 한 통을 쓸 때도 정중한 마음가짐으로 임하자. 그러면 가상의 일터 역시 현실의 일터만큼이나 즐겁고 긍정적인 곳으로 바뀐다.

KEY POINTS

- 당신이 보낸 이메일이 오해를 부르는 것은 아닌지 생각해보자. 유머나 풍자, 비판이 조금이라도 어색하다는 느낌이 들면, 다시 읽고 다시 생각하면서 유혹을 이겨내자.
- 애매한 느낌이 든다면, 이메일 대신 수화기를 들거나 얼굴을 맞대고 이야기하자.
- 이메일을 정중하게 보내는 방법을 생각해보고 어떤 규범을 세워야 좋을지 고민하자. 당신은 아무 날 아무 때나 이메일을 보내놓고 답장을 기다리는 사람인가?
- 하루에 몇 번이나 이메일을 체크하는지 세어보자. 이메일 확인과 답장 보내기를 하루에 서너 차례로 제한하자. 그럴 경우 어떤 느낌이 드는지, 업무 효율성에 어떤 영향을 미치는지 살펴보자.

무례한 상사와 맞서야 한다면

CHAPTER 10

나를 죽이지 못하는 시련은 나를 더 강하게 만들 뿐이다.
―프리드리히 니체

    이 책의 서두에 엘리베이터에서 만난 어느 여성 이야기를 언급한 바 있다. 그녀는 무례함의 늪에서 빠져나오고 싶어 내게 도움을 청했다. 하지만 당시 나는 이렇다 할 도움을 주지 못했다. 답변을 제대로 정리할 시간이 있었다면 어떤 말을 들려주었을까 싶어서 그때의 기억을 가끔 떠올린다. 여기에서는 그녀에게 들려주고 싶은 조언에 대해 함께 생각해보려고 한다. 나의 조언은 결국 한 가지 핵심적인 메시지로 압축된다.

자신과 미래에 초점을 맞추자.

직장에서 무례한 언행에 시달리고 있다면, 스스로 상황을 주도해 나가려 노력해야 한다. 그러려면 먼저 자기 자신을 믿어야 한다. 그런 다음 가해자와 마주봐야 한다. 가해자에게 맞서야 하는지, 그래야 한다면 어떻게 해야 하는지 몰라서 암담한 사람이 많을 것이다. 당신이 가해자와 대화하기로 결심하고 준비하는 과정에서 참고할 수 있는 간단한 지침 몇 가지를 제시하겠다.

당신 탓이 아니다 ———

무례한 언행 때문에 힘들다고 누군가에게 하소연하면, 그냥 참으라거나 그러려니 하라거나 신경을 끄라거나 조금 더 지켜보라는 말을 듣기 십상이다. 물론 마음에 와닿거나 사태를 해결하는 데 조금이라도 도움이 되는 말이 있다면, 전적으로 믿고 따르면 된다.

그러나 이런 식의 조언들은 과녁을 벗어나기 일쑤다. 사람마다 무례함을 받아들이는 방식이 다르다는 사실을 감안하지 않은 조언이기 때문이다. 다시 말해서, 무례함 또는 정중함이란 기본적으로 받아들이는 사람의 관점에 달려 있는 문제다.

아드레날린이나 세로토닌 등 스트레스 조절인자와 신경전달물

질에 대한 뇌의 민감도는 사람마다 다르다. 〈사이언스〉에 실린 연구 결과에 따르면, 일상생활에서 받는 스트레스가 개인에게 미치는 영향은 대체로 유전자에 의해 좌우된다.[1] 각성과 기분, 수면, 인지를 조절하는 세로토닌 전달체 유전자 5-HTT는 스트레스를 야기하는 사건들이 우울감에 미치는 영향을 완화한다.[2] 이는 또한 대체로 위협이나 굴욕, 상실, 패배 등 흔히 무례함에 대한 경험과 관련 있는 모든 자극에 반응하는 방식을 결정하는 유전자이기도 하다.

무례함이 우리에게 주는 스트레스의 크기를 결정하는 또 다른 중요한 요소가 있다. 바로 우리에게 그런 상황에 대한 통제력 또는 권한이 있는지 여부다.[3] 가해자의 권력이 강할수록 피해자의 고통은 커진다. 조사에 따르면, 무례한 언행으로 스트레스를 유발하는 가해자의 3분의2가 피해자보다 지위가 높은 사람들이었다. 상사의 지시 또는 조직의 규범 탓에 무례한 동료와 억지로 일하는 직원들 역시 희망이 보이지 않는다는 느낌을 받는다. 생쥐와 사람을 대상으로 여러 차례 실험한 결과, 스스로 통제할 수 없는 스트레스를 경험할 때 심각한 고통을 느끼는 것으로 드러났다.[4]

고려할 것이 또 있다. 당신은 좌뇌형인가, 아니면 우뇌형인가? 사람의 뇌는 두 쪽으로 나뉜다. 대체로 오른쪽 뇌는 두려움이나 분노, 역겨움 같은 부정적인 감정에 대한 여러분의 반응을 결정한다.[5] 기쁨이나 자부심, 희망, 즐거움, 사랑 같은 감정을 느낄 때는 왼쪽 뇌가 밝게 빛난다. 일부 학자들은 오른쪽 뇌의 움직임이 더 활발한 우뇌형 사람들이 더 우울하고 불안한 경향을 보인다고 주장한다.[6]

무례함을 극복하는 능력에 있어서 핵심적인 역할을 담당하는 것은 좌뇌다. 소뇌의 편도체가 무례함으로 촉발된 두려움과 불안을 부채질하는 반면, 좌뇌는 부정적 감정을 소화기처럼 진정시키는 쪽으로 작용한다. 강력하고 신속하게 작동하는 좌뇌의 소유자가 회복 속도가 더 빠르다.[7] 우뇌형 인간은 좌뇌형 인간보다 느리게 회복하는 경향을 보인다. 회복 속도는 사람에 따라 차이가 다른데 관련 연구에 따르면, 사람에 따라 30배 정도 차이가 날 수도 있다.[8]

분노와 절망의 감정에 속지 마라

스트레스에 얼마나 예민하건 간에, 또는 얼마나 빠르게 회복하건 간에 무례함을 당하는 그 순간과 직후에 자신의 반응을 통제할 필요가 있다. 이 짧은 순간에 상황이 통제 불능 상태로 급격하게 진행되면서 나 자신과 경력에 영향을 미칠 수 있기 때문이다.

현명하게 행동하자. 정말 중요한 것이 무엇인지 상기하자. 그리고 '속지 마라'는 기본 원칙을 따르자. 감정은 전염성이 강하고 분노는 급격히 치솟는다는 점을 기억하자. 무엇을 어떻게 할지 결정할 수 있는 여유를 가지란 말이다. 무엇보다 되갚아주겠다는 유혹에서 벗어나자. 영악해져야 한다. 되갚아준다는 것은 상대방의 수준만큼 비열해져야 가능하다. 그렇게 해봤자 자신의 평판에 먹칠을 할 뿐이다. 무례한 가해자와 얼굴을 맞대고 대화해야 할지 말아야 할지 궁금할 것이다. 먼저 다음 3가지 질문을 스스로 던져보자.

- 나는 가해자와 이야기할 때 물리적으로 안전하다고 느끼는가?
- 고의적인 언행인가?
- 가해자 특유의 언행인가?

이 질문들에 대한 대답이 언제나 분명하지는 않을 것이다. 특히 화가 치민 상태에서는 더욱 그렇다. 따라서 대답의 내용을 동료나 식구, 멘토, 친구에게 자세히 들려주고 어떻게 생각하는지 물어보자. 가해자의 상황, 나아가 조직적 맥락을 이해하는 데 도움이 될 것이다. 3가지 질문에 모두 그렇다고 대답했다면, 가해자와 마주 앉아서 그 언행으로 당신이 어떤 기분을 느꼈는지 이야기해보자.

상대방의 방문을 열고 들어가기 전에 다음의 조건도 따져봐야 한다. 이야기를 나누기에 좋은 시점과 당신이 (이상적으로는 두 사람 모두가) 편안하게 느낄 수 있는 안전한 환경인가? 증인이나 중재자로 다른 사람을 포함시켜야 할까? 리허설이 필요할 수도 있다. 솔직한 피드백이 가능한 사람들을 상대로 자신의 생각과 방식을 시험하

자. 그들에게 가해자 역할을 맡기고 그 사람의 기질을 그대로 표현해달라고 부탁하자.

실제 대화가 이어지는 동안에는 상호이익이라는 마음가짐으로 접근해야 한다. 관계가 아니라 문제에 초점을 맞추도록 주의하자. 특정한 언행이 피해자와 가해자의 성과를 해치는 방식에 집중해서 대화를 풀어가라는 뜻이다.

힘들겠지만, 상대방이 하는 말에 최대한 귀를 기울이자. 자신이 말하는 내용뿐만 아니라 비언어적 소통 방식, 특히 말투에 유의하자. 말로는 쉽지만 실제로 그렇게 행동하기란 쉽지 않을 것이다. 거의 모든 사람들이 말하는 방식보다 말하려는 내용을 주로 연습하기 때문이다. 마주 앉아 대화하는 내내 몸가짐과 눈 맞춤, 표정, 제스처(초조한 몸짓, 꼼지락거림), 말하는 속도, 타이밍에 주의하자. 아울러 가해자의 신체적, 비언어적 메시지를 읽어내야 한다. 가해자가 감정적으로 나오거나 화를 내기 시작하면 최대한 참으려고 노력하자. 그러면서 "무슨 말인지 알겠다"거나 "이해한다"는 말로 가해자의 감정을 인정한다면, 훨씬 더 생산적인 대화를 할 수 있다.

마지막으로, 상대방의 말을 다른 표현으로 바꾸어 말하거나 상황을 바라보는 관점이 동일하다고 확인하면서 주의 깊게 경청한다는 인상을 심어주어야 한다.

이런 식으로 소탈하게 상대방을 대하는 사람들은 쉽게 신뢰를 얻고 호감을 산다. 내가 실험을 통해 여러 차례 확인한 사실이다. 잊지 말자. 당신이 그 사람과 대화하는 목적은 규범을 재확인하고 이에 서로 동의함으로써 건설적인 관계로 맺자는 미래지향적인 것이어야 한다. 따라서 상대방의 생각을 깊이 이해하는 데 주의를 집중하자. 혹시 그가 지나치게 혹사당하다 보니 무례해진 것은 아닌가? 업무와 아무런 상관이 없을지도 모르지만, 일터 바깥에서 무슨 일이 있는 것은 아닐까? 그래서 자기도 모르게 정상 궤도에서 벗어나 정중하고 효과적으로 일하는 능력을 잊어버린 것은 아닐까? 이런 것에 대해 알게 된다면 상황을 호전시키는 데 큰 도움이 된다.

그러나 앞에 제시한 3가지 질문에 전부 아니라고 대답했다면, 가해자와 마주 앉으면 안 된다.

앞으로 맞닥뜨릴 상황에 대비해서 BIFF를 기억하자. 간단명료하게(Brief), 정보 중심으로(informative), 우호적이면서도(Friendly), 단호하게(Firm) 대처하자. 아울러 직설적으로 대화를 이어가고, 프로젝트나 회의에 함께 참여하지 않음으로써 얼굴을 맞대고 일하는 시간을 가급적 최소화하고, 가해자의 부하 직원을 통해 업무를 처리하거나 근무 장소를 달리 하면서, 가해자를 만날 때는 만남의 순간을 내가 끝낼 수 있어야 한다. 또한 자신의 사무실과 멀리 떨어진 곳에서, 가급적 중립적인 환경에서 만나야 한다.

발전감이 높은 사람은 무너지지 않는다

가해자에게 적절히 대처하는 방법과 별도로 무례함의 악영향을 완화할 수 있는 또 다른 길이 있다. 바로 발전감(sense of thriving)의 고양이다.

다른 것은 몰라도 발전감만큼은 반드시 유지해야 한다. 자기 자신에게 집중하면서 활력과 생기와 자부심을 품은 채 성장을 거듭해야 한다. 나는 다양한 산업 분야에 걸쳐 여러 차례 연구한 결과를 통해 발전감으로 충만한 기분을 느끼는 사람이 더 건강하고 회복력도 강하며 자기 업무에 더 집중한다는 사실을 알게 되었다. 자신이 발전하고 있다는 느낌을 어렴풋이 받기만 해도 집중력 저하, 스트레스, 부정적 성향에서 어느 정도 벗어날 수 있다.

발전감을 강하게 내보이는 직원들은 그렇지 않은 동료들에 비해 번아웃(Burnout, 탈진 상태)에 발목이 잡힐 가능성이 20% 낮았다.[9] 발전감이 높은 사람들은 자기 자신과 상황을 통제하는 자신의 능력에 대한 신뢰도가 52%나 높았다.[10] 무례함으로 인해 부정적 성향과 몰입도 저하, 자기 불신이라는 급류에 휩쓸릴 가능성도 훨씬 낮았다.[11]

무례한 상황에 직면할 때 발전감은 힘을 발휘하는데 대표적으로 부정적 영향이 파괴적인 수준으로 치닫지 않도록 그 내용을 재구성하도록 돕는다. 내 친구 중에 뛰어난 코치가 있다. 그는 힘겨운 사건을 경험한 사람들에게 이렇게 묻는다. "그 사건이 자신에게 어떤 의미를 갖도록 만들 생각입니까?" 핵심은 상황을 해석하는 방식이다. 당신은 무례한 사람 때문에 좌절하는 자기 자신을 그대로 내버려두고 싶은가? 그런 상황에서 유익한 교훈을 얻어낼 수도 있지 않을까?

우리 행복의 50%는 뇌의 신경망에, 40%는 우리에게 일어난 일을 해석하고 반응하는 방식에, 10%는 우리가 권력이 약하다거나 일자리 또는 가해자에게 의존적인 경우 등 현실에 달려 있다고 과학자들은 말한다.[12] 우리는 무례함을 해석하는 방식과 그것에 부여하는 의미, 자신에게 들려주는 이야기를 스스로 결정할 수 있다. 무례함 때문에 기분이 상할지 말지 통제하는 것도 우리 자신이다. 당신에게 '강인한' 사람으로 거듭나라는 말은 현실성 없는 조언일지 모른다. 그러나 나에게 가해진 무례함에 대해 신경을 끄기로 결정할 수는 있다.

발전감이 높은 사람은 자신에게 가해진 무례한 언행을 부정적으로 받아들일 가능성이 낮다. 오히려 자신을 인정하고 드높이는 쪽으로 상황을 해석할 가능성이 높다. 무례한 상황을 경험한 뒤에 발전감에 초점을 맞추는 사람들은 그렇지 않은 사람들에 비해 성과가 34% 덜 줄었다는 조사 결과가 있다.[13] 이 정도면 엄청난 차이다!

나 역시 발전감의 긍정적 효과를 경험한 적이 있다. 이 책 앞부분에서 같은 학교의 유력한 교수가 내 첫 책의 제목을 비판했을 때 어떤 기분이 들었는지 이야기했다. 무슨 말을 어떻게 해야 할지 몰라 멍한 기분이었다. 그는 나보다 높은 직위에 있었고, 나는 승진을 앞두고 있었다. 상당히 민감한 시점이었다. 종신직을 얻느냐 일자리를 잃느냐를 결정하는 승진이었기 때문이다. 내가 무너지지 않을 수 있었던 것은 줄곧 발전감을 느끼면서 살아온 덕분이었다. 어쩌면 가해자의 무례한 말 한마디가 나를 산 채로 잡아먹건 죽인 뒤 잡아먹건 내버려둘 수도 있었다. 매일 컴퓨터 앞에 좀비처럼 앉아서 절망의 눈물을 글썽일 수도 있었다. 그때 그 순간을 머릿속으로 끝없이 되뇌며 자기 연민의 늪에서 뒹굴 수도 있었다. 부족한 능력을 탓할 수도 있었다. 무례함의 기억이 자존감을 추락시키는 광경을 물끄러미 바라볼 수도 있었다. '이 사람이 내 앞길을 망쳐버리면 어쩌지?' '나는 어떻게 되는 걸까?' '예전의 나로 돌아갈 수 있을까?' 등등 온갖 고민으로 한숨만 내쉴 수도 있었다.

무례한 언행이 나 자신과 내 일을 좀먹게 내버려두었더라면, 아마도 나는 완전히 망가졌을 것이다. 마음은 침울해졌을 것이고, 연구 의욕도 잃어버렸을 것이다. 자아가 잔뜩 쪼그라들어 강단에 설 용기도 나지 않았을 것이다. 내게 MBA 수업을 듣는 학생들과 임원들도 부정적인 감정에 감염되었을 것이다. 농담을 섞어가며 대화를 주고받는 신나는 수업으로 수강생들을 휘어잡기는커녕 질문과 이견이 날아들 때마다 주춤대거나 얼어붙었을 것이다. 가족과 친구들에게도 어두운 그림자를 드리웠을 것이다. 애써 행복하고 당당한 표정을 지어 보이려고 노력했겠지만 마음의 상처를 꽁꽁 숨기기는 어려웠을 것이다.

하지만 당시 나는 발전감을 느끼면서 유쾌한 삶을 즐기고 있었다. 활력이 넘쳤다. 무언가를 향해서 전진한다는 느낌, 성장한다는 느낌을 받고 있었다. 그랬기 때문에, 전반적인 자아 개념을 강화하는 쪽으로 그 사건을 해석하겠다고 결심할 수 있었다. 나는 그 사건을 내가 아닌 가해자 탓으로 여겼다. 그 사람의 무례한 말은 그 사람의 사고방식을 반영한 것이지, 내게 결점이 있어서가 아니라고 생각했다. 그는 동료들을 높여주는 것이 아니라 무너뜨리고 좌절시키는 사람이니, 내가 기분이 상할 이유는 전혀 없었다.

발전감을 높이는 3가지 전략

무례한 행동으로 상처를 입는 와중에 발전감을 유지하는 것이 가능한지 의아할 수도 있다. 희소식이 있다. 그럴 수 있다!

먼저 무례함에 대한 기억을 계속해서 되뇌지 말자. 무례함이 수시로 불러일으키는 아픔이나 억울함, 분노를 느끼도록 스스로 허락하는 시간을 제한해야 한다. 비영리단체 공직을 위한 파트너십

(Partnership for Public Service)의 부회장인 티나 숭이 내게 들려준 좋은 말이 있다. "어쩌다가 형편없는 도시에 들를 수는 있지만, 거기서 머물러 살 수는 없습니다."

무례한 기억을 떨쳐버리는 데는 쓰기 같은 행위가 도움이 된다. 미국 대통령을 지낸 드와이트 D. 아이젠하워는 주위 사람들에게 느끼는 부정적 감정을 해소하기 위해 일기장에 거친 말을 마구 휘갈기곤 했다. 폭군 같은 성격으로 유명한 더글러스 맥아더 장군의 부관으로 일하면서 생긴 버릇이 분명하다. 글을 쓰는 동안 분노와 상처, 좌절감을 덜어낼 수 있다면, 다른 사람들에게 감정을 전가해 무례함의 악순환을 작동시킬 가능성이 줄어들 것이다.

내 경우, 다음과 같이 자문하는 것으로 일기를 대신한다. "내가 싸우려는 이유가 내 과거를 위해서인가, 아니면 내 미래를 위해서인가?" 나는 무례한 언행이나 부당한 대우로 상처를 받을 때마다 이 질문을 떠올리고 속으로 대답한다. 그러면 전략을 명확히 세우는 데 도움이 된다. 내게는 나아갈 길을 또렷하게 보여주는 수단인 셈이다. 나는 생산적으로 전진하고 싶다. 찡그린 얼굴로 백미러를 노려보느라 인생을 허비하고 싶지 않다.

미래에 초점을 맞추겠다고 결심한다면, 성장과 학습에 전념하면서 발전감을 높일 수 있을 것이다. 자신을 전진시키는 방법은 여러 가지가 있다. 몇 가지를 소개한다.

첫째, 성장이 필요한 부분을 찾아 적극적으로 발전시키자.

조직혁신 전문가인 하버드대학교의 테레사 애머빌과 스티븐 크레이머는 발전감이야말로 일터에서 얻을 수 있는 가장 강력한 동기임을 입증했다. 발전감은 개인적인 인정이나 급여 수준보다 더 강력한 동기였다.[14] 일터 바깥에서, 삶의 모든 영역에서 성장한다는 느낌을 받는 것도 중요하다. 마케팅 부서에서 일하는 젊은 직장 여성 케이트는 "무례한 업무 환경이 내 영혼을 갉아먹는 느낌"이라면서도 자기 자리를 꿋꿋이 지켰다. 그녀는 야간대학원에서 MBA 과정을 이수하기 시작했다. 배움의 과정에서 내딛는 작은 걸음들, 예컨대 높은 GMAT 점수를 받거나 새로운 동료들을 만나는 경험을 통해 자신감과 삶의 기쁨을 되찾을 수 있었다. 그녀는 끔찍한 근무 환경에 갇혀 옴짝달싹 못하는 암담함 대신 성장하고 발전한다는 뿌듯함을 선택했다. 케이트는 그렇게 이륙할 수 있었다. 자신이 어느 곳에 착륙할지는 알 수 없었지만, 자기주도적으로 발전을 추구하면서 훨씬 강해지고 훨씬 탄력적인 사람으로 거듭나는 행복감을 느낄 수 있었다.

둘째, 사무실 밖으로 시선을 돌려보자.

일상의 테두리를 훌쩍 넘어서는 프로젝트에 참여하는 방법도 있다.[15] 조직 내부에서 그런 기회를 쉽게 얻을 수 없다면, 지역사회의 단체에 관여하는 식으로 리더십을 기르고 학습할 수 있는 길을 찾아보자. 새로운 분야에 대한 지식을 쌓거나 스포츠 같은 취미를 즐기면 발전감을 느낄 수 있다.

내 친구는 처박아두었던 골프채를 다시 꺼내서 레슨을 받고 필드에 나가기 시작했다. 아름다운 자연에서 야외 활동을 즐기니 마음이 차분해지고 스트레스를 줄일 수 있었다. 그는 자신을 위해 할애하는 그 시간이 아주 좋았다고 했다. 혼자서 골프를 치는 경우가 많았는데, 덕분에 과중한 업무와 껄끄러운 인간관계의 스트레스를 여유롭게 해소하면서 또렷한 정신으로 더 나은 전략을 구상할 수 있었다. 그러고 나서 사무실로 돌아가면, 한층 안정된 마음으로 무례한 언행에 대처할 수 있었다. 골프공을 때린다는 것 그 자체도 재미 있었다. 올록볼록한 작은 공을 상사라고 생각하면서 내면에 잠재된 공격성을 털어버릴 수 있었다. 무례한 사람을 혼내준다는 마음으로 골프공을 힘껏 날려 보낸 것이다. 내 친구에게 골프란 일터에서 분노를 억제하는 데 도움이 되는 수단이었다.

스스로 발전하고 배우고 성장한다고 느낄 수 있는 무언가를 시작하자. 신입사원을 비롯한 동료들을 자발적으로 돕는 것도 방법이다. 더 똑똑해지고 더 강해진다는 느낌을 주는 일, 더 재미있는 일, 마음을 깨끗하게 하고 영혼을 살찌우는 일이 어디에 있는지 찾아보자.

셋째, 멘토에게 도움을 청하자.

컨설턴트로 일하는 린이 무례한 환경에서 살아남고 성장할 수 있었던 것은 멘토의 도움을 받은 덕분이었다. 이 멘토는 해로운 환경이 그의 행복과 웰빙과 생산성에 끼친 피해를 거침없이 따지면서 상기시켰다. 린은 왜 무례한 사람들을 피하지 않았을까? 재택근무가 얼마든지 가능한 상황이었는데도 갈등을 대화로 푸느라 에너지를 쏟아부으면서 자신의 영혼과 생산성을 소비한 이유가 무엇일까?

린의 롤모델이었던 멘토는 자칫하면 의욕과 경력에 손상을 입힐 수 있는 지뢰들을 잘 헤쳐 나가는 데 집중하도록 린을 도왔다. 하지만 린이 멘토의 조언을 따르는 것이 마냥 쉽기만 했던 것은 아니다. 멘토에게 너무 매달리는 것 같아서 미안하기도 했다. 하지만 그녀가 멘토의 전략과 조언이 자신의 행복감을 극적으로 향상시켰다고 확신했다. 린은 멘토와 솔직히 이야기를 나눈 덕분에 성과가 올라가 중요한 자리로 승진할 수 있었다.

넷째, 자신을 잘 돌보고 에너지를 충전하자.

우리는 이제껏 무례함을 전염성 병균인 바이러스라고 불러왔다. 이 바이러스에 대한 저항력은 대체로 자신의 에너지를 스스로 관리하는 능력에 달려 있다. 잘 먹고, 잘 자고, 잘 쉬어야 무례함의 해로운 영향을 물리칠 수 있다.

잠은 특히 중요하다. 잠이 모자라면 집중하기 어렵고 무례한 동료와 맞닥뜨렸을 때 절제력을 잃기 쉽다. 수면 시간이 평균 5시간

이하일 정도로 잠이 부족한 사람은 거의 무례한 언행에 제대로 대처하지 못한다. 자신의 경력에 먹칠하는 난감한 상황을 자초할 가능성이 높다는 뜻이다.[16]

운동 역시 정중하게 행동하는 데 도움이 된다. 무례한 사람에게 적절히 상대하는 데 도움이 되기도 한다. 무례한 언행이 야기하는 분노와 두려움, 슬픔에 당당히 맞설 수 있는 힘을 주기 때문이다. 운동을 많이 할수록 인지능력이 향상되고 마음을 짓누르는 잡념이나 감상을 떨칠 수 있다.

직장인 1,632명을 대상으로 연구한 결과, 일주일에 4시간 이상 운동하는 사람들은 우울증이나 번아웃으로 고생할 가능성이 50%나 낮았다.[17] 우울증 치료에 가장 많이 쓰이는 설트랄린(졸로프트)보다 운동이 효과적이라고 주장하는 학자들도 있다.[18] 규칙적으로 운동하는 사람들은 언짢은 기분을 느낄 가능성이 훨씬 낮고, 부정적인 의사소통이 이뤄진 이후에 회복되는 속도도 훨씬 빠르다. 열심히 운동하자!

에너지를 스스로 관리할 수 있는 방법은 이 밖에도 여러 가지가 있다. 건강한 재료로 만든 음식을 잘 챙겨 먹자. 그래야 무례한 상황에 처해도 적절하게 반응할 수 있는 최상의 상태를 유지할 수 있다. 굶주린 사람이 무슨 수로 좌절감을 떨쳐내겠는가?

마음챙김도 중요하다. 조급하게 구는 사람들, 차분히 대응하는 데 필요한 자제력이 부족한 사람들에게 특히 중요하다. 좌절감을 느끼거나 누군가에게 마구 쏟아붓고 싶을 때 평정심을 지키려면 마음챙김을 익혀두는 것이 좋다.

다섯째, 의미 또는 목적의식을 찾자.

발전감이 높은 사람일수록 무례한 분위기에서도 생산적으로 자신의 일을 잘해낸다. 또한 이런 사람들의 회복탄력성은 자신이 의미 있다고 여기는 일에 몰입할 때 훨씬 강화되는 것으로 나타났다.[19] 자신에게 물어보자 "내 업무는 나에게 어떤 의미를 갖는가?"

할 수 있는 범위 안에서 자신의 업무를 재구성함으로써 더 중요한 의미를 부여하자. 직무를 스스로 만들어간다는 뜻의 잡크래프팅(Jobcrafting)에 주목하자. 이것은 스탠퍼드대학교의 저스틴 버그, 미시간대학교의 제인 더튼, 예일대학교의 에이미 프제스니엡스키가 개발한 기법으로, 동기와 강점, 열정과 관련된 활동들을 재구성해 일터에서 더 많은 의미를 찾도록 도와주는 훌륭한 전략이다.[20] 여기에는 자신의 직무를 시각화하는 작업, 직무를 구성하는 요소들의 지도를 그리는 작업, 그 요소들을 각자의 필요와 개성에 더 적합하게 재구성하는 작업 등이 포함된다.

브제스니엡스키가 제시한 4가지 전략은 잡크래프팅을 시작하는 데 크게 도움이 된다. 먼저 업무 처리와 소통, 인간관계에 시간을 얼마나 쓰는지 곰곰이 생각해보자. 그런 뒤, 다음과 같이 해보자.

- 상황을 통제한다는 느낌과 긍정적인 정체성, 동료 간의 유대관계를 강화하는 방향으로 시간과 에너지의 할당비율을 바꾸어 현재 업무를 최적화하자.
- 긍정적, 열정적 소통을 통해 힘을 얻는 쪽으로 업무를 조정하자.
- 보람과 의미를 얻는 방향으로 업무 처리와 소통 순서를 다시 정리해서 핵심 지점에 몰입하자.
- 더 의미 있는 업무를 담당할 수 있도록 역량과 경험을 쌓아 미래에 투자하자.[21]

여섯째, 일터 안팎에서 긍정적인 인간관계를 지향하자.

슬픈 사실이 하나 있다. 업종과 기업, 직위를 막론하고 전원차단형 인간관계가 직원의 발전감에 미치는 영향력이 기운을 북돋는 전원연결형 인간관계보다 4~7배나 강력하다.[22] 전원차단형 인간의 부정적 영향으로부터 자유롭고 싶다면, 전원연결형 사람들로 자신을 에워쌀 필요가 있다. 후자를 식별해내는 것은 그리 어려운 일이 아니다. 주위 사람들을 웃게 만들고 기운을 북돋아주는 사람들이기 때문이다. 이런 사람들과 더 많은 시간을 보낼 수 있도록 하자. 그들의 친구 네트워크에 녹아들면 더 좋다.

일곱째, 일터 바깥에서 활력을 얻자.

나는 MBA 대학원생들과 최고경영자 과정 수강생들, 기업 직원들에 대한 연구에서 일터 밖의 활력과 일터 안의 활력 사이에 강력하고도 일반적인 상관관계가 존재한다는 사실을 발견했다. 업무 외적인 활동에서 느끼는 발전감은 개인의 감정적 자제력을 배가시키는 동시에 성장하고 배운다는 느낌을 불어넣는다.

무례함의 피해자들에 대해 연구한 결과, 비업무 활동에서 발전감을 느꼈다고 밝힌 사람들 가운데 80%는 건강 상태가 좋았다. 일터에서 활력을 느낀다고 답한 비율은 89%, 무례한 언행에 잘 대처했다고 답한 비율은 38%였다.[23] 조직 내에서 리더십을 발휘하기가 마땅치 않을 경우, 지역공동체에서 기회를 얻는다면 인지적 활력과 정서적 활력 모두를 강화할 수 있을 것이다. 사무실 바깥에서 행복감을 안겨주는 것이 무엇인지 생각해보자. 그리고 그 일을 시작하자.

사표를 던지기 전에 따져봐야 할 것들

발전감이란 자신을 최상의 자아로 만들어 나가는 과정에서 느끼는 감정이다. 활력 넘치고 몰입하는 상태, 앞으로 나아가려는 힘과 학습에 대한 갈망을 느끼는 상태다. 노력하면 대부분의 사람들이 직장 내 무례함을 극복하고 이 목표를 성취할 수 있다. 그러나 어쩔 수 없이 전직이나 재배치가 필요한 경우도 있다. 무례한 사람들과 일하다가 끝내 퇴사하는 경우가 8명 중 1명꼴이다. 만약 이직을 고려하고 있다면, 깊이 생각해볼 문제가 몇 가지 있다.

- 더 나은 직장으로 옮길 수 있을까?
- 직장을 떠나면 무엇을 잃고 무엇을 얻을 수 있을까?
- 이직이 경력에 어떤 영향을 미칠까?
- 지금 직장에선 무례한 조직 문화가 앞으로도 영원히 계속될 수밖에 없을까?
- 일터 안의 무례함 때문에 일터 밖의 삶도 피폐해지는가?
- 직장 내 무례함이 자아상을 망가뜨리고 있는가?
- 무례함 탓에 스트레스를 받고 있는가?

무례함은 심각한 피해를 낳는다. 그러나 지금까지 살펴본 대로, 우리는 적절한 조치를 통해 무례함의 피해를 관리하고 최소화할 수 있다. 무엇보다 나 자신, 그리고 발전감에 초점을 맞추자. 성장과 발전이 필요한 부분을 찾아 메워 나가려고 노력하자. 멘토나 친구, 가족에게 도움을 청하자. 자신을 보호하고 에너지를 아끼자. 일과 삶에서 의미와 목적의식을 찾으려고 노력하자. 긍정적인 인간관계를 구축하는 데 투자하자. 일터 바깥의 삶도 소중히 가꾸자. 그러면 무례함이 집중력과 활력과 잠재력을 갉아먹는 사태를 미연에 방지할 수 있다. 일터에서 당연히 살아남을 뿐 아니라 발전하고 성장하는 자신을 발견하게 될 것이다.

잊지 말자. 선택은 당신의 몫이다. 무례함의 경험이 무엇을 의미하게 만들 것인가? 어떤 식으로 반응할 것인가? 어떤 사람이 되고 싶은가? 잔뜩 웅크릴 것인가, 아니면 당당하게 일어설 것인가?

상황을 통제하는 우리의 힘은 생각 외로 대단히 강력하다. 개인의 태도와 마음가짐과 의지로 상황을 완전히 바꿀 수 있다는 뜻이다. 다른 사람들이 자신을 왜소하게 만들 때까지 내버려두면 안 된다. 심호흡을 하고 마음을 가다듬자. 재충전하자. 어깨를 활짝 펴자. 과감하게 나아가자. 나 자신을 사랑한다면 당연한 의무 아닐까?

KEY POINTS

- 언제나 미소와 웃음을 선사하는 사람들, 전원연결형 사람들과 많은 시간을 보내자.
- 감정의 되새김질을 멈추자. 상황을 확대해석하려고 들거나 어떤 사람에 대해 부정적인 생각을 품지 말자.
- 주어진 업무를 한층 의미 있게 만들어가자. 자신의 강점을 활용하자.
- 무례한 상황 탓에 건강을 잃으면 안 된다. 규칙적으로 운동하고, 제대로 먹고, 충분히 자자.

3부

정중한 조직의 탄생 : 어떻게 정중함을 문화로 만들 것인가

무례함처럼 정중함도 전염된다. 나를 지키며 영향력을 확대하려면 좁게는 내 주변부터 넓게는 내가 속한 조직에 정중함 바이러스를 퍼트려야 한다. 3부에서는 정중함을 지향하는 조직관리 4단계 전략을 소개한다.

Mastering Civility

CHAPTER 11

채용
떡잎부터 살펴라

문명에 있어서 지혜보다 더 소중한 것이 있으니, 그것은 바로 품성이다.
—H. L. 멩켄

미국 대학농구 명예의 전당에 헌액된 존 우든 감독은 초보 감독 시절 재능이 탁월하고 잠재력이 엄청난 고교 선수를 스카우트하려고 선수의 집을 직접 찾았다.

그런데 감독의 설명을 듣던 선수의 어머니가 궁금증이 일었는지 조심스럽게 말을 끊었다. 그러자 아들이 어머니를 노려보면서 대뜸 쏘아붙였다. "어쩜 그렇게 무례하세요? 감독님이 뭐라고 말씀하시는지 입 다물고 듣기나 하세요!"[1]

우든 감독은 큰 충격을 받았다. 그 선수의 행동을 절대로 용납할 수 없었던 그는 장학금과 스카우트 제안을 심각하게 재고했다. 이유는 이랬다.

"자신의 어머니마저 존중하지 않는 사람이 어려운 상황에 닥쳤을 때 과연 감독인 나를 존중하겠습니까?"

우든 감독은 그날의 만남을 정중하게 마무리하고 돌아와 제안을 철회하기로 결정했다. 그 선수는 다른 대학교의 제안을 받아들였고 훗날 최고의 대우를 받는 스타가 됐다. 심지어 우든 감독이 이끄는 UCLA 브루인스를 한두 차례 물리치는 데 기여하기도 했다. 하지만 우든 감독은 그날 나누었던 대화가 무척 생산적이었다고 말했다. 왜일까?

"천만다행이었습니다. 결정적인 부분을 너무 늦지 않게 발견했기 때문입니다. 모르고 넘어갔다면, 그 선수의 가치관이 우리 팀을 더럽힐 뻔했으니까요."[2]

우든 감독에게는 사람을 대하는 태도가 그 무엇보다 중요했다. 그는 자신의 주관을 이렇게 설명했다.

"무엇보다 중요한 점은 다른 사람들을 아끼는 태도입니다. 자신의 이익과 목적을 위해 남을 이용하면 안 됩니다. 아끼는 감정을 주고받을 줄 알아야 합니다. 여러분이 상대방을 아끼지 않으면, 상대방도 여러분을 아끼지 않습니다. 그런 조직은 여차하면 무너지고 맙니다."[3]

내가 그동안 보아온 수많은 사례와 마찬가지로, 우든 감독 역시 정중한 조직 문화란 구성원을 선발하는 방식에서 시작된다고 믿었다. 정중함을 선발 기준으로 규정함으로써 팀의 강력한 결속력을 유지해야 하는 책임이 리더인 자신에게 있다고 본 것이다. 자신이 이끌어온 브루인스를 골칫거리 선수 한 명이 더럽히게 만들 수는 없었다. 우든 감독의 말마따나 "최상품으로 가득한 사과 상자에 썩은 녀석이 들어가지 않도록" 조심해야 한다.[4]

우든 감독은 정중함을 갖춘 선수들을 제대로 가려내기 위해 선발 대상자의 인성을 종합적으로 파악할 수 있는 질문지를 고안했다. 그는 특정 선수의 입단을 결정하기 전에 이 질문지를 지침으로 활용했는데 질문지의 대상에는 고등학교 감독과 팀 동료들, 교회 목사, 담당 교사와 교직원들, 심지어 상대 팀 감독들까지 포함했다. 우든 감독은 스카우트 대상자의 생활기록부 역시 철저하게 검토했고, 부모와 식구들까지 살펴보려고 노력했다.[5] 여느 감독 같았으면 선수가 코트에서 보여주는 실력이 주요한, 어쩌면 유일한 고려 사항이었을 것이다. 그러나 우든 감독에게 이는 출발점에 불과했다.

조직 운영에 있어서 우든 감독의 방식은 새로운 영감을 준다. 조직에 병균을 들이면 안 된다. 우리는 이제껏 무례함의 일반적 비용을 검토해왔는데, 무례한 구성원을 영입할 경우 발생하는 개별적 비용도 이에 포함시켜야 한다.

경제학자이자 빅데이터 과학자인 딜런 마이너와 마이클 하우스먼에 따르면, 해로운 직원 한 사람이 슈퍼스타 직원 두어 사람의 생산성을 지워버린다. 생산성 측면에서 상위 1%에 속하는 슈퍼스타 직원 한 사람이 조직의 연간이익을 5,000달러 정도 높이는 데 비해, 해로운 직원 한 사람이 매년 야기하는 비용은 1만 2,000달러 안팎에 이른다.[6]

여기에 소송비용이나 동료 직원들의 사기 저하, 고객 불만 같은 여타 비용까지 감안할 경우 실제 피해 규모는 훨씬 커진다. 나 역시 과거 연구에서 조직에 미치는 무례한 직원들의 부정적 영향이 정중한 직원들의 긍정적 영향보다 강하다는 사실을 지적한 바 있다.[7] 유해한 사람들이 조직에 들어오지 않도록 미연에 차단하는 조치가 특별히 중요한 이유가 여기에 있다.

정중한 사람 감별법

우든 감독이 무례한 사람을 가려내기 위해 동원한 면접 기법들은 눈여겨 볼 만하다. 그는 면접 과정 내내 정중한 품성의 징표를 찾는 데 집중했다. "이런 문제가 있다면 어떻게 해결할 것인가?" 또는 "이런 상황이라면 어떻게 행동할 것인가?" 같은 가정적 질문들을 보다는 과거에 특정한 상황을 구체적으로 어떻게 헤쳐 나갔는지 집중적으로 물었다. 우든 감독처럼 우리 조직이 지향하는 가치들을 명료하게 가다듬고, 지원자의 과거 행동이 여기에 부합하는지 대조해야 한다. 지원자의 첫 번째 대답을 곧이곧대로 받아들이지 말고, 두어 가지 구체적인 사례를 더 요구하자.

구조화 면접(Structured Interview, 질문 내용과 방법, 지원자의 답변 유형에 따른 후속 질문과 평가 점수가 시나리오로 정해져 있는 면접 방법)의 원칙에 따라 해당 직무에 지원한 사람들에게 동일한 순서로 동일한 질문을 던지는 것도 방법이다. 여러 연구에 따르면, 구조화 면접처럼 체계적인 기법을 활용할 경우, 비록 직무 자체가 체계적이지 않더라도, 지원자의 미래 성과를 정확히 예측할 수 있다.[8]

- 예전 고용주가 당신을 어떻게 평가했나?
- 예전 부하 직원들은 당신을 어떻게 평가했나?
- 스스로 가장 개선할 필요가 있다고 생각하는 점은 무엇인가? 두 번째는 무엇인가? 세 번째는?
- 어떤 경우에 자제력을 잃고 화를 내는가? 가장 최근에 화를 냈던 경험에 대해서 말해보라.
- 업무 중 스트레스 또는 갈등에 어떤 식으로 대처했는가?
- 스스로 스트레스를 너무 많이 받고 있다는 사실을 어떻게 아는가?
- 실패한 경험이 있다면 언제인가? 그 상황과 대처 과정, 거기서 얻

은 교훈을 설명해보라.
- 누군가와 함께 일하기 어렵다고 생각한 때가 언제였는지 말해보라. 그 상황을 어떻게 해결했는가?
- 어떤 부류의 사람들과 일할 때 가장 좋았나? 당신이 경험한 최고의 팀워크에 대해 말해보라.

질문 외에 다음과 같은 태도도 체크해야 한다.

- 지원자가 면접에 제때 도착했는가?
- 지원자가 예전 고용주 등에 대해 부정적으로 말하는가?
- 지원자가 자신의 행동과 결과, 여파에 대해 책임을 인정하는 편인가, 아니면 다른 사람들에게 책임을 떠넘기는 쪽인가?

지원자가 말한 내용은 물론이고 말하지 않은 내용까지 기록해두면 도움이 된다. 대화가 정중함과 관련된 세부 사항들로 접어들면 비언어적 단서들에도 주목한다. 지원자가 정중함에 대해 이야기할 때 즐거워하는 모습이 가시적으로 드러나는가? 아니면 찌푸린 표정이나 초조함에 꼼지락거리는 모습을 보이는가? 우리 조직이 추구하는 가치들을 편안하게 느끼는가?
조직의 가치관과 지원자의 가치관이 서로 맞지 않는다면, 상호간에 이를 최대한 빨리 발견하는 편이 좋다. 신발 전문 쇼핑몰 자포스(Zappos)에 고객서비스 상담직으로 입사한 신입 직원은 기업의 문화와 전략, 업무 흐름 등에 대해 배우는 열흘짜리 집중훈련 과정을 거쳐야 한다. 이 훈련의 마지막 날, 교관들은 신입 직원들에게 지금 그만두겠다고 말하면 훈련 기간에 해당하는 보수에 한 달 치 급여를 더해서 지급하겠다고 안내하고 있다.[9]

회사를 찾아온 지원자와 마주쳤던 직원들의 의견도 면접 자료로 참고할 필요가 있다. 지원자가 주차장 관리인에게 어떻게 대했는가? 안내원에게는? 사무보조에게는? 지원자가 친절하고 상냥하고 공손했는가, 아니면 오만하게 거들먹거렸는가? 다수의 인사담당자들이 말하기를, 입사 지원자들과 관련해서 최고의 피드백은 지원자를 공항에서 태우고 온 운전사나 프런트 데스크에서 지원자를 처음 맞이한 안내원에게서 나온다.

팀 차원에서 면접을 진행하는 것도 좋다. 지원자들과 팀원들이 함께 점심이나 저녁을 먹는 자리를 만들어보자. 운동시합 같은 행사에 함께 가보는 것도 좋다. 이를 통해 지원자들은 조직의 가치관을 직접 확인할 수 있다. 이는 지원자들이 고용계약에 기꺼이 서명할지 여부를 판단하는 데도 도움이 된다. 가치관이 서로 맞지 않는 것으로 확인되면, 피차 아까운 시간을 아낄 수 있다.

능력보다 평판

내가 컨설턴트로 일했던 한 병원은 방사선 전문의를 채용하는 과정에서 위기를 가까스로 모면했다. 병원 경영진은 그 일자리를 더크(가명)에게 제안했다. 더크는 많은 사람들이 추천한 뛰어난 의사였다. 면접도 출중하게 치렀다. 그런데 해당 부서에서 일하던 방사선사 한 사람이 어딘가 꺼림칙한 구석을 직감적으로 느꼈다. 그래서 그쪽 분야의 지인들에게 전화를 돌렸다. 그제야 더크가 가는 곳마다 부하 직원들에게 무례하게 구는 사람임이 밝혀졌다. 그는 자신이 알아낸 사실을 부서장에게 보고했다. 이미 내부적으로 채용을 결정한 상태였지만, 부서장은 채용을 취소했다. 더크에게는 병원의 결정을 무시하고 출근해도 곧바로 내보낼 것이라며, 만약 그랬다간 향후 고용주가 될 사람들이 위험신호로 간주하는 사건이 될 것이라고 알렸다.

다른 병원은 정반대의 결정을 내렸다. 그 결과, 대단히 뛰어나지만 무례한 의사 한 사람 때문에 병원은 수백만 달러의 피해를 입었다. 고용위원회가 제 역할을 꼼꼼하게 해냈다면, 이전 직장에서 문제가 있었던 그 의사의 전력을 충분히 알 수 있었을 것이다. 그러나 그렇게 하지 않았고, 결국 그 의사는 부임하자마자 간호사와 다른 직원들을 상대로 공격적인 언행을 일삼다가 고소당했다. 이 과정에서 병원은 재정적, 감정적으로 쓰라린 대가를 치러야 했다.

이처럼 지원자의 철저한 평판 조사는 채용 단계에서 필수적으로 포함해야 하는 과정이다. 우든 감독의 사례가 보여주듯, 충실하게 진행한 평판 조회는 채용 결정을 내릴 때 가장 중요한 기준이 될 수 있다. 지원자들이 과거에 어떻게 행동했는지는, 우리 조직에서 정중하게 행동할지 여부를 예상하는 데 도움이 되기 때문이다. "그 사람과 함께 일할 때 어땠느냐?" "개선할 점이 있다면 무엇이냐?"고 묻는 식으로 정중함에 직결되는 핵심적 품성과 주위의 평판, 이에 관한 구체적 사례들을 확보해야 한다.

회사가 지향하는 가치들을 지원자의 추천인에게 알려주고, 지원자가 그런 가치들을 구현한 사례가 있으면 들려달라고 부탁하자. 지원자의 언행이 과거에 몸담았던 조직에서 조금이라도 부정적으로 인식되었다면 어떤 경우였는지 구체적으로 알아보자. 아울러 다음과 같은 질문들도 던져야 한다.

- 정서지능이 얼마나 뛰어난가? 사람들의 마음을 읽고 적절히 반응할 줄 아는가?
- 특정한 상황을 불편하게 여기거나 스타일이 다른 사람과 더불어 일하기를 어려워하는가?
- 다른 사람들과 원활하게 협업하는가? 팀플레이어인가?

- 윗사람의 업무 지시에 어떻게 반응했는가?
- 다시 채용할 의향이 있는가?
- 부하 직원들이 그 지원자 밑에서 일할 때 어떻게 느꼈는가?

노련한 채용 담당자들은 추천인들에게서 얻는 가장 유용한 데이터는 후속 질문에서 나온다고 말한다. 특히 말하는 내용보다 어조나 태도, 빠르기에서 중요한 정보를 얻을 수 있다고 강조한다.

평판 조회를 위해서는 인맥을 적극 활용해야 한다. 오바마 행정부에서 노동부 부장관을 지낸 크리스 루는 지원자를 아는 사람들에게 무조건 전화를 걸었다. 크리스는 이렇게 해야 실패하는 법이 없다고 말했다. 거의 모든 지원자에 관한 중요한 정보를 자신이 신뢰하는 지인들로부터 얻을 수 있기 때문이다. 때론 교회 목사나 공동체 지도자, 교수, 코치 등 직장 바깥에서 지원자를 알고 지내온 사람들에게 평판을 들을 필요도 있다. 또한 지원자의 온라인 프로필과 SNS에 포스팅한 내용도 살펴야 한다.

소셜 미디어를 살펴봐야 할까?

게임에서 무례하게 행동하는 사람들이 일터에서도 무례하게 행동하는지 궁금했던 라이엇게임즈 연구팀은 1,800명이 넘는 자사 직원들의 채팅 기록을 분석했다. 모두 이 회사가 개발한 유명 게임 리그 오브 레전드를 즐기면서 남긴 기록이었다. 모든 직원이 지난 12개월 동안 게임을 하면서 남긴 채팅 기록을 조사한 결과, 게임에서 드러난 유해성과 일터에서 보이는 나쁜 언행 사이에 높은 상관관계가 존재한다는 사실이 드러났다.

직원들 중에서 온라인 게임 도중에 적대적인 게임 진행이나 상대방을 향한 비난 등 유해한 형태의 행동을 표출한 비율은 1.5% 정도로 상당히 낮았다. 그러나 전년도에 해고당한 직원들 가운데 25%가 게임 도중에 이례적으로 높은 유해성을 보인 이용자였다. 반면, 팀장급 이상의 직원들이 게임에서 드러낸 언행에서는 유해성의 징후가 조금도 나타나지 않았다.[10]

연구팀은 채팅 내용을 분석하면서 이용자의 온라인 유해성이 고정되지 않고 거듭 변동한다는 사실도 발견했다. 그 경향성이 워낙 강해서 유해성이 변동하는 궤적을 측정하고 예측할 수 있을 정도였다. 연구팀은 이 같은 조사결과를 바탕으로 내부 구성원들의 온라인 행동을 개선하는 작업에 착수했다. 라이엇게임즈 경영진은 가장 유해한 태도를 보인 직원 30명과 개별적으로 만나서 대화를 나누라고 지시했다. 모두 입사한 지 얼마 안 된 사회 초년병이었다. 연구팀은 이 자리에서 해당 직원의 채팅 기록을 제시하고 유해한 언행을 구체적으로 지적하는 동시에 회사에서 기대하는 행동 방식을 상기시켰다. 조사 과정에서 심각하게 나쁜 행동을 보여온 직원 두 사람이 퇴사했지만, 거의 모든 직원들이 압도적으로 긍정적인 반응을 보였다.

라이엇게임즈의 인사 부문 총책임자인 제이 몰덴하우어-살라자르는 "우리가 대화를 나눈 직원들은 온라인상에서 자신의 모습을 자각한 뒤 소스라치게 놀라더군요. 일부는 더 나은 게이머, 더 나은 사람이 되겠다고 약속하는 편지를 보내오기도 했습니다."[11]

라이엇게임즈는 현재 입사 지원자들이 게임 도중에 보여준 행동을 채용 결정에 반영하고 있다. 지원자는 채용심사 과정에서 게임 아이디를 밝혀야 한다. 온라인에서 무례하게 행동했는지 조사를 받아야 한다는 뜻이다. 이 정보는 신호등처럼 빨강, 노랑, 초록으로 표시되는 지원자 추적 시스템에 추가된다. 만약 어느 지원자에게 가장 유해하다는 의미인 빨간색 경고등이 켜지면, 채용 담당자는 해당 지원자의 채팅 기록 샘플을 받아 게이머로서 어떻게 행동했는지 살펴볼 수 있다.

이런 노력 끝에 라이엇게임즈는 〈포춘〉이 선정한 일하기 좋은 100대 기업에 선정되었다. 정중한 신입직원을 선발하는 동시에 기존 직원들에게 정중함의 구체적 기준을 제시하기 위해 온라인 행동 데이터를 활용하는 기업이니 당연한 결과라고 할 수 있다.[12]

결국, 젠틀맨이 이긴다

내가 먼저 정중하게 행동하지 않으면서 상대방에게 정중한 언행을 기대하는 것은 어불성설이다. 존 우든 감독도 이 점을 잘 알았다. 여러 차례 우승으로 존경과 찬사를 받았지만, 그가 미국에서 상징적 인물로 추앙받고 대통령 자유메달을 비롯해 여러 상을 받게 된 이유는 경기장 밖에서 보여준 언행과 리더로서의 철학 때문이다.

우든 감독은 선수들에게 소중한 가치를 믿는 것으로 그치면 안 되고 그 가치대로 살아야 한다고 가르쳤다. 그래야 자신감과 침착성을 바탕으로 경쟁에서 우위를 차지할 수 있다고 믿었다. 그는 "탁월한 능력으로 최고의 자리에 올라설 수 있을지 몰라도, 그 자리를 지키려면 훌륭한 품성이 필요하다"고 강조했다. 귀담아 들어야 하는 가르침이다.[13]

겉보기에 '좋은' 지원자건 '나쁜' 지원자건 간에, 모든 사람에게 정중하게 대해야 한다. 구글이 전 세계 모든 지사를 대상으로 조사한 결과, 지원자들은 면접관과 주고받은 상호작용이 직무 내용이나 복리후생, 모집담당자와 주고받은 상호작용보다 더 중요하다고 느꼈다.[14] 따라서 입사 지원자 면접은 정중한 사람들이 맡아야 한다.

안면 있는 유명 교수와 우연히 마주친 적이 있다. 내가 일하던 대학에서 초빙하려던 교수였는데, 결국 라이벌 대학에 자리 잡은 사람이었다. 나는 그가 면접장에서 보여준 프레젠테이션이 정말 좋았다고 말했다. 그런데 그는 내 말이 끝나기 무섭게 끔찍한 면접이었다고 털어놓았다. 면접관으로 참여한 교수 한 사람의 말 한마디 때문이었다고 한다. 우리 대학이 제안한 급여나 연구지원은 다른 대학보다 나았지만, 그 교수가 학교의 문화를, 그것도 자신이 혐오하는 모종의 문화를 그대로 반영하는 사람이면 어쩌나 싶었다는 것이다. 무엇보다 그가 놀랐던 점은, 자신을 공격했던 그 사람이 나이 지긋한 보직교수도 아니고 자신과 밀접하게 협력할 사람도 아닌, 초임 교수였다는 사실이었다. 한순간의 무례함이 결정적인 판단의 근거로 작용한 셈이다.

 마지막으로 조직은 정중함에 관한 기준을 세운 뒤 이를 외부 조언자, 사업 파트너, 납품업자, 고객 등 사업과 연관 있는 모든 관련자들이 그대로 따르게 해야 한다. 나이키(Nike)가 이렇게 하고 있다. 나이키의 납품업자가 되려면 존중(respect)이 타협의 대상이 아니라는 동의서에 서명해야 한다.

 나이키와 우든 감독이 간파한 것처럼, 슈퍼스타 직원의 능력과 재능만으로는 해로운 직원이 조직에 입히는 손상을 상쇄할 수 없다. 해로운 사람의 무례한 태도를 미리 파악해서 팀의 구성원으로 들어오지 못하게 하는 편이 낫다. 아마존닷컴(Amazon.com) CEO 제프 베조스는 "50명을 면접해서 잘못된 사람을 뽑느니 아무도 안

뽑는 게 낫다"고 말했다.[15] 정중한 조직 문화를 확실히 다지려면 약간의 노력이 필요하다. 그러나 충분히 그럴 만한 가치가 있다.

KEY POINTS

- 행동에 초점을 맞춘 질문들로 구성된 구조화 면접을 통해 정중한 인재를 가려내자.
- 지원자의 평판을 철저하게 조사하되, 어떤 사람인지 정확히 파악하려면 주어진 주변 인물뿐 아니라 SNS등에 담긴 단서를 추적할 필요가 있다.
- 조직이 추구하는 가치를 명확하게 설정하자. 그리고 이런 가치를 한결같이 추구하는 조직에서 진심으로 일하고 싶은지 지원자가 스스로 결정하게 하자.

CHAPTER 12

미션
원칙을 세우고 실천한다

리더십이란 사람들의 잠재력을 봉인해제해서 더 나은 사람으로 만드는 능력이다.
―빌 브래들리

존 우든처럼 뛰어난 감독들은 좋은 성과를 내려면 어떻게 해야 하는지 이해하고 이를 적용하기 쉽도록 몇 단계로 구분해서 설명할 줄 안다. 선수들을 너무 편하게 풀어주어 기본을 망각하게 하지도 않는다. 우리도 이런 방식으로 정중함이라는 문제에 대처해야 한다. 조직이 정중한 문화를 올바르게 고양하는 방법은 기대치를 설정하고, 정중한 태도를 구체화하고, 규범을 만들고, 코칭을 제공하는 것이다. 이에 대해 차례로 살펴보자.

기대치는 디테일할수록 좋다

앞에서 채용 과정에서 지원자들에게 조직의 가치관을 분명하게 설명하는 것이 왜 중요한지 살펴보았다. 자, 그렇게 뽑은 인재들과 함께하게 되었으니, 이제는 정중함을 조직의 사명으로 정하고 공표해할 차례다.

우든 감독은 자신의 철학에 부합하는 선수들만 선발했다. 그런 선수들로 팀을 꾸린 뒤, 성공의 피라미드(Pyramid of Sucess)라고 불리는 도구를 활용해서 구성원들에게 자신의 철학을 지속적으로 상기시켰다. 성공의 피라미드란 선수들 개개인이 자신의 잠재력을 온전히 파악하기 위해 내면화하고 일상적으로 준수해야 하는 25가지 품성을 가리킨다. 여기에는 정중한 언행의 기본이 되는 협동심, 우정, 자제력, 팀 정신, 침착성 등이 포함된다. 우든 감독은 매년 시즌이 시작될 때마다 이 내용을 복사한 종이를 학생 선수들에게 나누어주고 자기 사무실 벽에도 붙인다. 선수들에게 이 내용을 마음에 품고 하루하루를 살아가라고, 자신은 그렇게 기대한다고 알리기 위해서다.[1]

대다수 기업의 사명 선언문을 보면, 직원이 고객을 대하는 태도에 관한 문구가 어김없이 들어 있다. 그러나 동료들을 어떻게 대하라고 적시하는 경우는 극히 드물다. 그런데 "직원들 서로가 존중하는 마음으로 대한다"는 식의 간단한 문장 하나만 있어도 정중한 조직 문화를 일구는 데 큰 도움이 된다. 본받을 만한 사례가 있다. 사우스웨스트항공(Southwest Airlines)의 사명 선언문을 보자. 다음과 같은 내용이 포함되어 있다.

무엇보다 한결같이 존중하고 아끼는 마음으로 직원들을 대할 것이다. 우리는 직원들도 이런 마음으로 고객을 대하기를 기대한다.[2]

의료재단 디그니티헬스(Dignity Health) 역시 모든 개인의 고유한 존엄성에 대한 존중과 협동심, 정의로움(사회적 변화를 지지하고 인간 존중 정신에 입각해서 행동하기, 힘없는 사람들에 대한 공감 표현하기 등), 사회적 책무(치유와 온전함을 추구하기 위해 우리에게 맡겨진 자원들을 육성하기) 같은 가치를 사명으로 강조한다.[3]

"인간의 정신을 드높이고 마음을 풍요롭게 — 고객 한 분, 커피 한 잔, 마을 한 곳마다 온 정성을"[4]이라는 스타벅스(Starbucks)의 사명 선언문 또한 정중한 태도의 중요성을 담고 있다. 스타벅스는 나아가 직원들이 서로를 어떻게 대해야 하는지에 대해서도 명료한 방침을 제시하고 있다. 스타벅스가 추구하는 가치들 가운데 "누구든 환영하고 따뜻하게 포용하는 기업 문화 창출"과 "참여하는 자세, 투명성, 존엄성, 존중심으로 맺는 인간관계"가 바로 이에 해당한다.[5]

조직은 이처럼 사명 또는 비전을 선포하는 데 그칠 것이 아니라 기본적인 행동강령을 정하고 직원들에게 이를 분명하게 설명해야 한다. 미식축구리그(NFL)의 피트 캐럴 감독처럼 스포츠계에서 성공을 거둔 또 다른 감독의 사례를 따를 수도 있다.

캐럴은 대학팀을 맡아 감독의 길에 접어든 이후 선수들을 격려하는 긍정적 지도 방식을 견지함으로써 전국대회 우승과 올해의 감독상을 여러 차례 거머쥐었다. 그는 프로팀인 시애틀 시호크스로 자리를 옮기면서 이렇게 말했다.

"NFL에 가서 선수들 한 사람 한 사람을 진심으로 배려하면 어떤 결과가 나올지 궁금했다."[6]

캐럴 감독은 팀을 구성하는 코치와 선수, 지원인력, 허드렛일을 도맡는 사람들까지 모두가 서로를 신중하고 긍정적인 태도로 대해야 한다고 못 박았다. 로커룸이나 사이드라인에서 걸핏하면 들려오는 고함이나 욕설을 금지하고 예의 바른 언행을 요구했다. 시호크스 선수들과 코치들은 언론 인터뷰를 마무리할 때도 취재기자에게 고맙다고 인사해야 했다. 한마디로 팀과 관련된 모든 사람들의 육체적, 정신적 행복이 중요하다고 보았다.[7]

캐럴은 자신의 방침을 추상적으로 설명하지 않았다. 3가지 문장으로 구체화한 캐럴의 접근법은 어떤 조직에 적용해도 상호존중의 문화를 조성하는 데 큰 도움이 된다.

1. 팀을 보호하라.

2. 우는소리, 불평, 변명 금지.

3. 일찍 다녀라.[8]

목표는 거창할 필요가 없다. 대신 구성원 개개인을 얼마나 소중하게 여기는지 알게 하는 것, 서로를 존중하고 조직을 존중하는 문화를 뿌리내리는 것 등 확고한 철학이 담겨야 한다.

캐럴이 간단명료하게 정리한 정중함의 규범들 덕분에 시호크스가 시즌 내내 연전연승했을까? 그렇다고 잘라말하기는 어렵다. 다만, 한가지는 분명하다. 적어도 해가 되지는 않았다. 2014년 캐럴이 이끄는 시호크스는 창단 이래 처음으로 슈퍼보울을 들어올렸다.

정중함을 구체적으로 정의하자

구성원들이 언제 어디서나 정중하게 행동하도록 하기 위해선 정중한 마음가짐에 대한 교육을 강화해야 한다. 정중함을 조직의 제2의 천성으로 만들어야 한다. 너무도 익숙해서 일부러 생각할 필요조차 없을 정도가 되어야 한다.

직원 오리엔테이션 기간에 정중한 언행의 중요성을 특히 강조하자. 주문처럼 반복해서 들려주어야 한다. 직원들에게 정중함의 기초를 마스터하라고 과제를 부여하는 것도 방법이다.

정중함의 정의를 세밀한 조각품처럼 구체화한 회사들 가운데 치킨버거로 유명한 칙필레(Chick-fil-A)가 있다.[9] 이 회사에서 운영담당 부회장으로 일하는 팀 타소풀로스는 개인사업주가 독립적으로 운영하는 체인점에서도 손님들이 "정중한 대접에 탄성을 지를 정도"라면서 고객에게 정중한 마음을 전하려는 칙필레의 노력에 강한 인상을 받고 돌아간다고 말했다. 칙필레 체인점의 개인사업주들은 태어나서 처음으로 취업한 청소년들을 포함한 모든 직원들에게 손님이 앉을 때 의자를 빼주거나 음식을 테이블로 가져다주는 등 한 걸음 더 나아가는 서비스를 제공하라고 격려한다.[10] 칙필레 체인점은 또한 예의 바르고 상냥한 말투를 특별히 강조한다. 칙필레 체인점 직원들은 "오히려 제가 더 기쁩니다"라는 말을 할 줄 안다. "리필해드릴까요?" 대신에 "상쾌한 음료로 다시 모시겠습니다!"라는 말을 배운다.

진심으로 정중하게 행동하도록 젊은 직원들에게 영감을 불어넣는 칙필레만의 비결은 무엇일까? 타소풀로스는 서브(SERVE)라는 말로 요약할 수 있는 섬김의 리더십을 바탕으로 조직 문화를 가꾼 덕분이라고 설명했다. 미래를 바라보면서 내일을 설계하고(See), 동료를 포용해서 성장시키고(Engage), 자신을 끊임없이 혁신하고(Reinvent), 결과와 관계를 중시하고(Value), 회사가 추구하는 가치를 행동으로 보여주자(Embody)는 뜻이다.

타소풀로스는 조직 문화와 관련해서 회사가 거둔 성공의 80% 정도는 이 같은 목적에 부합하는 인재를 선발하고 그 과정에서 이루어지는 소통 덕분이라고 말했다. 회사는 체인점을 맡길 개인사업주를 신중하게 고른다. 다른 사람들을 흡족하게 대접하는 일을 좋아하는 사람, 섬김에 초점을 맞춘 조직 문화를 기꺼이 선도할 줄 아는 사람이어야 한다. 나머지 20%는 정중함이라는 덕목을 강조하고 구체적인 행동지침으로 제시하기 위한 기업 차원의 노력 덕분이다.

칙필레 체인점의 점주들은 오리엔테이션 및 교육 훈련 기간에 기업이 추구하는 가치에 입각해서 직원들을 코칭한다. 그리고 직원들이 그 가치를 제대로 행동에 옮기고 있는지 고객들로부터 반드시 피드백을 받는다. 점주는 이렇게 확보한 데이터를 바탕으로 직원들을 다시 코칭한다.

타소풀로스는 리더들이 조직적 가치를 실천하는 데 솔선수범해야 한다며, 그래야 정중함의 구체적 정의가 훨씬 효과적으로 이루어진다고 지적한다. 칙필레 본사는 체인점 점주들이 가치를 구현하는 모범적 사례를 발견할 때마다 반드시 전사적으로 공유하고 있다.

2014년 1월, 사나운 눈폭풍이 미국 남부를 예기치 않게 강타해서 수천 명의 운전자들이 고립당하는 사태가 발생했다. 그러자 앨

라배마 주 버밍햄의 칙필레 점주와 직원들이 오도 가도 못 하는 운전자들에게 따뜻한 음식을 제공하기로 마음을 모았다. 퇴근했던 직원들도 일터로 되돌아와 일손을 거들었다. 점주는 대피소가 필요한 운전자들을 위해 식당을 개방했다. 한 직원이 언론과의 인터뷰에서 이렇게 말했다. "우리 회사는 돈이나 이익을 걱정하는 것보다 사람들을 아끼고 사랑하는 마음이 먼저라고 믿는 곳입니다. 우리는 솔선수범하는 점장님을, 오랫동안 믿고 따르면서 더불어 일했던 점장님을 본받으려고 노력했을 뿐입니다. 그러다 보니 어려운 사람이 있으면 어떻게든 도와야 마땅하다는 생각밖에 안 들었습니다."[11]

2015년 1월, 같은 가맹점이 또 다시 언론의 주목을 받았다. 이번에는 점주가 동영상에 찍혔다. 일을 할 테니 먹을 것을 달라고 애걸하는 노숙자에게 음식을 내어주는 영상이었다. 여기서 끝이 아니었다. 날씨가 아주 춥던 그날, 점주는 자신의 장갑을 가져다가 노숙자에게 주었다. 이 모습을 지켜보던 손님이 눈물을 흘리며 점주에게 다가가 얼마나 감동을 받았는지 모른다고, 옆자리에 앉아 있던 아들에게 훌륭한 가르침이 되었다고 인사했다. 손님은 며칠 뒤 인터넷에 동영상과 함께 사연을 올렸고, 네티즌들이 뜨겁게 반응하면서 이 동영상은 삽시간에 퍼져 나갔다.[12]

칙필레가 우리에게 안겨준 미담은 또 있다. 2015년 12월, 이번에는 텍사스 주 록월에 있는 체인점이었다. 이곳 직원들은 일요일에 문을 닫는 회사의 정책을 어겼다. 전날 몰아닥친 살인적인 토네이도에 집을 잃은 이재민과 구조대원들에게 음식을 대접하기 위해서 식당 문을 연 것이다.[13] 회사는 지역 공동체를 위한 이들의 노력을 전사적으로 공유하고 이를 소속 점주들과 직원들을 상대로 교육했다. 일요일에 문을 닫는 것이 회사의 방침이라 해도 공동체가 위기에 봉착하면 봉사해야 한다는 교훈을 널리 전파함으로써 회사가 지향하는 정중함의 가치를 구체적으로 보여주는 기회로 삼은 것이다.

칙필레는 정중함을 강조하는 지속적인 노력에 힘입어 창사 이래 거의 매년 10% 안팎의 매출 성장을 달성했다. 이 회사는 2015년 〈유에스에이 투데이〉가 선정한 고객서비스 명예의 전당에서 아마존닷컴에 뒤이어 2위에 올랐다. 2016년에는 브랜드 컨설팅 기업인 프라핏(Profit)의 브랜드 연관성 지수에서 식당 부문 1위, 종합 6위에 뽑혔다. 경제 전문 웹사이트 '24/7 월스트리트' 선정 2015년도 일하기 좋은 미국 기업 10곳 가운데 하나로 선정되기도 했다.[14]

칙필레의 사례 외에도 정중한 마음가짐을 북돋고 강화할 수 있는 창의적인 방법은 얼마든지 있다. 미국 국가안보국은 1년 내내 정중한 조직 문화를 구축하기 위한 캠페인을 진행하고 있는데, 이 역시 참고해볼 만하다. 국가안보국의 리더들은 직원들과 함께 정중한 언행의 중요성에 대한 심도 있는 토론을 벌이고, 외부 강사들을 초빙한다. 또한 사내에 '명예의 벽'을 만들어 정중한 직원들을 칭찬하고, 웹사이트의 일부를 할애해서 정중함의 의미를 주제로 직원들이 작성한 글을 싣는다. 또한 사무실 곳곳에 '도전 카드'를 배치한다.

이 마지막 아이디어가 특히 효과적이었다. 직원들은 명함 크기의 카드를 받았다. 거기에는 "정중한 조직 문화 만들기, 우리가 앞장섭니다"라는 문구를 시작으로 정중한 태도를 갖추기 위한 그 주의 도전 과제들이 적혀 있었다. "이번 주에는 뒷사람을 위해 적어도 5번은 문을 잡아준다"거나 "이번 주에는 누군가의 실수를 지적하고 싶은 욕구를 참는다" 같은 아주 간단한 과제들이었다. 직원들은 작지만 의미 있는 도전 과제를 성취하려고 노력하면서 자신의 모습을 돌아보는 계기로 삼았다. 무엇보다 정중함의 중요성에 주목하면서 구체적으로 어떤 행동을 말하는지 생생하게 이해할 수 있었다.

규범을 창조하자 ———

구성원들에게 정중하게 행동하라고 '말만' 해선 안 된다. 정중함을 정확하게 정의할 수 있도록 지속적으로 소통해야 한다. 모든 구성원들이 스스로 생각하고 행동하게 해야 조직의 방침이 더 많은 지지를 얻을 수 있다. 나아가 무례한 언행을 서로 견제하도록 자율성을 부여할 수도 있다.

미국에서 코치 K로 불리는 듀크대 농구팀 감독 마이크 시셉스키는 2008년 베이징 올림픽 미국 농구대표팀 감독으로 선수들과 처음 만난 자리에서부터 2가지 행동강령을 명확하게 제시했다. "첫째 서로 눈을 바라볼 것, 둘째 언제나 진실만을 말할 것."

그는 팀 구성원 모두에게 아이디어를 내라고 요구하면서, 전원이 동의한 아이디어라면 팀 운영의 원칙으로 삼겠다고 약속했다. 그 결과, 선수들 전부가 동의하는 15가지 방침을 정했다. 여기에는 현재 밀워키 벅스의 감독인 제이슨 키드의 제안도 포함되어 있다. "약속 시간에 늦으면 안 되고 서로를 존중해야 한다는 제안이었습니다." 금메달을 따고 나서 코치 K가 말했다. "약속 시간에 늦는 선수도, 무례하게 행동하는 선수도 없었습니다. 나는 선수들한테 이렇게 물었습니다. '여러분은 누구를 믿는가?'"15

이런 대화는 스포츠팀뿐만 아니라 어떤 종류의 조직에도 도움이 된다. 캘리포니아 주 어바인에 위치한 로펌 브라이언 케이브(Bryan Cave)에서, 나는 관리 담당자 스튜어트 프라이스와 함께 직원과 규범을 정의하기 위한 실습을 진행한 적이 있다. 나는 직원들에게 이 책의 서두에서 소개한 핵심적 질문을 던졌다.

"여러분은 어떤 사람이 되고 싶습니까?"

그러고는 서로에 대해 기꺼이 지킬 수 있는 원칙들을, 다시 말해 자신의 조직에 적합한 규범들을 말해보라고 했다. 직원들이 돌아가면서 자기 생각을 밝히고 토론을 거친 뒤 10가지 규범에 합의하기까지 1시간 남짓 걸렸다. 회사는 이렇게 도출한 규범을 인정하고 '정중한 약속(Civility code)'이라는 제목을 붙여 로비 한쪽에 걸어두었다. 프라이스가 인정하듯, 그 로펌이 오렌지카운티에서 일하기 좋은 직장 가운데 하나로 이름을 올릴 수 있었던 것은 이 약속 덕분이었다.[16]

규범을 정하는 것에서 멈춰선 안 된다. 이를 이해하고 지키도록 교육해야 한다. 무례하게 구는 이유가 무엇이냐고 물었더니, 응답자의 25%가 경청이나 피드백처럼 기본적인 방법을 배운 적이 없다

브라이언 케이브의 정중한 약속

1. 우리는 서로를 바라보면서 반갑게 인사한다.
2. 우리는 '부탁합니다', '고맙습니다'라고 말한다.
3. 우리는 어떤 상황에서도 사람들을 공평하게 대하고 존중한다.
4. 우리는 자신의 행동이 다른 사람들에게 영향을 미친다고 인정한다.
5. 우리는 다른 사람들의 피드백을 환영한다.
6. 우리는 스스럼없이 대화한다.
7. 우리는 솔직하고, 세심하고, 진솔하게 서로를 대한다.
8. 우리는 다른 사람들의 공로를 인정한다.
9. 우리는 다른 사람들의 시간을 함부로 빼앗지 않는다.
10. 우리는 무례한 언행을 삼간다.

면서 조직을 원망했다는 조사 결과도 있다.[17] 직원들이 올바로 행동하지 않는다면, 그리고 정중함을 추구하는 조직의 메시지를 전달하고 강조하는 데 어려움을 겪는다면, "구성원들이 받아들일 만한 여건을 갖추어주었는지" 자문해야 한다. 정중하게 행동하는 법을 누구나 본능적으로 알 것이라고 짐작하지 말자. 기본적인 예의도 제대로 배우지 못한 사람이 생각보다 많다.

직원들로 하여금 규범을 체득하게 하려면, 정중함을 주제로 워크숍 과정을 만드는 것이 좋다. 워크숍을 통해 정중함이란 구체적으로 무엇을 뜻하는지 나누고, 일상적으로 벌어지는 무례한 행동의 사례를 설명하고, 평정심을 유지하는 요령을 알려주며, 감정적으로 어려운 상황에서 정중하게 행동하도록 실습하는 기회를 제공할 수 있다.

마이크로소프트처럼 선도적인 기업에서는 정중한 언행을 가르치는 훈련 과정을 공식적으로 가동하고 있다. 이미 많은 사람들에게 알려져 있는 마이크로소프트의 정밀성 질문(Precision Questioning) 강좌가 대표적이다. 이 강좌의 참가자들은 자기 자신의 아이디어에 대해 스스로 의문을 던지고, 건강하고 건설적인 비판을 긍정적으로 받아들이며, 긴장한 상황에서도 감정적 민첩성을 잃지 않는 방법 등에 대해 배운다.

또한 로스앤젤레스에 있는 어느 병원은 신경질적인 의사들에게 오만함을 줄이고 피소 가능성을 낮출 수 있도록 매력 학교(chardm school)에 참석할 것을 요구한다. 매력 학교에 등교한 의사들은 레지던트들과 공감대를 형성하는 방법 등을 배운다. 이 병원은 무례함과 관련해서 보고되지 않은 사례들에 주목하라고 구성원들에게 당부한다. 스태프가 특정 의사와 일하기를 거부하거나, 특정 간호사에 대해 수군거리는 이야기가 돌아다니거나, 레지던트들이 특정 지도교수를 외면하는 등 갈등 상황이 수면 아래 잠복해 있을 수 있기 때문이다.

병원 경영진이 파악한 바로는, 간호사들과 스태프, 레지던트들이 의사들의 못된 언행을 공식적으로 보고하지 못하는 경우가 많았다. 그렇게 궁지에 몰린 채 불만을 속으로 삭이던 사람들이 다른 도리가 없겠다는 심정에서 택하는 것이 소송이었다. 따라서 이들을 일상적으로 대하는 의사들은 경각심을 품고 위험 신호를 예민하게 포착할 필요가 있다. 이런 상황에서 인사담당자는 상대적으로 멀리 떨어진 존재일 가능성이 높다. 병원 경영진이 모든 사건을 보고하는 권한과 의무를 의사들에게 부여한 이유가 바로 여기에 있다. 의사가 책임을 방기한 경우, 병원은 그 결과에 대해 응분의 책임을 물었다. 규범을 마련해서 조직 문화에 또렷하게 새겨 넣은 훌륭한 사례라 하겠다.

코칭을 제공하자

공식적인 훈련과 별도로 직원들이 최상의 자아를 파악하도록 정중한 언행의 기본적인 내용에 대해 구체적인 코칭을 제공해야 한다. 직원들이 상대방의 말을 제대로 듣고, (잘못을 바로잡는 긍정적인) 피드백을 주고받고, 차이를 뛰어넘어 협업하고, 무례한 사람들을 적절히 상대할 수 있도록 지원하자. 협상과 스트레스 관리, 중요한 대화, 마음챙김과 관련해서도 직원들을 코칭할 수 있다. 코칭 과정에서 지침으로 삼을 수 있는 몇 가지 요령을 간단하게 살펴보자.

첫째, 정보를 알려주는 것에 그치면 안 된다. 코치는 정중함의 기본적인 개념과 기대치를 점검하는 동시에 직원들에게 책임을 묻는 사람이어야 한다.

나쁜 언행을 보인 직원이 있으면 반드시 지적해야 한다. 칙필레 체인점의 일부 점주들은 빨강, 노랑, 초록 3가지 색깔을 이용해서 주 단위로 직원들을 평가한다.[18] 아쉬운 점을 신속하게 포착해서 개선하기 위한 아이디어다. 징거맨스는 팀 회의를 열어 현황을 평가하고 조정에 들어간다. 이를테면, 고객의 주문을 적절히 처리하기까지 시간이 얼마나 걸리는지 파악하는 문제가 회의 주제로 올라오는 식이다.[19]

직원들을 개별적으로 코칭할 때는, 응답자들로부터 익명으로 의견을 취합해서 정리한 상향평가 또는 360도 피드백의 결과를 활용해도 좋다. 동료 코칭도 좋은 방법이다. 동료들끼리 상대방의 언행 중에서 "어떤 점이 마음에 드는지" 또는 "어떤 점이 싫은지" 기본적인 수준에서 묻고 답하는 시간을 마련하자.

직원들은 문제가 생길 때마다 매번 공식적인 차원으로 끌고 가는 것을 원하지 않는다. 상사나 인사부서를 상대로 항의하는 것을 불편하게 생각하는 사람들도 많다. 이런 사실에 주목한 어떤 회사는 직원들이 문제점을 최대한 비밀리에 끄집어낼 수 있도록 동료 조언 네트워크를 구축했다. 조언자는 해당 근무지의 문화와 환경, 법규를 이해하는 직원들 중에서 지정한다. 이들은 직원들이 문제를 겪는 과정에서 선택할 수 있는 여러 가지 해법을 안내하는 훈련을 받는다. 조언자는 사례 관리자도 아니고 직원들을 대표해서 문제를 일부러 부각시키려 드는 사람도 아니다. 직원의 고민에 공감하면서 경청하는 사람, 문제를 해결하는 방향으로 결정을 내리도록 기운을 북돋는 사람이다.

나는 MBA 강의실에서 "정중한 사람은 누구?" 설문지를 나누어 주고 피드백을 주고받게 한다. 특히 상대방의 몸짓이나 표정, 버릇, 집착 등에 대해 매우 구체적으로 설명해야 한다고 강조한다. 이는 집단에서 가장 긍정적 또는 부정적 언행을 보이는 사람이 누구인지 특정하기 위한 연습이다. 한 사람의 이름이 적힌 카드에 동료들이 돌아가면서 의견을 적는 방법도 있다. 대상자가 조직에서 더 큰 영향력을 발휘하려면 어떻게 해야 하는지 구체적으로 조언하기 위한 방법인데, 카드 한쪽 면에는 강점을 나열하고 반대쪽에는 노력이 필요한 3가지를 적는 식이다.

  팀 또는 조직에서 정중한 풍토를 강화하려면, 기대치를 분명하게 설정한 뒤 지속적인 반복을 통해 정중한 언행을 강제해야 한다. 단, 거기서 멈추면 안 된다. 조직이 원하는 구체적인 행동이 무엇인지 확실하게 정해야 한다. 어떤 사람이 되기를 원하는지, 어떤 규범에 따라 살고 싶은지에 대해 팀원들끼리 이야기를 나누어야 한다. 그래야 동료가 조직의 규범에서 일탈할 때 정중하게 지적하고 조직이 추구하는 가치에 따르도록 도울 수 있다. 이 밖에도 정중한 언행의 기본적 내용을 잘 모르거나 규범을 따르는 생활이 어려운 사람들에게 도움이 되는 코칭을 조직 차원에서 다양하게 제공해야 한다.

KEY POINTS

- 정중함을 사명 선언문에 포함시키고 잘 보이는 곳에 걸어두어 직원들이 조직의 가치 기준을 매일 상기하도록 하자.
- 조직의 규범을 정하기 위한 대화에 직원들을 참여시키자. 그 결과를 바탕으로 직원들이 서로에 대해 책임을 묻도록 요구하자.
- 조직이 제공하는 피드백에 주목하도록 직원들을 훈련시키고 지도하자.
- 조직의 가치를 따르지 못하는 직원들은 코치의 도움을 받게 하자.

평가
슈퍼 협력자를 찾아라

CHAPTER 13

성공적인 삶의 결정적인 척도는
우리가 나날이 마주치는 사람들을 대하는 방식에 있다.
─P. M. 포르니

　동료가 보낸 이메일이나 친구가 SNS에 올린 상태 메시지를 정중함이라는 기준으로 평가할 수 있는 방법이 있다면 어떨까? 이와 관련, 간단한 방법이 있다. 페이스북의 '좋아요'나 이모티콘 같은 온라인 의사표시 도구로 각각의 개인이 소통 과정에서 보여준 정중함의 정도를 측정해서 즉각적인 피드백을 제공하는 것이다. 이를 통해 사람들이 자신의 언행을 어떻게 인식하고 반응하는지 파악할 수 있다.
　요즘은 많은 조직들이 정중한 사람을 채용하고 정중함, 존중, 포용과 존엄을 사명 선언문에서 강조하고 있지만, 정중한 정도를 수량적으로 측정하는 곳은 아직 없다. 소수의 기업에서 '대인관계 기법'이나 '정서적 역량' '팀플레이어 성향' 같은 척도를 활용하는 정도다.[1] 그러나 최근 마이크로소프트가 몇 년 전부터 정서적 역량을 성과평가에 반영하기 시작했고, 구글의 산소 프로젝트(Project Oxygen)의 8가지 요소 가운데 몇 가지는 관리자들의 정중함 정도를 정량적으로 측정하고 있다. 여기에는 "팀 구성원들의 성공과 개인적 행복에 흥미/관심을 표현하는가." "정보에 귀를 기울이고 공유하는 훌륭한 소통가인가." 심지어 "훌륭한 코치인가."[2]라는 내용도 있다. 그러나 거의 모든 조직에서 여전히 위계질서에 입각한 전통적인 척도와 관점이 우세한 실정이다.

정중함이라는 가치가 조직에 중요하다고 판단했다면, 정중함이 조직에 얼마나 중요한 의미를 갖는지 '보여주어야 한다'. 이 같은 메시지를 전달할 수 있는 최선이자 최고의 방법은 정중한 직원을 인정하고 보상하는 것이다. 우든 감독은 선수들이 동료에 대한 친절이나 존중처럼 자신이 추구하는 가치를 얼마나 실천했는지 세심하게 측정하고 보상했다. 농구 경기에서 사람들이 가장 주목하는 척도는 보통 '득점'이다. 그러나 우든 감독은 스타 선수들 개개인보다 팀 전체를 더 중요시했다. 그가 개인별 팀 기여도를 강조하는 보상 체계를 만들어낸 이유는 바로 여기에 있다.

우든 감독은 한 시즌이 끝난 뒤에 최고 득점을 기록한 선수들뿐만 아니라 성공의 피라미드에서 규정한 품성을 구현한 선수들에게도 상을 주었다. 향상 정도, 태도, 팀 기여도 등 조직 전체를 강화하는 데 이바지한 측면을 중시한 것이다. 특히 중요한 어시스트로 득점 기회를 만든 선수, 수비에서 주축이 된 선수, 결정적인 자유투를 넣은 선수처럼 세간의 이목이 좀처럼 쏠리지 않는 선수들에게 주목했다. 또한 출전 기회가 적은 선수들을 세심하게 살피면서 팀의 구성원으로 인정했다. 바로 이런 이들이 자신의 기량을 향상시키기 위해, 동료들의 발전을 돕기 위해 열심히 노력하는 선수들이기 때문이다.[3]

당신의 조직은 어떤 평가 체계와 척도를 가동하고 있는가? 그것이 정중한 조직 문화를 형성하는 데 도움이 되는가? 내어주기와 협력하기를 장려하기 위해 어떤 수단을 동원하고 있는가? 만약 그 어느 것도 없다면, 디딤돌로 삼을 수 있는 핵심적인 사항 몇 가지를 이번 장에서 소개할 테니 참고하기 바란다.

성과주의를 넘어서

첫째, 성과를 평가할 때 결과만을 보지 말고 일하는 방식 전반을 측정하자.

빌 고어는 고어를 설립할 때 전통적인 상하관계나 직위가 없는 회사, 모두가 모두에게 말하는 회사, 모든 직원들이 창의적인 제품 디자인에 기여하는 회사를 만들고 싶어 했다.[4] 회사가 성장하더라도 가족적이고 모두가 동등한 분위기를 잃어버리지 않기를 원했다. 빌 고어는 놀라운 사업적 성공을 거두는 동시에 이 같은 자신의 목표를 성취할 수 있었다. 이런 성공의 배경에는 직원들이 회사에 기여한 결과뿐만 아니라 회사의 가치를 자기 삶의 일부로 얼마나 진정성 있게 받아들이는지 평가하는 고어만의 성과관리 체계가 한몫했다.[5]

고어의 구성원들은 공통의 가치를 분명하게 인식하고, 그 가치에 따라 '살아간다(walk to talk)'는 기대를 받는다. 이 회사의 리더십 효과성 조사 기준만 봐도 고어의 리더들이 정중함과 밀접함의 척도에 의해 평가 받는다는 사실을 대번에 알 수 있다.

- 회사 전반에 걸쳐서 협력과 유대를 장려한다.
- 동료들이 서로 신뢰하는 환경을 구축한다.
- 의사 결정에 있어서 사고방식과 관점의 다양성을 장려한다.
- 의사 결정에 있어서 팀과 개인을 신뢰하고 권한을 부여한다.
- 조직 문화를 효과적으로 작동시키는 데 충분한 시간을 투자한다.[6]

고어의 리더와 직원은 누구나 20~30명의 동료에게 평가받고 그역시 20~30명을 평가한다. 그리고 여러 부서의 리더들로 이루어진 위원회가 평가 결과에 대해 논의하고 전체적인 순위를 매긴다.[7] 고어의 CEO 테리 켈리는 이렇게 설명했다. "완벽한 시스템이란 존재하지 않습니다. 하지만 우리는 공정한 경쟁의 장을 펼치는 동시에 진정한 재능의 발현과 그에 따른 보상을 가능케 하는 시스템을 운영하고 있습니다. 자신이 추구하는 가치를 밀어붙이고 싶다면, 그 가치에 더 집중하면서 기초를 다지려는 노력이 필요합니다."[8]

엄밀하게 말해서 동료평가란 결과는 물론 과정까지 아우르는 개념이다. 직원들이 일하는 방식을 평가하려면 어떻게 해야 할까? 처리해야 하는 업무의 종류, 그리고 정중한 언행이 나타나는 상황에 대해 생각해봐야 한다. 그 바탕에서 적절한 평가척도의 공식을 도출하자. 그런 다음, 이 척도를 전통적인 척도들과 혼합하면 성과를 측정해야 한다.

협력적 업무의 중요성

앞서 고마움을 표시하는 것이 정중한 언행의 중요한 측면임을 살펴보았다. 그러나 일반적으로 조직에서 구성원들의 공로를 올곧이 인정하지 못하는 경우가 너무 많다. 고마움을 제대로 전하지 못한다는 뜻이다. 따라서 직원들의 기여도를 정확히 반영하는 방향으로 성과척도를 조정할 필요가 있다. 이것은 조직의 전진을 위한 길이기도 하다.

직장인들이 회의 참석, 전화 걸기, 이메일 처리 등 '협력적' 업무를 처리하느라 소비하는 시간이 최근 몇 년 사이에 50% 정도 증가했고, 지금은 근무 시간의 80% 이상을 차지하는 실정이다.[9] 그러나 거의 모든 성과관리 체계가 효과적인 협력에 있어서 기본 중 기본이라고 할 수 있는 직원간 소통 방식을 간과하고 있다. 앞서 언급한 대로, 회사가 창출하는 대부분의 부가가치는 3~5%에 불과한 직원들에 의해 발생한다.[10] 아이오와대학교 닝리 교수의 연구 결과를 보면, 자신에게 주어진 업무 이상으로 동료들을 돕는 '한 걸음 더 나아가는 팀원' 한 사람이 나머지 팀원들 전부를 합한 것보다 성과에 더 많이 기여했다.[11]

그러나 이처럼 뛰어난 '스타' 협력자들의 공로를 완전히 인정하는 조직은 찾아보기 힘들다. 가장 협력적인 기여자들 중에서 최고 성과자로 인정받는 경우는 50%에 불과하고, 조직 내에서 스타로 통하는 직원들 가운데 20% 정도는 동료들을 돕는데 인색하다.[12] 이들은 자신은 탁월한 성과로 각광받을지언정, 동료들의 성공을 돕거나 증폭시키는 데는 신경을 쓰지 않는다.

반면 탁월한 협력자들은 온갖 요구에 짓눌려 탈진하는 경우가 많다.[13] 20개 조직들에 걸친 사업 부문별 리더들에 대한 데이터를 살핀 결과, 탁월한 협력자들이 가장 낮은 몰입도 및 경력 만족도 점수를 기록한 것으로 밝혀졌다. 그 결과, 탁월한 협력자들은 조직을 떠나고 만다. 그러면 이들이 보유한 지식과 인간관계 능력도 함께 사라지는 셈이다.[14]

이를 해결할 방법은 없을까? 강력하지만 간단한 출발점이 있다. '고맙다'는 말 한마디가 그것이다. 감사의 말 한마디는 진정한 올스타 협력자들이 조직에 오랫동안 머물면서 헌신하도록 돕는다. 주위 사람들을 열심히 돕는 직원들을 무시하는 것은 정중함과 거리가 먼 태도다. 그들은 우리에게 고맙다는 인사를 받아 마땅하고, 조직에서 최고 성과자로 인정받을 자격이 있다.

전원차단형 인간

소셜 네트워크 분석은 인간관계의 맥락을 파악하는 데 도움이 되는 훌륭한 도구다. 주위에서 그 사람을 어떻게 바라보는지, 그가 사랑받는 존재인지, 정중한 태도로 평판이 좋은지 파악할 수 있기 때문이다.[15] 나아가 더 큰 그림을 이해할 수도 있다. 팀플레이가 어떻게 이루어지고 있는가? 다른 사람들과 협업을 잘하는 사람, 동료들을 승리로 이끌어주는 사람은 누구인가? 팀을 뭉치게 하는 사람은 누구이고, 팀을 쪼개고 망치는 사람은 누구인가? 기운을 북돋는 사람은 누구이고, 맥 빠지게 만드는 사람은 누구인가? 그리고 이런 관계들이 팀, 네트워크, 조직에 어떤 영향을 미치는가?

나는 동료들과 함께 어느 건축사무소 구성원들을 대상으로 전원차단형(de-energizing) 인간관계의 악영향을 연구한 적이 있다. 전원차단형 인간관계란 한 사람이 다른 사람에 대해 부정적 판단과 감정, 행동 의도를 지속적, 반복적으로 품는 인간관계를 말한다. 주위에 전원차단형 사람이 많다고 인식하는 사람은 자발적으로 조직을 떠날 가능성이 2배나 높았다. 불행히도 이 회사에서 전원차단형 인간관계를 평균 이상으로 많이 경험한 최고 성과자들의 이직률은 동일한 횟수의 전원차단형 인간관계를 경험한 평균 이하의 성과자들에 비해 13배나 높았다.[16]

이처럼 심각한 피해를 예방하려면, 전원차단형 인간관계를 형성하는 직원들이 누구인지, 그 이유가 무엇인지 파악해야 한다. 개인 간의 갈등 같은 사소한 문제라면 관리자들이 얼마든지 감지할 수 있다. 그러나 무례함이라는 전염병이 조직 전반에 악영향을 미치는 상황처럼 광범위한 문제를 제때 파악하기란 쉽지 않다. 조직분석 또는 소셜 네트워크 분석은 이런 문제들을 수면 위로 끄집어 올리는 데 도움이 된다. 10분짜리 짤막한 조사를 통해 직원 집단의 건강성이 양호한지 여부를 판별할 수 있다. 이 데이터를 활용하면 직원

들 개개인의 인간관계와 정중함 또는 무례함이 조직 전체에 미치는 영향을 평가할 수 있다.[17]

소셜 네트워크 분석은 정중함이나 무례함, 전원차단형 인간관계의 시발점과 종착점이 누구인지 파악하는 데 도움이 되기도 한다. 우리는 전원을 차단하는 무례한 언행이 특정 개인의 성격보다 스트레스에서 기인한다는 사실을 발견했다.[18] 관리자들은 이런 정보를 바탕으로 해당 직원에 대해 문제가 되는 요소들, 예를 들어 업무 부담 등을 즉각 조정하고 도움이 되는 자원이나 지원을 제공할 수 있다.

때로는 조직 내부의 커다란 문제들이 소셜 네트워크 분석을 통해 드러나기도 한다. 사내에 존재하는 비공식적 집단의 경우, 한 사람을 허브로 삼아서 여럿이 끈끈하게 뭉치는 경향이 있다. 그런데 대개 허브와 허브를 잇는 연결고리는 그렇게 많지 않다. 따라서 허브와 허브 사이에 전원차단형 인간관계가 형성되면, 두 집단이 상호작용하기가 무척 어려워진다. 실제로 우리는 한 천연자원 기업의 아프리카 지사와 유럽 지사를 잇는 유일한 인간관계가 전원차단형 인간관계라는 사실을 밝혀낸 적이 있다. 두 집단을 연결하는 하나뿐인 고리의 부정적 특성 때문에 대화나 아이디어의 교환이 거의 일어나지 않고 있었다. 인간관계 분석 덕분에 이 대목에 주목하게 된 상급 관리자가 문제를 해결했고, 그 결과 두 집단의 구성원들은 원활한 소통을 재개할 수 있었다.[19]

소셜 네트워크 분석은 가장 정중하고 소중한 직원들이 스포트라이트를 받도록 도울 수 있다. 조직에서 여러 팀과 부서를 서로 연결시키고 정보 교환을 가능하게 하며 협력을 강화시키는 숨은 보석들이 누구인지 찾아낼 수 있기 때문이다. 여태껏 그런 상사, 동료, 직원들이 누구인지 잘 몰랐다면, 그들은 인정과 보상을 덜 받아왔던 것이다. 이들에게 고맙다고 인사하자. 조직을 정중한 일터로 가꾸는 데 큰 힘이 되어주어서 정말 고맙다고!

정중함을 정량적으로 평가하는 법

정중함을 제대로 측정하려면, 고어의 사례처럼 평가에 필요한 정보를 다각도로 취합해야 한다. 사람들은 윗사람에게는 굴종하면서 아랫사람에게는 함부로 대하는 경향이 있다. 따라서 직원을 평가할 때는 부하 직원과 동료와 상사의 생각을 종합적으로 이해할 필요가 있다. 많은 조직들이 애용하는 360도 피드백도 좋은 수단이다. 하지만 이 방법은 상호간에 충분한 신뢰가 전제되어야 최상의 효과를 기대할 수 있다. 평가에 참여하는 직원들이 익명성을 보장받을 수 있는지 불안해하거나 그 결과가 어떻게 이용될지 걱정한다면, 360도 피드백을 도입해도 그릇된 정보가 생산될 가능성이 높다.

이때문에 구글에서는 관리자 피드백 조사(Manager Feedback

Survey)를 통해 관리자에 대한 직원들의 피드백을 비밀리에 접수하고 있다.[20] 피드백 결과, 낮은 점수를 받은 관리자들은 다른 사람들의 도움을 받거나 회사의 지침을 상기하라는 경고를 받게 된다. 또한 구글은 관리자들에게 피드백 결과를 직원들과 공유하면서 어떤 식으로 변화하고 발전해야 하는지 이야기를 나누라고 권고한다. 직원들은 이 자리에서 코칭을 비롯한 여러 개선 방안을 관리자에게 구체적으로 제시할 수 있다.

여러 장점에도 불구하고 직원들의 정중한 태도를 평가하는 과정에 동료평가를 활용하지 않는 기업이 여전히 대다수다. 동료야말로 옆사람의 긍정적인 언행을 인식할 가능성이 가장 높은 만큼, 이는 안타까운 현실이 아닐 수 없다. 이 문제에 주목한 일부 기업들은 정중한 직원을 동료들의 칭찬으로 보상한다. 구글은 고맙다는 말을 손쉽게 전할 수 있도록 지쌩스(gThanks)라는 칭찬 시스템을 활용하고 있다. 동료의 이름을 입력하고 '칭찬해(kudos)'라는 버튼을 누른 뒤에 한마디 적으면 된다.[21] 특정 직원에게 전달된 '칭찬해'는 공개적으로 표시되고 공유도 가능하다. 구글은 이 같은 시스템을 도입한 이후 '칭찬해' 사용량이 과거 칭찬용 웹사이트에 비해 460%나 늘었다고 밝혔다.[22]

자포스 직원들은 훌륭하게 행동하는 동료를 보면 누구든 '와우'를 시상할 수 있다. 여기에는 최고 50달러에 이르는 현금 보상이 포함되어 있다. '와우'를 받은 직원은 최고경영진이 선정하는 자포스 영웅상 후보에 자동적으로 이름이 올라간다. 수상자는 영웅 주차장을 한 달 동안 이용할 수 있는 특권과 함께 150달러 상당의 자포스 선물 카드, 심지어 영웅 망토까지 받는다!

모틀리풀은 최근 직원들이 서로를 인정하고 칭찬하는 프로그램 '받을 자격이 있어(YouEarnedIt)'를 출범시켰다.[23] 프로젝트에 도움을 주거나, 중요한 마감 시한을 맞추거나, 멘토링을 제공하는 등 가치 있는 행동을 한 동료에게 '황금'을 수여하는 제도다. 황금은 선물 카드나 상품으로 교환할 수 있다. '받을 자격이 있어'의 실시간 채널 라이브피드에서 직원들이 올린 칭찬을 누구나 읽을 수 있다. 업무 처리 결과부터 과정까지 모든 정보를 공유하고 성취를 축하하는 멋진 본보기라고 할 수 있다. 매달 칭찬받은 직원들 가운데 몇 명은 축구경기나 콘서트 같은 근사한 자리에 초대받는다. 이는 직원들끼리 유대감과 동지애와 팀 정신을 다질 수 있는 좋은 기회가 되고 있다.

정중한 조직 문화를 구축하기 위해서는 정중한 언행을 평가하겠다고 반드시 공식적으로 선언해야 한다. 회사가 정중한 태도의 중요성을 강조해놓고 꾸준하게 살피지 않는다면, 직원들은 금세 냉소적인 태도를 보일 것이다.

정중함을 평가에 반영하겠다고 알리는 것은 회사가 정중한 조직 문화를 강력하게 추구한다는 메시지를 전사적으로 던지는 셈이다. 일하는 방식을 평가하는 관점을 조정하자. 조직 내에서 눈에 잘 안 띄는 조력자들에게 고마움을 표시하고, 소셜 네트워크 분석을 활용해서 정중한 인간관계와 무례한 인간관계 모두를 폭넓게 파악해야 한다. 이를 통해 동료나 부하 직원을 정중하게 대하는 사람들에게 보상을 해야 한다. 정중한 정도를 측정한다는 발상이 여전히 생소할 수 있다. 그러나 우리가 지금까지 살펴본 것처럼 앞선 기업에서는 정중한 조직 문화란 전혀 생소한 목표가 아니다.

KEY POINTS

- 조직이 추구하는 가치와 평가 체계를 일치시키자. 조직의 목표를 달성하는 데 도움이 되는 행동들을 강조하고, 그렇게 행동하도록 동기를 부여해야 한다.
- 조직에 도움이 되는 결과로 이어지는 행동들을 파악하고 강조하자. 팀이 조직의 목표를 달성하는 데 기여하는 과정에서 주로 어떤 직원에게 의지하는가? 주위 사람들을 돕는 직원들이 누구인지 파악하자.
- 과정으로 평가받는 조직 문화를 만들자. 자신이 성공하는 데 밑거름이 되어준 사람들에게 감사하자고 직원들에게 강조하자.

실행
무례함에 타협이란 없다

CHAPTER 14

행동하지 않으면 아무것도 이룰 수 없다.
—존 우든

평가 또는 평점 체계를 통해 무례하게 행동하는 직원들이 누구인지 밝혀냈다고 치자. 그러면 이제 어떻게 해야 할까? 2가지 선택이 가능하다. 변화를 기대하면서 함께 일하거나 내보내는 것.

내가 컨설팅한 거의 모든 회사가 무례한 직원들을 데리고 있으면서 어떻게든 좋은 쪽으로 노력해보기로 결정했다. 당연한 선택이다. 무례하게 구는 것이 재미있고 계속 그래도 된다고 생각하는 사람은 전체에 4%에 불과하다. 이 말은 무례하게 행동하는 직원들 중 대다수는 잘못된 습성을 개선할 여지가 있다는 뜻이다. 어느 CEO

가 말했듯, 대부분 '재활용' 가능한 사람들이다. 물론 재활용 가능성이 다른 직원들에 비해 현저히 높은 사람들도 있다. 〈포춘〉 500대 기업에 속하는 첨단기술 회사에서 직원들을 관리하는 임원 한 사람은 직원들이 "잘못을 지적하는 피드백을 받으면 흔쾌히 인정하고 귀를 기울여야 한다"면서 "잘못을 고치려고 기꺼이 노력해야지 서랍 속에 그냥 넣어두면 안 된다"고 말했다.

무례함이라는 끔직한 전염병에 걸린 직원들도 재활용할 만한 가치가 충분하다는 가정에서 출발해야 한다. 직원들 중 대다수는 잘못을 지적받으면 고칠 마음이 있고 또 실제로 고칠 수 있다고 전제하자. 이런 바탕 위에서 조직은 직원들에게 잘못을 바로잡는 피드백을 제공하고 더 나은 언행을 실천할 기회를 부여해야 한다. 우든 감독이 강조했듯, "핵심은 사소한 데 있다. 작은 변화가 큰 변화를 만드는 법이다."[1]

사소한 것들을 바로잡기 위해서 직원들의 나쁜 언행을 신속하고 단호하게 바로잡는 용기를 보여주는 동시에 반드시 필요한 변화가 무엇인지 교육해야 한다.

그러나 변화의 기회를 주었는데도 원하는 결과를 얻지 못했다면, 퇴출시키는 데 필요한 행동을 취해야 한다.

문제 행동을 교정하는 피드백 회로 4단계

직원들을 변화시키는 구체적인 방법으로 코칭의 권위자 마셜 골드스미스가 주창한 피드백 회로를 추천한다. 피드백 회로는 근거와 타당성, 결과, 행동의 4단계로 이루어진다.[2]

근거는 평가 단계에서 밝혀져야 한다. 예컨대, 어떤 관리자가 직원이 하는 말을 귀담아 듣지 않는다거나 남들이 보는 앞에서 직원들을 비난한다는 피드백을 받는다. 이 피드백의 타당성을 확인하기 위해, 해당 관리자를 그와 비슷한 직급의 동료들과 비교해보자. 그 사람의 성과가 평균 이하의 무례한 언행 때문에 악화되고 있는가? 그렇다면, 그 피드백은 타당성을 획득하게 된다.

직원들은 무례한 언행에 상응하는 결과를 손에 쥐어야 잘못을 고쳐야겠다는 동기가 생긴다. 골드스미스는 이렇게 말했다. "그렇게 해야 자신의 가치관에 부합하는 이익을 최대로 얻을 수 있다고 분명히 이해할 때만, 무례한 습성을 고치는 등 무언가 행동에 나설 것이다."[3]

우리는 잠재적 이익에 비해 잠재적 손실에 더 강하게 반응하는 경향이 있다.[4] 따라서 무례한 직원들에게 변화에 나서지 않으면 무엇을 얼마나 잃게 될지 구체적으로 보여주는 것이 중요하다. 대체로 직원들을 정중한 사람으로 만드는 가장 강력한 동기는 승진하지 못할 수도 있다는 조직 차원의 경고다.

피드백을 통해 직원들 가운데 무례한 이들을 가려냈다면, 이들에게서 흡족할 만한 변화를 이끌어내기 위해 이제 행동에 나설 단계다. 먼저 지목된 직원과 함께 계획을 세워야 한다. 그 직원이 어떤 목표를 달성하면 좋겠는가? 어떻게 하면 더 유능한 직원으로 만들 수 있겠는가? 그 직원이 무엇을 고치면 좋겠다고 기대하는가? 목표를 달성하기 위해서 어떻게 해야 하는가?

목표는 최대한 분명하고 구체적으로, 추적 가능하게 설정해야 한다. 그리고 설정한 목표를 실천하도록 강하게 밀어붙여야 한다. 해당 직원은 자기 스스로 또는 코치나 멘토의 도움을 받아서 무례한 언행을 촉발시키는 자신만의 '방아쇠들'이 대체 무엇인지 규명해야 한다. 어떤 상황, 어떤 사람들이 그 직원을 자극하는가? 정중함의 출발선은 자기인식에서 시작된다. 질문의 답은 당사자 스스로 찾아야 한다. 문제의 직원이 자신의 행동을 객관적으로 파악하고 스트레스나 불안감 같은 근본적인 원인을 스스로 찾아야 한다는 뜻이다.

만약 문제의 어떤 직원이 무례한 언행을 하게 된 원인들을 발견하고 그 결과를 이해했다면, 자신의 무례한 태도로 인해 피해를 입은 모두에게 얼굴을 맞대고 사과하고 더 나은 모습을 보일 수 있도록 도와달라고 부탁하는 것이 좋다. 이때 자신의 언행에 대해 이유를 달거나 구구절절 변명하거나 정당화하게 해서는 안 된다. 전달

하려는 메시지를 희석시킬 위험이 있기 때문이다.[5]

아울러 그가 변하기 위해 노력하고 있다는 사실을 모두에게 알려야 한다. 앞에서 언급한, 회의 도중에 말을 끊거나 남의 아이디어를 가로채는 못된 습관을 고칠 테니 도와달라고 팀원들에게 부탁한 임원을 떠올려보라. 그는 팀원들에게 부탁한 덕분에 자신의 향상 정도를 지속적으로 측정하고 후속 조치를 취할 수 있었다.

후속 조치는 대단히 중요하다.[6] 골드스미스의 연구에 따르면, 사람들은 지속적으로 점검 받지 않으면 발전하지 못한다.[7] 문제의 직원이 자신의 발전 과정을 동료들과 함께 12~18개월에 걸쳐서 매달 점검한다면, 적어도 그 기간 동안에는 자신이 노력 중이며 동료들의 의견을 존중한다는 메시지를 지속적으로 전달하는 셈이다. 그 과정에서 동료들은 그 직원의 약속에 대해 품었던 회의를 지울 수 있고, 지속적으로 발전해 나갈 것이라는 믿음을 공유하게 할 수 있다.[8] 해당 직원 역시 지속적인 점검을 통해 자신이 발전한다는 느낌을 받기 때문에 의욕이 솟고 동기가 강해질 것이다.[9]

무례한 직원들을 재활용하는 거의 모든 조직에서는 이들이 행동 방식을 고치고 대인관계 기술을 연마하도록 도우라고 동료 직원들을 격려한다. 문제의 직원에게 자신의 발전 목표를 팀장이나 동료, 부하 직원 등 주요 이해관계자들과 공유하라고 권하는 경우도 많다. 이들은 해당 직원의 목표를 인식하는 동시에, 발전을 요하는 부분에 관한 미래지향적 목표를 새로이 제시함으로써 성장의 동반자가 된다. 〈포춘〉 100대 기업 가운데 몇 곳은 무례하게 행동하는 관리자들에게 모든 평가 결과를 팀원들과 공유하라고 강력하게 권유하고 있다. 그래야 팀원들이 상사의 발전을 위한 제안을 구체적으로 내놓을 수 있기 때문이다. 관리자들은 자신의 행동 방식을 바로잡는 데 도움이 되는 미래지향적이고도 유용한 아이디어를 얻기 위해서 피드 포워드(feed foward) 과정에 참여하라는 조언을 받기도 한다.

무례함을 정말 고칠 수 있을까?

골드스미스의 피드백 회로가 제대로 작동할지 미심쩍은 이들이 있을 것이다. 8만 6,000명을 대상으로 피드백 회로의 효과를 조사한 결과에 따르면 실제로 변화에 성공하는 경우가 많다고 단언할 수 있다.[10] 물론 모든 사람이 피드백 회로에 반응하는 것은 아니다. 조직이 원하지 않는 반응이 나올 수도 있다. 실제로 조사 대상자 가운데 거의 100%가 조직이 지향하는 바대로 행동할 것이라고 응답했지만, 이를 따르는 비율은 70%에 불과하고, 나머지 30%는 전혀 따르지 않았다. 이 70/30 비율은 골드스미스가 연구한 8개 조직에서 일관되게 나타났다. 행동에 나선 70%를 자세히 살펴보았더니 동료들과 함께 지속적으로 점검한 사람들이었다. 이들은 자신의 나쁜 습관을 고치는 작업을 장시간에 걸친 연습을 요하는 하나의 과정으로 보고 지속적으로 노력해 변화에 성공했다.

나는 그동안 여러 기업을 컨설팅하면서 피드백 회로가 엄청난 발전을 이루어내는 장면을 수없이 목격했다. 윤리적 완벽주의로 무장한 컨설턴트가 있었다. 그는 업무상 실수를 저지른 사람을 가혹하게 비판하곤 했다. 외부에서 영입된 코치가 그 사람과 머리를 맞대고 그만의 '방아쇠들'을 찾아 나섰다. 그 결과, 자신의 약점에 대한 방어심리와 불안정한 지위가 지목되었다. 코치는 무례한 언행이 지속될 경우, 어떤 결과로 이어질지 그를 이해시켰다. 사람들은 그를 무서워했다. 그가 공개적으로 비난을 퍼부을까 봐 두려운 나머지 말 한마디 꺼내지 않았고, 아이디어를 공유하지도 않았다. 함께 일하기를 겁내는 사람도 많았다. 그중에는 이미 회사를 떠난 사람들도 있었다. 이 컨설턴트가 자신의 언행을 스스로 고치지 않으면, 조직의 성과가 저해되는 것은 물론 머지않아 그 자신이 동료 컨설턴트들에게 쫓겨날 수도 있었다.

문제의 컨설턴트는 자신이 입힌 피해를 인정하고 직원들에게 공식적으로 사과했다. 그리고 완벽주의적 습성을 고치는 중이라면서 앞으로는 모든 직원에게 정중하게 행동하겠다고 약속했다. 그렇게 몇 달이 흘렀다. 그는 무례한 언행을 할까 봐 늘 조심했다. 남을 꾸

짖고 책망하고 싶을 때면, 일단 마음을 가라앉히고 그 여파에 대해 숙고했다. 또 직원들 각자의 업무를 존중한다고 분명하게 말했다. 어쩌다가 옛날의 못된 성질을 참지 못할 때면, 무례하게 대한 직원에게 되돌아가서 사과했다. 자신의 발전 정도를 직원들과 함께 점검하고 측정했다. 그는 상사에게 인정과 존중을 받는 것이 대단히 중요한 의미로 다가온다는 직원들의 이야기를 들으면서 자신의 무례한 습성을 말끔히 고치기 위해 더욱더 노력했다.

무례한 사람에게 주어지는 결과는 분명해야 하고 큰 의미가 있는 것이어야 한다. 한 로펌에서는 몇몇 파트너 변호사들이 회사 지분을 포기해야 한다는 위협을 받고서야 잘못을 고치기로 결심했다. 조직 차원에서 무례한 언행을 돈 문제에 결부시키고 나서야 정중한 사람으로 거듭나겠다고 마음을 바꾼 것이다.

행동을 변화시키려는 동기를 부여하고 싶은 코치나 관리자라면, 핵심적인 지점이 어디인지 찾을 필요가 있다. 스위치를 켜듯 극적인 변화를 일으켜 누군가를 더 정중한 사람으로 변화시키려면 어떻게 해야 할까? 돈일까? 직급 강등이나 권한 축소? 또는 계속해서 무례하게 굴면 외톨이가 된다는 사실? 결정적인 버튼이 어디에 있건 간에 정중한 조직 문화를 구축하려면 그 버튼을 찾아서 눌러야 한다.

무례함과 타협하지 마라

　때로는 상당한 노력을 기울였는데도 무례한 직원을 납득시키지 못할 수 있다. 잘못을 고쳐야 한다는 동기를 심어주지 못할 수도 있다. 이럴 때는 성과가 뛰어난 직원을 잃어버리는 위험을 감수하더라도 타협하지 말고 강하게 밀어붙여야 한다.

　승진을 거듭하던 총명한 엔지니어가 있었다. 그런데 그는 다른 사람들과 원만하게 지내지 못했다. 이에 관리자들은 거품 방울 접근법을 시도했다. 다른 직원들과 격리시켜서 떼어놓은 것이다. 하지만 별다른 효과가 없었다. 그 직원의 업무 자체가 협업을 전제로 하는 것이었기 때문이다. 회사는 코치를 불러다가 그 직원에게 붙여보기도 했지만, 좀처럼 나아지지 않았다. 한 직원이 내게 설명하기를, "이 무례한 사람이 어쩌면 그렇게 제멋대로이고 태연스러운지 상상도 못할 정도"였다. 그러던 중 남미에 출장 갔던 그가 고객의 억양이 우습다고 조롱하는 사건이 벌어졌다. 결정타였다. 회사는 그를 해고했다.

　뉴욕에서 27개의 레스토랑을 소유한 대니 마이어는 정중함을 떠받들고 무례함을 경멸하는 리더다.[11] 그는 직원이 무례한 언행을 신속하게 고치지 않으면, 직급을 불문하고 해고하는 것으로 유명하다. 마이어는 레스토랑을 찾는 고객들은 정중함의 맛을 안다고 확신한다. 제아무리 뛰어난 셰프라도 다른 직원들을 존중하지 않으면 마이어의 레스토랑에서 버틸 수 없다.

이렇듯 정중함에 관한 한 강경 노선을 택하는 편이 현명하다. 무례한 언행에 엄격히 대처하지 않으면, 문제는 걷잡을 수 없이 커진다. 무례함으로 상처를 입은 직원들 가운데 80%가 조직 안팎에 자신의 사연을 퍼뜨린다. 4분의1 정도는 불쾌한 감정을 고객에게 전가하고 동료들을 예전보다 덜 돕게 된다. 그러는 사이에 상습적인 무례한 가해자는 자신이 어떻게 행동하든 문제가 되지 않을 것이라는 확신을 갖고선 못돼먹은 언행을 반복한다.

엔터테인먼트 기업에서 임원으로 일한 사람이 있다. 그를 '자거'라고 부르자. 자거는 내게 유명한 감독 겸 제작자에 얽힌 이야기를 들려주었다. 블록버스터 영화를 찍는 중이었는데, "그 감독이 엑스트라들로 가득한 창고 안에서 스태프를 이리저리 끌고 다니며 대놓고 야단을 쳤다"면서 "조감독이 그런 식으로 야단치는 법을 배우고 자기 아랫사람들에게 그대로 써먹기까지 얼마 안 걸렸다"고 했다. 얼마 지나지 않아 조감독 아래서 일하는 스태프까지 엑스트라들을 가리켜 "움직이는 막대기들"이라고 떠들어대기 시작했다.

만성적인 골칫거리 직원들을 다른 부서로 이동시키면 문제가 해결될까? 어리석은 생각이다. 문제를 일으키는 직원은 부서를 이동하자마자 나쁜 언행을 이어가기 시작해 이내 회사의 다른 부분까지 감염시킨다. 나는 이런 식의 '폭탄 돌리기'에 심하게 데인 부서가 이후 충원을 거부했다는 이야기도 심심치 않게 들었다.

무례한 직원들만 엄격하게 대해서는 안 된다. 고객이나 납품업자 같은 이해관계자들에 대해서도 똑같이 엄격한 잣대를 적용해야 한다. 직원들은 "고객을 아끼고 존중하는 태도"로 서로를 대해야 한다는 사우스웨스트항공의 사훈을 기억하는가. 그런데 고객이 이 항공사의 직원들에게 무례하게 대하면 어떻게 할까? 사우스웨스트항공은 여지없다. 내가 자주 소개하는 사례가 있다. 어느 날, 승객 한 명이 사우스웨스트항공 직원에게 난폭하게 굴자 관리자는 그 승객을 경쟁 항공사 카운터로 모셔가 티켓을 끊어주었다![12]

리더들과 관리자들은 무례한 사람들에게 엄격하게 대하지 않는 이유를 구구절절 늘어놓곤 한다. "정말 나쁜 의도로 그렇게 행동한 것은 아닐 것"이라거나 "새로 사람을 구하느니 그 사람을 내버려 두는 편이 낫다"거나 "그 직원이 없으면 업무가 마비된다"거나 "그 사람만 할 수 있는 일이 있다"거나 "사실 그렇게 나쁜 사람은 아니다"라는 식이다. 당신을 위해서, 조직을 위해서 그런 변명은 집어치우자. 무례한 언행이 보이면 정색하고 직시하자. 강경한 기조를 견지하자.

노트르담대학교의 유대인 학생 하나가 기숙사 친구들의 지속적인 괴롭힘을 견디다 못해 떠나버렸다. 총장은 가해자들을 불러다가 이렇게 명령했다. "당장 짐을 싸게. 나가서 친구를 찾아오게. 그 친구를 설득해서 데려올 수 없으면 돌아오지 말게."[13] 어떤가? 정말 가혹한 조치 아닌가? 일터에서 벌어지는 무례함에도 이렇게 대처해야 한다.

해고 과정에도 정중함이 필요하다

무례한 직원들에게 해고하겠다고 통보하더라도 회사를 완전히 떠날 때까지는 잘 대해주어야 한다. 해고하는 과정에서 정중함을 잃지 않도록 다시 한 번 살펴야 한다. 어떤 이유에서건 조직을 떠나가는 직원들을 끝까지 정중하게 대해야 한다. 남아 있는 직원들, 심지어 해고에 찬성하는 직원들조차 그 모습을 지켜보고 있다. 언젠가 자신도 똑같은 대접을 받으리라 생각하면서.

당신이 사람들을 대하는 방식은 네트워크를 만들 수도 있고, 망가뜨릴 수도 있다. 그 결과가 미래에 영향을 미칠 수도 있다. 세상은 점점 더 긴밀하게 얽혀 돌아가고 있다. 이제는 SNS 한 줄에 막대한 피해를 입을 수 있는 세상이다. "어떤 사람이 되고 싶은가?"라는 질문을 마음에 품고 가장 안전한 길로 나아가자. 가능하면 최대한 좋은 사이로 헤어지려고 노력하자.

내가 잘 아는 한 임원이 하루는 자선행사를 개최하면서 관련 정보를 링크드인(Linked In)에 포스팅했다. 그런데 예전에 함께 일했던 직원이 그 포스팅을 보고 상당한 액수를 기부했다. 놀랍게도 그 사람은 해고당한 직원이었다. 어떻게 이런 일이 가능했을까? 임원이 알아본 결과, 해고 과정이 정중했던 것이 주요한 이유였다고 한다. 정중한 해고와 무례한 해고가 어떻게 다른지 잘 모르겠다면, 이 상황을 1장에서 언급한 테이블에 다리를 걸치고 앉아 있던 관리자의 모습과 비교해보기 바란다.

직원을 내보낸 뒤에는 후속 조치가 필요하다. 마지막 면담 자리에서 떠나는 직원에게 회사에서 일하는 동안 주위 사람들에게 무례한 대우를 받은 것은 아닌지 물어보자. 그 사람이 무슨 말을 하는지 주의 깊게 들어야 한다. 그 자리에서 가해자들의 이름을 까발리며 저주를 퍼부을 사람은 거의 없을 것이다. 하지만 상대방이 자신의 말을 진지하게 듣고 있다고 느낀다면 그동안 무슨 일이 있었는지 정도는 이야기할 수 있다. 직원이 회사를 떠나고 6개월 정도 지나면 다시 한 번 연락해서 대화를 나누자. 그때쯤이면 새로운 일자리를 구한 그 직원이 추가적인 정보를 제공할지 모른다. 퇴사 후 면담은 효과가 있으니 한번 시도해보기 바란다. 그리 어려운 일도 아니고, 운이 좋다면 귀중한 깨달음을 얻을 수도 있다. 새로운 환경에 적응한 피해자는 무례함에 시달리던 과거의 상황을 곰곰이 되짚어볼 여유가 생길 것이고, 그제야 깨달은 내용이 있으면 기꺼이 공유할 가능성이 있다. 고려해봄 직하다.

지금까지 나는 정중한 조직 문화를 구축하는데 필요한 4가지 접근법을 소개했다. 그동안 살펴본 대로, 성공적인 결과를 얻기 위해서는 채용과 코칭, 평가, 실행 전 과정을 올바로 진행해야 한다.

올바른 채용을 통해 조직의 시간과 돈을 아껴야 한다. 무례함이라는 전염병이 조직에 만연하지 않도록 예방해야 한다. 코칭을 통해 기대치를 설정하고, 정중함을 구체화하고, 규범을 만들어야 한다. 그래서 직원들 서로가 책임을 묻게 해야 한다.

정중함의 평가는 조직이 이 문제를 심각하게 여긴다는 사실을, 무례한 사람은 심각한 결과에 직면할 수밖에 없다는 사실을 직원들에게 보여주는 방향으로 추구해야 한다. 행동 방식을 고칠 필요가 있는 직원들에게는 스스로 개선하도록 동기를 부여하고 점검과 실행을 지원해야 한다. 이 4단계를 충실히 이행하면, 회사는 무례함이라는 재앙에서 벗어나 친절과 존중이 빛나는 조직 문화의 이로움을 넉넉히 누리게 될 것이다. 물론 재활용이 불가능한 직원들이 있다면, 타협하거나 감싸주어선 안 된다. 그럴 만한 가치가 전혀 없다.

KEY POINTS

- 직원들에게 올바른 피드백을 제공함으로써 대인관계 능력을 향상시키자. 나쁜 언행은 신속하고도 확실하게 바로잡아야 한다.
- 아무리 유능한 직원이라도 마음을 굳게 먹고 엄격하게 대해야 한다. 고객이나 의뢰인, 납품업자들이 직원들에게 못되게 굴도록 내버려두어서도 안 된다.
- 떠나는 직원들에게도 정중하게 대해야 한다.
- 직원이 회사를 떠났다면 후속 조치에 들어가자. 6개월 정도 지난 뒤에 다시 한 번 대화를 나누자.

맺음말
변화의 시작은 바로 나

주위 사람들을 존중과 품위로 대하자. 풍요롭게 성장할 것이다.
무례하게 대하지 말자. 시들어 바스라질 것이다.
—리처드 브랜슨

    캘리포니아의 대형 병원에서 외과 의사로 일하는 조는 자신이 못돼먹었거나 거친 성품의 소유자라고 생각한 적이 단 한 번도 없었다. 그러나 조와 함께 일한 간호사와 레지던트들의 생각은 달랐다. 2006년에 실시한 360도 피드백 평가에서 이들이 조의 언행과 태도를 묘사한 바에 따르면, 조는 호통치듯 명령하는 사람, 화를 잘 내는 사람, 상대방의 말을 듣지 않는 사람이었다.
    결과를 받아든 조는 충격을 받았다. 억울한 기분도 들었다. 하지만 그는 변하기로 결심했다. 우선 자신의 행동을 몇 달 동안 유심히 돌아보았다. 가장 어려운 문제는 거친 말투를 고치는 것이었다. 호통 치듯 명령하지 않는 자신의 모습이 처음에는 자연스럽지 않다고 느꼈다. 같은 세대의 어느 외과 의사처럼 권위적인 명령과 통제 방식이 익숙했기 때문이다. 자신이 멘토들도 그런 부류였다. 그는 어려운 상황이나 스트레스가 높아지는 순간이 찾아올 때마다 익숙한 행동 방식으로 되돌아가곤 했다.

하지만 시간이 흐를수록 자신의 새로운 모습이 편하게 느껴졌다. 사람들의 이름을 부르면서 "안녕" 하고 인사하는 날이 많아지기 시작했다. 미소도 더 자주 지었다. 상대방의 생각을 더 많이 물었다. 요구한 대로 행동한 사람들에게 "고맙다"는 말도 더 자주 건넸다.

주위 사람들도 조의 변화를 피부로 느꼈다. 그래서 조를 예전과 다르게 대하기 시작했다. 눈길을 피하는 대신에 미소를 주고받는 사이가 되었다. 조와 함께 일하는 팀원들도 활기를 되찾았다. 그들은 한층 열정적으로 일에 덤벼들면서 더 많은 정보와 아이디어를 공유했다. 이런 변화가 조에게는 정중한 태도를 잃으면 안 되겠다는 동기로 작용했다. 선순환이 이루어진 것이다. 조를 비롯한 주위 모든 사람들이 각자 업무에 더 집중했고, 환자들에게 더 친절하게 대했다. 조는 더 이상 무례함이라는 전염병을 주위에 퍼뜨리지 않았다. 반대로 긍정성을 전파했다. 처음에는 자신에 대한 피드백을 받아들이기 어려워했던 조였다. 하지만 1년 뒤에는 왜 진작 변화를 선택하지 않았을까 하고 아쉬운 마음이 들 정도였다.

우리 행동 방식은 돌판에 새긴 비문처럼 고정불변하는 것이 아니다. 누구든, 그동안 어떤 식으로 행동하던 사람이었건 간에, 변화와 발전을 결심하고 실천할 수 있다. 자기 자신과 자기 일과 자기 조직에 조금이라도 관심이 있는 사람이라면 반드시 변화하고 발전해야 한다. 그러므로 때를 기다리지 말자. 오늘 당장 시작하자. 남의 말을 더 주의 깊게 들으려고 노력하자. 이것이 정중함을 익히는 기본이자 건강하고 의미 있고 지속적인 인간관계로 나아가는 지름길이다. 사람들을 인정하자. 반갑게 인사하자. 더 자주 웃자. 다른 사람들, 특히 우리가 관심을 기울이지 않는 사람들이나 우리의 이해와 도움이 필요한 사람들을 포용할 수 있는 방법이 있는지 찾아보자. 온라인에서도 정중하게 행동하자. 우리 자신과 우리가 보유한 자산을 더 많이, 물론 현명하게 내어주자.

정중한 언행의 중요성을 받아들이기에 너무 늦은 때란 없듯, 너무 이른 때도 없다. 2015년 4월 12일, 스물한 살의 나이로 마스터스 우승컵을 들어올린 골프 천재 조던 스피스는 주최 측인 오거스타 내셔널 골프 클럽(Augusta National Golf Club) 회장과 이사들에게 "이토록 장엄한 곳에 우리를 초대하고 대회를 치를 수 있게 해주셔서" 고맙다고 깍듯이 인사했다.[1] 그는 자원봉사자들에게도 찬사를 아끼지 않았다. "여러분이 없었으면 이 자리에 서지 못했을 겁니다. 대회를 위해 오랜 시간 헌신한 여러분의 노고가 제대로 인정받지 못하고 있습니다. 진심으로 감사합니다." 그는 자신의 곁을 지킨 캐디도 잊지 않았다. "내가 꿈을 이룬 것은 당신 덕분입니다. 당신이 얼마나 많은 노력과 오랜 시간을 바쳤는지 아무도 모를 겁니다. 정말 고맙습니다. 당신은 최고입니다. 감사합니다!" 자신을 가르치느라 수고한 지도자와 트레이너 등 모든 팀원들을 존경한다면서 "여러분을 전적으로 믿는다"는 말로 고마움을 전했다. 마지막으로 가족과 친구들에게 이 특별한 순간을 함께해주어서 고맙다고 인사했다.[2]

자신을 도와준 사람에게 고맙다고 인사하는 사람이 얼마나 될까? 우리는 자기 삶의 캐디들에게 감사하고 있을까? 무대 뒤에서 상황을 점검하고 성공의 기틀을 마련해준 사람들, 짐을 들어준 사람들, 곤경에 처했을 때 도움의 손길을 내민 사람들 말이다.[3] 우리 팀에 속한 모든 구성원의 공로를 인정하고 있을까? 우리를 미소 짓게 하는 사람들에게 고마움을 표현하고 있을까?

스피스는 2015년 하반기에 메이저 대회를 휩쓸었다. 그리고 과거 그 누구도 이룩하지 못한 위업에 도전할 기회를 얻었다. 마스터즈와 유에스오픈, 브리티시오픈, 피지에이 챔피언십에서 모두 우승하는 것이었다.[4] 스피스는 처음 두 대회에서 우승했다. 그러나 브리티시오폰 마지막 라운드에서 공동 4위에 머물고 말았다. 스피스는 어떻게 했을까? 그는 연장전에서 잭 존슨이 우승을 확정지을 때까지 조용히 기다렸다. 우승자와 처음으로 포옹하고 축하한 사람은 바로 스피스였다.

스피스는 경기 도중이나 끝난 뒤에 경쟁자에게 축하 인사를 건네거나[5] 팬들을 향해 박수를 보내거나 주위 사람들에게 고마움을 표시하는 행동으로 우리에게 정중한 스포츠맨십의 탁월한 본보기가 되었다. 스피스가 마스터즈에서 우승한 뒤, 아버지 숀은 아들의 골프 기량을 인정한다면서 이렇게 말했다.

"저는 아들의 사람 됨됨이와 자신을 다스리고 남을 대하는 태도를 더 자랑스럽게 여깁니다. 정말, 정말 자랑스럽습니다."[6]

결국 중요한 것은 인간관계다. 그리고 인간관계의 주춧돌은 정중함이다. 우리는 남을 존중하는 언행과 마음가짐을 통해 자기 자신을 발전시킬 수 있다. 사회생활에서 영향력을 키울 수 있다. 다른 사람들과 친밀해지는데 도움이 되고, 그들의 삶에 긍정적인 변화를 일으킬 수도 있다. 사회생활과 일상생활을 불문하고 다른 사람들에게 정중하게 대하는 동시에 다른 사람들보다 앞서 나가는 것이 가능하다. 나이가 많더라도, 쉽지 않은 상황에 처했어도, 우리는 자신을 정중한 사람으로 확실히 변화시킬 수 있다. 다른 사람들과 좋은 관계로 지내기 위해 당장 오늘부터 해야 할 일이 무엇인지 생각해보자. 당신은 어떤 유산을 남기고 싶은가? 남을 높여주는 사람이 되고 싶은가, 아니면 짓누르는 사람이 되고 싶은가?

우리는 스스로 어떤 사람이 되고 싶은지 매 순간 선택하면서 살아가야 한다.

당신은 어떤 사람이 되고 싶은가?

주

Chapter 1

1. Weber Shandwick, "Nearly All Likely Voters Say Candidates' Civility Will Affect Their Vote; New Poll Finds 93% Say Behavior Will Matter," press release, January 28, 2016, http://www.webershandwick.com/news/article/nearly-all-likely-voters-say-candidates-civility-will-affect-their-vote.

2. J. Zaslow, "The Most-Praised Generation Goes to Work," Wall Street Journal, April 20, 2007, http://www.wsj.com/articles/SB117702894815776259. 이 수치는 표준적인 성격특성 항목표를 바탕으로 측정한 결과라는 점에 유의하라.

3. C. A. Bartel, A. Wrzesniewski, and B. M. Wiesenfeld, "Knowing Where You Stand: Physical Isolation, Perceived Respect, and Organizational Identification Among Virtual Employees," Organization Science 23, no. 3 (2012): 743–57.

4. R. Putnam, Bowling Alone: The Collapse and Revival of American Community (New York: Simon & Schuster, 2001); and M. J. Dunkelman, The Vanishing Neighbor: The Transformation of American Community (New York: W. W. Norton, 2014).

5. C. L. Porath, "No Time to Be Nice at Work," Sunday Review, New York Times, June 19, 2015, http://www.nytimes.com/2015/06/21/opinion/sunday/is-your-boss-mean.html?_r=0.

6. K. Narragon, "Subject: Email, We Just Can't Get Enough," Adobe News (blog), http://blogs.adobe.com/conversations/2015/08/email.html.

Chapter2

1. R. M. Sapolsky, Why Zebras Don't Get Ulcers, 3rd ed. (New York: Owl Books / Henry Holt, 2004).
2. N. Slopen, R.J. Glynn, J.E. Buring, T.T. Lewis, D.R. Williams, et al. (2012) Job Strain, Job Insecurity, and Incident Cardiovascular Disease in the Women's Health Study: Results from a 10-Year Prospective Study. PLoS ONE 7(7): e40512. doi: 10.1371/journal.pone.0040512
3. J. Lehrer, "Your Co-Workers Might Be Killing You," Wall Street Journal, August 20, 2011, http://www.wsj.com/articles/SB10001424053111903392904576512233116576352.
4. A. Shirom et al., "Work-Based Predictors of Mortality: A 20-Year Follow-Up of Healthy Employees," Health Psychology 30, no. 3 (2011): 268–75.
5. Lehrer, "Your Co-Workers Might Be Killing You," http://www.wsj.com/articles/SB10001424053111903392904576512233116576352.
6. S. Lim, L. M. Cortina, and V. J. Magley, "Personal and Workgroup Incivility: Impact on Work and Health Outcomes," Journal of Applied Psychology 93, no. 1 (2008): 95–107.
7. M. Ferguson, "You Cannot Leave It at the Office: Spillover and Crossover of Coworker Incivility," Journal of Organizational Behavior 33, no. 4 (2011): 571–88.
8. S. Lim and K. Tai, "Family Incivility and Job Performance: A Moderated Mediation Model of Psychological Distress and Core Self-Evaluation," Journal of Applied Psychology 99, no. 2 (2014): 351–59.
9. "Stress in America: Paying with Our Health," survey, American Physiological

Association, February 4, 2015, http://www.apa.org/news/press/releases/stress/2014/stress-report.pdf.

10. E. Seppala and K. Cameron, "Proof That Positive Work Cultures Are More Productive," Harvard Business Review online, December 1, 2015; and Humana, "Combat Stress at Work to Promote Health," Focus, April 2009, http://apps.humana.com/marketing/documents.asp?file=1143441.

11. "Highlights: Workplace Stress and Anxiety Disorders Survey," Anxiety and Depression Association of America website, 2006, http://www.adaa.org/workplace-stress-anxiety-disorders-survey.

12. C. Pearson and C. Porath, The Cost of Bad Behavior: How Incivility Is Damaging Your Business and What to Do About It (New York: Portfolio / Penguin Group, 2009); and C. Porath and C. Pearson, " The Price of Incivility," Harvard Business Review, January – February 2013.

13. W. Cascio and J. Boudreau, Investing in People: Financial Impact of Human Resource Initiatives (Upper Saddle River, NJ: FT Press, 2008).

14. J. Connelly, "Have We Become Mad Dogs in the Office?" Fortune, November 28, 1994, 197–99.

15. C. L. Porath, D. J. MacInnis, and V. S. Folkes, "Witnessing Incivility Among Employees: Effects on Consumer Anger and Negative Inferences About Companies," Journal of Consumer Research 37, no. 2 (2010): 292–303.

16. C. L. Porath, D. J. MacInnis, and V. S. Folkes, "Witnessing Incivility Among Employees: Effects on Consumer Anger and Negative Inferences About Companies," Journal of Consumer Research 37, no. 2 (2010): 292–303.

17. C. L. Porath, D. J. MacInnis, and V. S. Folkes, "It's Unfair: Why Customers Who Merely Observe an Uncivil Employee Abandon the Company," Journal of Service Research 14, no. 3 (2011): 302–17.

18. C. L. Porath and A. Erez, "Does Rudeness Really Matter? The Effects of Rude Behavior on Task Performance and Helpfulness," Academy of Management Journal 50, no. 5 (2007): 1181-97.
19. C. L. Porath and A. Erez, "Overlooked but Not Untouched: How Rudeness Reduces Onlookers' Performance on Routine and Creative Tasks," Organizational Behavior and Human Decision Processes 109, no. 1 (2009): 29-44.
20. A. Erez, C. L. Porath, and T. Foulk, "Even if It's Only on Your Mind: The Cognitive Toll of Incivility" (working paper, University of Florida, Gainesville, 2007).
21. C. Chabris and D. Simons, The Invisible Gorilla: And Other Ways Our Intuitions Deceive Us (New York: Crown, 2010).
22. A. H. Rosenstein and M. O'Daniel, "A Survey of the Impact of Disruptive Behaviors and Communication Defects on Patient Safety," Joint Commission Journal on Quality and Patient Safety 34, no. 8 (2008): 464-71.
23. O. MacDonald. Disruptive physician behavior. May 15, 2011. Available at: www.quantiamd.com/q-qcp/Disruptive_Physician_Behavior.pdf. Accessed April 21, 2016.
24. A. Riskin et al., "The Impact of Rudeness on Medical Team Performance: A Randomized Trial," Pediatrics 136, no. 3 (2015): 487-95.
25. C. Porath, "How Civility Matters for You and Your Network," The Water Cooler (blog), Google re:Work, December 7, 2015, https://rework.withgoogle.com/blog/how-civility-matters-for-you-and-your-network/.
26. Porath and Erez, "Does Rudeness Really Matter?" 1181-97; Porath and Erez, "Overlooked but Not Untouched," 29-44; and C. L. Porath, "No Time to Be Nice at Work," Sunday Review, New York Times, June 19, 2015, http://www.nytimes.com/2015/06/21/opinion/sunday/is-your-boss-mean.html?_r=0.
27. Porath and Erez, "Overlooked but Not Untouched," 29-44.

Chapter 3

1. Terri Kelly, interview by Jeremy Hobson, "What It's Like to Lead a Non-Hierarchical Workplace," Here and Now, WBUR, July 1, 2015, http://hereandnow.wbur.org/2015/07/01/wl-gore-ceo-terri-kelly.

2. A. Deutschman, "The Un-CEO," Fast Company, September 1, 2005, http://www.fastcompany.com/53896/un-ceo; and "Gore CEO Terri Kelly Featured in Fast Company Magazine," press release, W. L. Gore and Associates, August 24, 2005, http://www.gore.com/en_xx/news/corp_fastcompany_terrikelly_050824.html.

3. N. Machiavelli, The Prince and Other Writings, trans. W. A. Rebhorn (New York: Barnes & Noble Books, 2003).

4. C. L. Porath, "No Time to Be Nice at Work," Sunday Review, New York Times, June 19, 2015, http://www.nytimes.com/2015/06/21/opinion/sunday/is-your-boss-mean.html?_r=0.

5. C. Porath, A. Gerbasi, and S. Schorch, "The Effects of Civility on Advice, Leadership, and Performance," Journal of Applied Psychology 100, no. 5 (2015): 1527–41; and C. Porath and A. Gerbasi, "Does Civility Pay?" Organizational Dynamics 44, no. 4 (2015): 281–86.

6. J. Kennedy and C. L. Porath, "Civility, Status, and Power" (working paper, Vanderbilt University, Nashville, 2015).; and Machiavelli, The Prince and Other Writings.

7. J. Kennedy and C. L. Porath, "Civility, Status, and Power" (working paper, Vanderbilt University, Nashville, 2015).

8. Porath, Gerbasi, and Schorch, "The Effects of Civility on Advice, Leadership, and Performance," 1527–41; and Porath and Gerbasi, "Does Civility Pay?" 281–86.

9. T. Casciaro and M. S. Lobo, "When Competence Is Irrelevant: The Role of Interpersonal Affect in Task-Related Ties," Administrative Science Quarterly 53, no. 4 (2008): 655–84; and M. S. Lobo and T. Casciaro, "Competent Jerks, Lovable

Fools, and the Formation of Social Networks," Harvard Business Review, June 2005.

10. Porath and Gerbasi, "Does Civility Pay?" 281-86. 한 바이오테크 기업을 연구한 결과, 정중한 직원들은 무례한 직원들에 비해서 (함께 일하면 기운이 솟는) 전원연결형 인간관계가 1.5배 많았다. 무례한 직원들은 정중한 직원들에 비해서 (부정적인 판단과 감정과 행동의도를 상대방에게 지속적, 반복적으로 전달하는) 전원차단형 인간관계가 세 배나 많았다.

11. Porath and Gerbasi, "Does Civility Pay?" 281-86.

12. C. Porath, "How Civility Matters for You and Your Network," The Water Cooler (blog), Google re:Work, December 7, 2015, https://rework.withgoogle.com/blog/how-civility-matters-for-you-and-your-network/.

13. Porath, Gerbasi, and Schorch, "The Effects of Civility on Advice, Leadership, and Performance," 1527-41; and Porath and Gerbasi, "Does Civility Pay?" 281-86.

14. J. M. Kouzes and B. Z. Posner, Credibility: How Leaders Gain and Lose It, Why People Demand It, 2nd ed. (San Francisco: Jossey-Bass, 2011).

15. C. Porath, "The Leadership Behavior That's Most Important to Employees," Emotional Intelligence series, Harvard Business Review online, May 11, 2015, https://hbr.org/2015/05/the-leadership-behavior-thats-most-important-to-employees.

16. A. M. Koenig et al., "Are Leader Stereotypes Masculine? A Meta-Analysis of Three Research Paradigms," Psychological Bulletin 137, no. 4 (2011): 616-42.

17. W. Levinson et al., " Physician-Patient Communication. The Relationship with Malpractice Claims Among Primary Care Physicians and Surgeons," Journal of the American Medical Association 277, no. 7 (1997): 553-59.

18. N. Ambady et al., "Surgeons' Tone of Voice: A Clue to Malpractice History," Surgery 132, no. 1 (2002): 5-9.

19. M. Gladwell, Blink: The Power of Thinking Without Thinking (New York: Back Bay Books, 2005).
20. T. Qiu et al., "The Effect of Interactional Fairness on the Performance of Cross-Functional Product Development Teams: A Multilevel Mediated Model," Journal of Product Innovation Management 26, no. 2 (2009): 173–87.
21. A. Carmeli, J. E. Dutton, and A. E. Hardin, "Respect as an Engine for New Ideas: Linking Respectful Engagement, Relational Information Processing, and Creativity Among Employees and Teams," Human Relations 68, no. 6 (2015): 1021–47.
22. T. J. Vogus, "Mindful Organizing: Establishing and Extending the Foundations of Highly Reliable Performance," in The Oxford Handbook of Positive Organizational Scholarship, ed. K. Cameron and G. M. Spreitzer (Oxford, United Kingdom: Oxford University Press, 2011), 664–76.
23. L. Ramarajan, S. G. Barsade, and O. Burack, "The Influence of Organizational Respect on Emotional Exhaustion in the Human Services," Journal of Positive Psychology 3, no. 1 (2008): 4–18.
24. "Costco vs. Wal-Mart: Higher Wages Mean Superior Returns for Investors," http://www.fool.com/investing/general/2014/03/12/costco-vs-wal-mart-higher-wages-mean-superior-retu.aspx.
25. A.B. Goldberg and B. Ritter, Costco CEO Finds Pro-Worker Means Profitability, ABC News August 2, 2006, http://abcnews.go.com/2020/Business/story?id=1362779.
26. W. Cascio, "The High Cost of Low Wages," Harvard Business Review, December 2006.
27. T. Schwartz and C. Porath, "Why You Hate Work," Sunday Review, New York Times, May 30, 2014, http://www.nytimes.com/2014/06/01/opinion/sunday/why-you-hate-work.html.

28. Porath, Gerbasi, and Schorch, "The Effects of Civility on Advice, Leadership, and Performance," 1527–41.

29. Porath, "The Leadership Behavior That's Most Important to Employees," https://hbr.org/2015/05/the-leadership-behavior-thats-most-important-to-employees.

30. Porath, "How Civility Matters for You and Your Network," https://rework.withgoogle.com/blog/how-civility-matters-for-you-and-your-network/.

31. J. Rozovsky, "The Five Keys to a Successful Team," The Water Cooler (blog), Google re:Work, November 17, 2015, https://rework.withgoogle.com/blog/five-keys-to-a-successful-google-team/.

32. I. Mochari, "How Market Basket's Deposed CEO Earned Employee Loyalty," Inc., July 25, 2014, http://www.inc.com/ilan-mochari/market-basket-loyalty.html.

33. O. Khazan, "It Pays to Be Nice," Atlantic, June 23, 2015, http://www.theatlantic.com/business/archive/2015/06/it-pays-to-be-nice/396512/; and Mochari, "How Market Basket's Deposed CEO Earned Employee Loyalty," http://www.inc.com/ilan-mochari/market-basket-loyalty.html.

34. Khazan, "It Pays to Be Nice," http://www.theatlantic.com/business/archive/2015/06/it-pays-to-be-nice/396512/.

35. C. Ross, "Arthur T. Demoulas Happy 'Just Being a Grocer,'" Boston Globe, September 12, 2014, https://www.bostonglobe.com/business/2014/09/11/after-epic-market-basket-battle-arthur-demoulas-happy-just-being-grocer/Iqd3AyAX6qh36fhldPOyPN/story.html.

Chapter4

1. Morgan McCall, correspondence with author, June 18, 2015; and M.W. McCall Jr., and M.M. Lombardo, "What makes a top executive?," Psychology Today, 2 (1983): 26–31.

2. N. A. Christakis and J. H. Fowler, Connected: The Surprising Power of Our Social Networks and How They Shape Our Lives (New York: Little, Brown, 2009).
3. P. Totterdell, "Mood Scores: Mood and Performance in Professional Cricketers," British Journal of Psychology 90, no. 3 (1999): 317–32.
4. T. Foulk, A. Erez, and A. Woolum, "Catching Rudeness Is like Catching a Cold: The Contagion Effects of Low-Intensity Negative Behaviors," Journal of Applied Psychology 101, no. 1 (2016): 50–67.
5. Foulk, Erez and Woolum, "Catching Rudeness Is like Catching a Cold," 50–67; and C. L. Porath, T. Foulk, and A. Erez, "How Incivility Hijacks Performance: It Robs Cognitive Resources, Increases Dysfunctional Behavior, and Infects Team Dynamics and Functioning," Organizational Dynamics 44, no. 4 (2015): 258–65.
6. M. L. Stanley et al., "Defining Nodes in Complex Brain Networks," Frontiers in Computation Neuroscience 7 (2013): 169, doi:10.3389/fncom.2013.00169.
7. E. F. Loftus and J. C. Palmer, "Reconstruction of Automobile Destruction: An Example of the Interaction Between Language and Memory," Journal of Learning and Verbal Behavior 13, no. 5 (1974): 585–89; and S. McLeod, "Loftus and Palmer," Simple Psychology website, last modified 2014, http://www.simplypsychology.org/loftus-palmer.html.
8. C. Carver et al., "Modeling: An Analysis in Terms of Category Accessibility," Journal of Experimental Social Psychology 19, no. 5 (1983): 403–21.
9. C. L. Porath, "No Time to Be Nice at Work," Sunday Review, New York Times, June 19, 2015, http://www.nytimes.com/2015/06/21/opinion/sunday/is-your-boss-mean.html?_r=0.
10. J. A. Bargh, M. Chen, and L. Burrows, "Automaticity of Social Behavior: Direct Effects of Trait Construct and Stereotype Activation on Action," Journal of Personality and Social Psychology 71, no. 2 (1996): 230–44.

11. E. M. Hallowell, Worry (New York: Random House, 1997).

12. L. W. Barsalou et al., "Social Embodiment," Psychology of Learning and Motivation 43 (2003): 43–92.

13. B. Hathaway, "Do the Math: Why Some People Are Jerks yet Others Are Even Nice to Others," YaleNews, January 11, 2016, http://news.yale.edu/2016/01/11/research-news-do-math-why-some-people-are-jerks-yet-others-are-even-nice-strangers; and A. Bear and D. G. Rand, "Intuition, Deliberation, and the Evolution of Cooperation," Proceedings of the National Academy of Sciences 113, no. 4 (2016): 936–41.

14. C. L. Porath et al., "Civility as an Enabler of Social Capital: How It Spreads—and What Limits Its Potential" (working paper, Georgetown University, Washington, DC, 2016).

15. C. L. Porath, "No Time to Be Nice at Work," http://www.nytimes.com/2015/06/21/opinion/sunday/is-your-boss-mean.html?_r=0; and C. Porath and C. Pearson, "The Price of Incivility: Lack of Respect in the Workplace Hurts Morale—and the Bottom Line," Harvard Business Review, January–February 2013, 115–21.

Chapter5

1. B. McGill, "Toward a Civil and Sane World," BryantMcGill.com, http://bryantmcgill.com/20131201130106.html.

2. M. Goldsmith with M. Reiter, What Got You Here Won't Get You There (New York: Hyperion, 2007).

3. F. Gino, Sidetracked (Cambridge, MA: Harvard Business Review Press, 2013); and S. Vozza, "The Science Behind Our Self-Defeating Behavior," Fast Company, January 14, 2014, http://www.fastcompany.com/3024781/leadership-now/the-science-behind-our-self-defeating-behavior.

4. 이 질문지의 전체 내용은 인터넷이나 이 책의 참고자료를 통해서 확인할 수 있다.
5. C. Porath, "Take the Assessment," Cycle to Civility website, http://cycletocivility.com/take-the-assessment; and C. Porath, "How Civility Matters for You and Your Network," The Water Cooler (blog), Google re:Work, December 7, 2015, https://rework.withgoogle.com/blog/how-civility-matters-for-you-and-your-network/.
6. Porath, "How Civility Matters for You and Your Network," https://rework.withgoogle.com/blog/how-civility-matters-for-you-and-your-network/.
7. C. Porath, "Quiz: How Toxic Is Your Work Environment?" Sunday Review, New York Times, June 19, 2015.
8. M. J. Poulin, E. A. Holman, and A. Buffone, "The Neurogenetics of Nice: Receptor Genes for Oxytocin and Vasopressin Interact with Threat to Predict Prosocial Behavior," Psychological Science 23, no. 5 (2012): 446–52, http://pss.sagepub.com/content/early/2012/03/28/0956797611428471.abstract.
9. C. Porath, "The Leadership Behavior That's Most Important to Employees," Emotional Intelligence series, Harvard Business Review online, May 11, 2015, https://hbr.org/2015/05/the-leadership-behavior-thats-most-important-to-employees.
10. A. Pentland, "Honest Signals: How They Shape Our World (Boston: MIT Press, 2008).; and A. Pentland, "To Signal is Human," American Scientist 90 (May-June 2010), http://web.media.mit.edu/~sandy/2010-05Pentland.pdf.
11. A. Mehabrian, Nonverbal Communication (Piscataway, NJ: Aldine Transaction, 2007).
12. D. Stone and S. Heen, Thanks for the Feedback: The Science and Art of Receiving Feedback Well (New York: Viking, 2014).
13. Stone and Heen, Thanks for the Feedback.
14. Stone and Heen, Thanks for the Feedback.
15. Stone and Heen, Thanks for the Feedback.

16. L. M. Roberts et al., "Composing the Reflected Best-Self Portrait: Building Pathways for Becoming Extraordinary in Work Organizations," Academy of Management Review 30, no. 4 (2005): 712–36; and L. M. Roberts et al., "How to Play to Your Strengths," Harvard Business Review, January 2005, 75–80.
17. Goldsmith with Reiter, What Got You Here Won't Get You There.
18. Porath, "The Leadership Behavior That's Most Important to Employees," https://hbr.org/2015/05/the-leadership-behavior-thats-most-important-to-employees.
19. Goldsmith with Reiter, What Got You Here Won't Get You There.
20. Porath, "The Leadership Behavior That's Most Important to Employees," https://hbr.org/2015/05/the-leadership-behavior-thats-most-important-to-employees; and C. Pearson and C. Porath, The Cost of Bad Behavior: How Incivility Is Damaging Your Business and What to Do About It (New York: Portfolio / Penguin Group, 2009).
21. "Empathy: What Is Empathy?" Greater Good Science Center, University of California, Berkeley, http://greatergood.berkeley.edu/topic/empathy/definition#what_is.
22. "Empathy: What Is Empathy?" http://greatergood.berkeley.edu/topic/empathy/definition#what_is.
23. "Empathy: What Is Empathy?" http://greatergood.berkeley.edu/topic/empathy/definition#what_is.
24. "Empathy: What Is Empathy?" http://greatergood.berkeley.edu/topic/empathy/definition#what_is.
25. Porath, "The Leadership Behavior That's Most Important to Employees," https://hbr.org/2015/05/the-leadership-behavior-thats-most-important-to-employees.
26. C. L. Porath, "No Time to Be Nice at Work," Sunday Review, New York Times, June 19, 2015, http://www.nytimes.com/2015/06/21/opinion/sunday/is-your-boss-

mean.html?_r=0.

27. J. J. Ratey with E. Hagerman, Spark: The Revolutionary New Science of Exercise and the Brain (New York: Little, Brown, 2008).

28. S. E. Luckhaupt, S. Tak, and G. M. Calvert, "The Prevalence of Short Sleep Duration by Industry and Occupation in the National Health Interview Survey," Sleep 33, no. 2 (2010): 149–59.

29. S. Park et al., "Relationships of Sleep Duration with Sociodemographic and Health-Related Factors, Psychiatric Disorders and Sleep Disturbances in a Community Sample of Korean Adults," Journal of Sleep Research 19, no. 4 (2010): 567–77; A. R. Ravan et al., "Thirty-Six-Year Secular Trends in Sleep Duration and Sleep Satisfaction, and Associations with Mental Stress and Socioeconomic Factors—Results of the Population Study of Women in Gothenburg, Sweden," Journal of Sleep Research 19, no. 3 (2010): 496–503; S. Salminen et al., "Sleep Disturbances as a Predictor of Occupational Injuries Among Public Sector Workers," Journal of Sleep Research 19, no. 1 pt. 2 (2010): 207–13; and H. Westerlund et al., "Work-Related Sleep Disturbances and Sickness Absence in the Swedish Working Population, 1993–1999," Sleep 31, no. 8 (2008): 1169–77.

30. S. J. Banks et al., "Amygdala-Frontal Connectivity During Emotion Regulation," Social Cognitive and Affective Neuroscience 2, no. 4 (2007): 303–12; M. D. Beaumont et al., "Slow Release Caffeine and Prolonged (64-h)

31. Continuous Wakefulness: Effects on Vigilance and Cognitive Performance," Journal of Sleep Research 10, no. 4 (2001): 265–76; L. Y. M. Chuah et al., "Sleep Deprivation and Interference by Emotional Distractors," Sleep 33, no. 10 (2010): 1305–13; J. P. Nilsson et al., "Less Effective Executive Functioning After One Night's Sleep Deprivation," Journal of Sleep Research 14, no. 1 (2005): 1–6; and K. N. Ochsner et al., "For Better or for Worse: Neural Systems Supporting the

Cognitive Down- and Up-Regulation of Negative Emotion," Neuroimage 23, no. 2 (2004): 483-99.

32. M. T. Gailliot et al., "Self-Control Relies on Glucose as a Limited Energy Source: Willpower Is More than a Metaphor," Journal of Personality and Social Psychology 92, no. 2 (2007): 325-36; and S. H. Fairclough and K. Houston, "A Metabolic Measure of Mental Effort," Biological Psychology 66, no. 2 (2004): 177-90.

33. M. Thomas et al., "Neural Basis of Alertness and Cognitive Performance Impairments During Sleepiness. I. Effects of 24 h of Sleep Deprivation on Waking Human Regional Brain Activity," Journal of Sleep Research 9, no. 4 (2000): 335-52.

34. N. van Dam and E. van der Helm, "The Organizational Cost of Insufficient Sleep," McKinsey Quarterly, February 2016, http://www.mckinsey.com/business-functions/organization/our-insights/the-organizational-cost-of-insufficient-sleep#0.

35. E. van der Helm, N. Gujar, and M. P. Walker, "Sleep Deprivation Impairs the Accurate Recognition of Human Emotions," Sleep 33, no. 3 (2010): 335-42; and E. van der Helm et al., "REM Sleep De-Potentiates Amygdala Activity to Previous Emotional Experiences," Current Biology 21, no. 23 (2011): 2029-32.

36. E. L. McGlinchey et al., "The Effect of Sleep Deprivation on Vocal Expression of Emotion in Adolescents and Adults," Sleep 34, no. 9 (2011): 1233-41.

37. J. A. Caldwell, J. L. Caldwell, and R. M. Schmidt, "Alertness Management Strategies for Operational Contexts," Sleep Medicine Reviews 12, no. 4 (2008): 257-73; M. S. Christian and A. P. J. Ellis, "Examining the Effects of Sleep Deprivation on Workplace Deviance: A Self-Regulatory Perspective," Academy of Management Journal 54, no. 5 (2011): 913-34; E. T. Kahn-Greene et al., "Sleep Deprivation Adversely Affects Interpersonal Responses to Frustration," Personality and

Individual Differences 41, no. 8 (2006): 1433–43; and B. A. Scott and T. A. Judge, "Insomnia, Emotions, and Job Satisfaction: A Multilevel Study," Journal of Management 32, no. 5 (2006): 622–45.

38. C. Anderson and D. L. Dickinson, "Bargaining and Trust: The Effects of 36-h Total Sleep Deprivation on Socially Interactive Decisions," Journal of Sleep Research 19, no. 1 pt. 1 (2010): 54–63.

39. J. A. Horne, "Human Sleep, Sleep Loss, and Behavior: Implications for the Prefrontal Cortex and Psychiatric Disorder," British Journal of Psychiatry 162, no. 3 (1993): 413–19.

40. Christian and Ellis, "Examining the Effects of Sleep Deprivation," 913–34; and C. M. Barnes et al., "Lack of Sleep and Unethical Behavior," Organizational Behavior and Human Decision Processes 115, no. 2 (2011): 169–80.

41. Barnes et al., "Sleepy First Impressions: Lack of Sleep and the Development of Leader-Follower Relationships Over Time" (working paper, Washington University, Seattle, WA, 2015).

42. C. L. Porath, "An Antidote to Incivility," Harvard Business Review (forthcoming, 2016).

43. F. Harburg, "Corporate Athlete Course, by the Human Performance Institute Division of Wellness and Prevention," presented at the Conference Board's Chief Environmental, Health & Safety Officers Council, May 16, 2012.

44. S. Phillips, "Mindfulness: An Unexpected Antidote to Workplace Stress," Healing Together for Couples (blog), PsychCentral, http://blogs.psychcentral.com/healing-together/2015/08/mindfulness-an-unexpected-antidote-to-workplace-stress/.

45. D. Gelles, "The Mind Business," Financial Times, August 24, 2012, http://www.ft.com/cms/s/2/d9cb7940-ebea-11e1-985a-00144feab49a.html.

46. J. Hunter, "Is Mindfulness Good for Business?" Mindful, April 2013, 52–59.

47. Gelles, "The Mind Business," http://www.ft.com/cms/s/2/d9cb7940-ebea-11e1-985a-00144feab49a.html.

Chapter6

1. L. Street, "Our Examples of 'Enviable' Workplace Culture," Motley Fool Culture website, January 16, 2015, http://culture.fool.com/category/employee-growth/page/2/.
2. S. B. Sitkin and J. R. Hackman, "Developing Team Leadership: An Interview with Coach Mike Krzyzewski," Academy of Management Learning and Education 10, no. 3 (2011): 494–501.
3. Sitkin Hackman, "Developing Team Leadership."
4. A. J. C. Cuddy, M. Kohut, and J. Neffinger, "Connect, Then Lead: To Exert Influence You Must Balance Competence with Warmth," Harvard Business Review, July–August 2013, 2–9.
5. Cuddy, Kohut, and Neffinger, "Connect, Then Lead," 2–9; and A. Cuddy, "In Debates, Watch for Signs of Warmth: Q&A with Amy Cuddy," posted by B. Lillie, TEDBlog, October 1, 2012, http://blog.ted.com/in-debates-watch-for-signs-of-warmth-qa-with-amy-cuddy/.
6. A. J. C. Cuddy, P. Glick, and A. Beninger, "The Dynamics of Warmth and Competence Judgments, and Their Outcomes in Organizations," Research in Organizational Behavior 31 (2011): 73–98; and Cuddy, Kohut, and Neffinger, "Connect, Then Lead," 2–9.
7. Sitkin Hackman, "Developing Team Leadership."
8. C. Porath, A. Gerbasi, and S. Schorch, "The Effects of Civility on Advice, Leadership, and Performance," Journal of Applied Psychology 100, no. 5 (2015): 1527–41.

9. Cuddy, Kohut, and Neffinger, "Connect, Then Lead," 2–9.

10. Cuddy, Kohut, and Neffinger, "Connect, Then Lead," 2–9; and Cuddy, "In Debates, Watch for Signs of Warmth," http://blog.ted.com/in-debates-watch-for-signs-of-warmth-qa-with-amy-cuddy/.

11. A. Todorov, M. Pakrashi, and N. N. Oosterhof, "Evaluating Faces on Trustworthiness After Minimal Time Exposure," Social Cognition 27, no. 6 (2009): 813–33.

12. C. Lambert, "The Psyche on Automatic," Harvard Magazine, November–December 2010, http://harvardmagazine.com/2010/11/the-psyche-on-automatic.

13. Cuddy, Kohut, and Neffinger, "Connect, Then Lead," 2–9.

14. R. M. Ryan and E. L. Deci, "Self-Determination Theory and the Facilitation of Intrinsic Motivation, Social Development, and Well-Being," American Psychologist 55, no. 1 (2000): 68–78; and E. L. Deci, J. P. Connell, and R. M. Ryan, "Self-Determination in a Work Organization," Journal of Applied Psychology 74, no. 4 (1989): 580–90.

15. M. Moieni and N. I. Eisenberger, "Neural Correlates of Social Pain," in Social Neuroscience: Biological Approaches to Social Psychology, ed. E. Harmon-Jones and M. Inzlicht (forthcoming, 2016); M. L. Meyer, K. D. Williams, and N. I. Eisenberger, "Why Social Pain Can Live On: Different Neural Mechanisms Are Associated with Reliving Social and Physical Pain," PLoS One 10, no. 6 (2015): e0128294; N. I. Eisenberger, "Meta-Analytic Evidence for the Role of the Anterior Cingulate Cortex in Social Pain," Social Cognitive and Affective Neuroscience 10, no. 1 (2015): 1–2 ; and N. I. Eisenberger, "Social Pain and the Brain: Controversies, Questions, and Where to Go from Here," Annual Review of Psychology 66 (2015): 601–29.

16. C. L. Porath, "Civility," in The Oxford Handbook of Positive Organizational Scholarship, ed. K. S. Cameron and G. M. Spreitzer (New York: Oxford University

Press, 2011), 439-48; and R. M. Tobin et al., "Personality, Emotional Experience, and Efforts to Control Emotions," Journal of Personality and Social Psychology 79, no. 4 (2000): 656-69.

17. R. Gutman, "The Untapped Power of Smiling," Forbes, March 22, 2011, http://www.forbes.com/sites/ericsavitz/2011/03/22/the-untapped-power-of-smiling/.

18. Gutman, "The Untapped Power of Smiling," http://www.forbes.com/sites/ericsavitz/2011/03/22/the-untapped-power-of-smiling/; and "Ron Gutman: The Hidden Power of Smiling," filmed March 2011, TED video, 7:26, http://www.ted.com/talks/ron_gutman_the_hidden_power_of_smiling.html.

19. "One Smile Can Make You Feel a Million Dollars," Scotsman, March 4, 2005, http://www.scotsman.com/news/one-smile-can-make-you-feel-a-million-dollars-1-738272.

20. E. L. Abel and M. L. Kruger, "Smile Intensity in Photographs Predicts Longevity," Psychological Science 21, no. 4 (2010): 542-44.

21. U. Dimberg and S. Söderkvist, "The Voluntary Facial Action Technique: A Method to Test the Facial Feedback Hypothesis," Journal of Nonverbal Behavior 35, no. 1 (2011): 17-33.

22. L. Buscaglia. Love. (New York: Fawcett Crest, 1972).

23. A. A. Grandey et al., "Is 'Service with a Smile' Enough? Authenticity of Positive Displays During Service Encounters," Organizational Behavior and Human Decision Processes 96, no. 1 (2005): 38-55.

24. Gutman, "The Untapped Power of Smiling," http://www.forbes.com/sites/ericsavitz/2011/03/22/the-untapped-power-of-smiling/.

25. Cuddy, Kohut, and Neffinger, "Connect, Then Lead," 2-9; and Cuddy, "In Debates, Watch for Signs of Warmth," http://blog.ted.com/in-debates-watch-for-signs-of-warmth-qa-with-amy-cuddy/.

26. M. Kohut, "Executive Presence: The Inner Game," Medium website, November 23, 2015, https://medium.com/@besmonte/executive-presence-the-inner-game-1f153c9f143d#.e2lan3my9; Cuddy, Kohut, and Neffinger, "Connect, Then Lead," 2–9; and Cuddy, "In Debates, Watch for Signs of Warmth," http://blog.ted.com/in-debates-watch-for-signs-of-warmth-qa-with-amy-cuddy/.
27. Cuddy, "In Debates, Watch for Signs of Warmth," http://blog.ted.com/in-debates-watch-for-signs-of-warmth-qa-with-amy-cuddy/.
28. M. Gladwell, "The Naked Face," New Yorker, August 5, 2002, http://gladwell.com/the-naked-face/.
29. V.I. Sessa and J.J. Taylor, Executive Selection: Strategies for Success (San Francisco: Jossey-Bass, 2000).
30. T. Schwartz, "Why Appreciation Matters So Much," Harvard Business Review (online), January 23, 2012, https://hbr.org/2012/01/why-appreciation-matters-so-mu.html.
31. L. Street, "Coffee Brews Conversation," Motley Fool Culture website, December 3, 2014, http://culture.fool.com/category/employee-growth/page/2/.
32. L. Street, "Foolientation Secrets from a Recruiter," Motley Fool Culture website, July 14, 2015, http://culture.fool.com/2015/07/jobs-foolientation-newhire-employee-orientation-onboarding-hiring/
33. J. R. Detert and E. R. Burris, "Leadership Behavior and Employee Voice: Is the Door Really Open?" Academy of Management Journal 50, no. 4 (2007): 869–84.
34. K. J. Lloyd et al., "Is My Boss Really Listening to Me? The Impact of Perceived Supervisor Listening on Emotional Exhaustion, Turnover Intention, and Organizational Citizenship Behavior," Journal of Business Ethics 130, no. 3 (2015): 509–24.
35. S. Shellenbarger, "Tuning In: Improving Your Listening Skills," Wall Street

Journal, July 22, 2014, http://www.wsj.com/articles/tuning-in-how-to-listen-better-1406070727.

36. Shellenbarger, "Tuning In," http://www.wsj.com/articles/tuning-in-how-to-listen-better-1406070727.

37. Shellenbarger, "Tuning In," http://www.wsj.com/articles/tuning-in-how-to-listen-better-1406070727.

38. Shellenbarger, "Tuning In," http://www.wsj.com/articles/tuning-in-how-to-listen-better-1406070727.

39. Shellenbarger, "Tuning In," http://www.wsj.com/articles/tuning-in-how-to-listen-better-1406070727; and "Julian Treasure: 5 Ways to Listen Better," filmed July 2011, TED video, 7:50, https://www.ted.com/talks/julian_treasure_5_ways_to_listen_better?language=en#t-59584.

40. Cuddy, Kohut, and Neffinger, "Connect, Then Lead," 2-9.

Chapter 7

1. E. Piqué, Pope Francis: Life and Revolution: A Biography of Jorge Bergoglio (Chicago: Loyola Press, 2014).

2. Piqué, Pope Francis: Life and Revolution.

3. Piqué, Pope Francis: Life and Revolution ; and R. Gillett, "The Most Influential Leadership Moments We've Seen from Pope Francis So Far," Business Insider, September 24, 2015.

4. J. Yardley, "A Humble Pope, Challenging the World," New York Times, September 18, 2015, http://nyti.ms/1KxQpIQ; and Piqué, Pope Francis: Life and Revolution.

5. Piqué, Pope Francis: Life and Revolution ; A. Ivereigh, The Great Reformer: Francis and the Making of a Radical Pope (New York: Henry Holt, 2014); and Yardley, "A Humble Pope, Challenging the World," http://nyti.ms/1KxQpIQ.

6. Piqué, *Pope Francis: Life and Revolution* ; Ivereigh, *The Great Reformer*; and Yardley, "A Humble Pope, Challenging the World," http://nyti.ms/1KxQpIQ.

7. I. San Martin, "Pope Francis Stresses That the Year of Mercy Is Worldwide," *Crux*, December 17, 2015, http://www.cruxnow.com/church/2015/12/17/pope-francis-stresses-that-the-year-of-mercy-is-worldwide/.

8. K. Y. Williams and C. A. O'Reilly, "Demography and Diversity in Organizations: A Review of 40 Years of Research," in *Research in Organizational Behavior*, ed. B. Staw and R. Sutton, vol. 20 (Greenwich, CT: JAI Press, 1998), 77–140; and L. Ramarajan and D. Thomas, "A Positive Approach to Studying Diversity in Organizations," in *The Oxford Handbook of Positive Organizational Scholarship*, ed. G. M. Spreitzer and K. S. Cameron (New York: Oxford University Press, 2011), 552–65.

9. S. A. Hewlett, M. Marshall, and L. Sherbin, "How Diversity Can Drive Innovation," *Harvard Business Review*, December 2013, 30, https://hbr.org/2013/12/how-diversity-can-drive-innovation/ar/1.

10. "Two-Thirds of People Consider Diversity Important When Deciding Where to Work, Glassdoor Survey," press release, Glassdoor, November 17, 2014, http://www.glassdoor.com/press/twothirds-people-diversity-important-deciding-work-glassdoor-survey-2.

11. C. Staats, K. Capatosto, R.A. Wright, and D. Contractor, "State of the Science: Implicit Bias Review 2015," Kirwan Institute for the Study of Race and Ethnicity (2015).

12. M. Zimmermann, "Neurophysiology of Sensory Systems," in *Fundamentals of Sensory Physiology*, ed. R. F. Schmidt (Berlin: Springer Berlin Heidelberg, 1986), 68–116.

13. B. Welle, "Google's Unconscious Bias Journey," online video, Unbiasing guide,

Google re:Work, https://rework.withgoogle.com/guides/unbiasing-raise-awareness/steps/learn-about-googles-unbiasing-journey/.

14. A. J. C. Cuddy, S. T. Fiske, and P. Glick, "The BIAS map: Behaviors from Intergroup Affect and Stereotypes," Journal of Personality and Social Psychology 92, no. 4 (2007): 631–48.

15. Ramarajan and Thomas, "A Positive Approach to Studying Diversity in Organizations," 552–65.

16. L. Jampol and V. Zayas, "The Dark Side of White Lies in the Workplace: Women are Given Nicer but Less Accurate Performance Feedback than Men. (working paper, London Business School, London, under review).

17. Jampol and Zayas, "The Dark Side of White Lies?"

18. Welle, "Google's Unconscious Bias Journey," https://rework.withgoogle.com/guides/unbiasing-raise-awareness/steps/learn-about-googles-unbiasing-journey/.

19. E. Huet, "Rise of the Bias Busters: How Unconscious Bias Became Silicon Valley's Newest Target," Forbes, November 2, 2015, http://www.forbes.com/sites/ellenhuet/2015/11/02/rise-of-the-bias-busters-how-unconscious-bias-became-silicon-valleys-newest-target/#c1dc63a7cb1f.

20. J. J. van Bavel and W. A. Cunningham, "A Social Identity Approach to Person Memory: Group Membership, Collective Identification, and Social Role Shape Attention and Memory," Personality and Social Psychological Bulletin 38, no. 12 (2012): 1566–78.

21. J. van Bavel, "Racial Biases Fade Away Toward Members of Your Own Group," Research News, Ohio State University, March 23, 2009, http://researchnews.osu.edu/archive/racebias.htm.

22. Banaji, Bazerman, and Chugh, "How (Un)ethical Are Your Decisions?" 56–64.

23. T. Clark and W. McGarvey, "Guest Commentary: Coming Together to Denounce Both Terror and Discrimination Against Muslims," Opinion, East Bay Times (Bay Area News Group), January 1, 2016, http://www.eastbaytimes.com/opinion/ci_29326586/guest-commentary-coming-together-denounce-both-terror-and.

24. J. P. Wanous and M. A. Youtz, "Solution Diversity and the Quality of Group Decisions," Academy of Management Journal 29, no. 1 (1986): 149–59.

25. 이와 관련한 정보는 구글의 도움을 받았다.

26. Welle, "Google's Unconscious Bias Journey," https://rework.withgoogle.com/guides/unbiasing-raise-awareness/steps/learn-about-googles-unbiasing-journey/.

27. Welle, "Google's Unconscious Bias Journey," https://rework.withgoogle.com/guides/unbiasing-raise-awareness/steps/learn-about-googles-unbiasing-journey/.

28. A. W. Brooks et al., "Investors Prefer Entrepreneurial Ventures Pitched by Attractive Men," Proceedings of the National Academy of Sciences 111, no. 12 (2014): 4427–31.

29. Welle, "Google's Unconscious Bias Journey," https://rework.withgoogle.com/guides/unbiasing-raise-awareness/steps/learn-about-googles-unbiasing-journey/.

30. R. F. Martell, D. M. Lane, and C. Emrich, "Male–Female Differences: A Computer Simulation," American Psychologist 51, no. 2 (1996): 157–59.

31. Welle, "Google's Unconscious Bias Journey," https://rework.withgoogle.com/guides/unbiasing-raise-awareness/steps/learn-about-googles-unbiasing-journey/.

32. Welle, "Google's Unconscious Bias Journey," https://rework.withgoogle.com/guides/unbiasing-raise-awareness/steps/learn-about-googles-unbiasing-

journey/.

33. B. Welle, "Unconscious Bias @ Work," online video, Unbiasing guide, Google re:Work, https://rework.withgoogle.com/guides/unbiasing-raise-awareness/steps/watch-unconscious-bias-at-work/.

34. "Learn About Google's Workshop Experiment," Unbiasing guide, Google re:Work, https://rework.withgoogle.com/guides/unbiasing-raise-awareness/steps/learn-about-Googles-workshop-experiment/.

35. Welle, "Google's Unconscious Bias Journey," https://rework.withgoogle.com/guides/unbiasing-raise-awareness/steps/learn-about-googles-unbiasing-journey/.

36. "Tool: Use Unbiasing Checklists," Unbiasing guide, Google re:Work, https://rework.withgoogle.com/guides/unbiasing-use-structure-and-criteria/steps/use-unbiasing-checklists/.

37. "Tool: Use Unbiasing Checklists," https://rework.withgoogle.com/guides/unbiasing-use-structure-and-criteria/steps/use-unbiasing-checklists/.

Chapter8

1. A. M. Grant, Give and Take: A Revolutionary Approach to Success (New York: Viking Press, 2013).

2. Grant, Give and Take.

3. C. Porath et al., "How Giving Meaning to Others Fuels Performance at Work" (working paper, Georgetown University, Washington, DC, 2016).

4. R. Cross, R. Rebele, and A. Grant, "Collaborative Overload," Harvard Business Review, January–February 2016.

5. Cross, Rebele, and Grant, "Collaborative Overload."

6. Cross, Rebele, and Grant, "Collaborative Overload."

7. Cross, Rebele, and Grant, "Collaborative Overload."
8. Cross, Rebele, and Grant, "Collaborative Overload."
9. Warren Bennis, meeting with author, July 31, 2012.
10. B. P. Owens, M. D. Johnson, and T. R. Mitchell, " Expressed Humility in Organizations: Implications for Performance, Teams, and Leadership," Organization Science 24, no. 5 (2013): 1517–38.
11. Owens, Johnson, and Mitchell, "Expressed Humility in Organizations," 1517–38.
12. H. Zhang, How Do I Recognize Thee, Let Me Count the Ways (Thought Leadership Whitepaper, IBM Smarter Workforce Institute, 2015), http://www-01.ibm.com/common/ssi/cgi-bin/ssialias?subtype=WH&infotype=SA&htmlfid=LOW14298USEN&attachment=LOW14298USEN.PDF.
13. T. Amabile and S. Kramer, The Progress Principle: Using Small Wins to Ignite Joy, Engagement, and Creativity at Work (Boston: Harvard Business Review Press, 2011).
14. W. Baker, "Openbook Finance at Zingerman's," GlobaLens Case 1-429-091, October 2010.
15. Baker, "Openbook Finance at Zingerman's."
16. T. Schwartz, J. Gomes, and C. McCarthy, Be Excellent at Anything: The Four Keys to Transforming the Way We Work and Live (New York: Free Press, 2010).
17. J. A. Smith, "Five Ways to Cultivate Gratitude at Work," Greater Good Science Center, University of California, Berkeley, May 16, 2013, http://greatergood.berkeley.edu/article/item/five_ways_to_cultivate_gratitude_at_work; and J. Kaplan, "The Gratitude Survey," produced by Penn Schoen Berland for the John Templeton Foundation, June–October 2012.
18. A. M. Grant and F. Gino, "A Little Thanks Goes a Long Way: Explaining Why Gratitude Expressions Motivate Prosocial Behavior," Journal of Personality and Social Psychology 98, no. 6 (2010): 946–55.

19. Grant and Gino, A Little Thanks Goes a Long Way," 946–55; and A. Grant, "How to Succeed Professionally by Giving," Atlantic, March 17, 2014, http://www.theatlantic.com/health/archive/2014/03/how-to-succeed-professionally-by-helping-others/284429/.

20. S. Lyubomirsky, K. M. Sheldon, and D. Schkade, "Pursuing Happiness: The Architecture of Sustainable Change," Review of General Psychology 9, no. 2 (2005): 111–31; M. E. McCullough, J.-A. Tsang, and R. A. Emmons, "Gratitude in Intermediate Affective Terrain: Links of Grateful Moods to Individual Differences and Daily Emotional Experience," Journal of Personality and Social Psychology 86, no. 2 (2004): 295–309; R. A. Emmons and M. E. McCullough, "Counting Blessings Versus Burdens: An Experimental Investigation of Gratitude and Subjective Well-Being in Daily Life," Journal of Personality and Social Psychology 84, no. 2 (2003): 377–89; M. E. Seligman et al., "Positive Psychology Progress: Empirical Validation of Interventions," American Psychologist 60, no. 5 (2005): 410–21; and R. A. Emmons and M. E. McCullough, ed., The Psychology of Gratitude (New York: Oxford University Press, 2004).

21. Kaplan, "The Gratitude Survey."

22. R. Emmons, "How Gratitude Can Help You Through Hard Times," Greater Good Science Center, University of California, Berkeley, May 13, 2013, http://greatergood.berkeley.edu/article/item/how_gratitude_can_help_you_through_hard_times; and McCullough, Tsang, and Emmons, "Gratitude in Intermediate Affective Terrain," 295–309; Emmons and McCullough, "Counting Blessings Versus Burdens," 377–89; and Emmons and McCullough, The Psychology of Gratitude.

23. G. Spreitzer and C. Porath, "Creating Sustainable Performance: Four Ways to Help Your Employees—and Organization—Thrive," Harvard Business Review, January–February 2012, 92–99; G. Spreitzer and C. Porath, " Enabling Thriving at Work,"

in How to Be a Positive Leader: Small Actions, Big Impact, ed. J. E. Dutton and G. M. Spreitzer (San Francisco: Berrett-Koehler, 2014), 45–54; and Baker, "Openbook Finance at Zingerman's."

24. Spreitzer and Porath, "Creating Sustainable Performance," 92–99.

25. M. Losada, "The Complex Dynamics of High Performance Teams," Mathematical and Computer Modelling 30, nos. 9–10 (1999): 179–192; and M. Losada and E. Heaphy, "The Role of Positivity and Connectivity in the Performance of Business Teams: A Nonlinear Dynamics Model," American Behavioral Scientist 47, no. 6 (2004): 740–65.

26. Gallup, State of the American Workplace: Employee Engagement Insights for U.S. Business Leaders (Lincoln, NE: Gallup, 2012).

27. D. Goleman and R. E. Boyatzis, "Social Intelligence and the Biology of Leadership," Harvard Business Review, September 2008.

28. Goleman and Boyatzis, "Social Intelligence and the Biology of Leadership."

29. C. Niessen, S. Sonnentag, and F. Sach, "Thriving at Work—A Diary Study," Journal of Organizational Behavior 33, no. 4 (2012): 468–87.

30. D. R. May, R. L. Gilson, and L. M. Harter, "The Psychological Conditions of Meaningfulness, Safety, and Availability and the Engagement of the Human Spirit at Work," Journal of Occupational and Organizational Psychology 77, no. 1 (2004): 11–37.

31. C. Leufstadius et al., "Meaningfulness in Daily Occupations Among Individuals with Persistent Mental Illness," Journal of Occupational Science 15, no. 1 (2008): 27–35; G. M. Spreitzer, M. A. Kizilos, and S. W. Nason, "A Dimensional Analysis of the Relationship Between Psychological Empowerment and Effectiveness, Satisfaction, and Strain," Journal of Management 23, no. 5 (1997): 679–704; and P. E. McKnight and T. B. Kashdan, "Purpose in Life as a System That Creates and Sustains Health

and Well-Being: An Integrative, Testable Theory," Review of General Psychology 13, no. 3 (2009): 242–51.

32. C. Porath et al., "How Giving Meaning to Others Fuels Performance at Work" (working paper, Georgetown University, Washington, DC, 2016).

33. A. M. Grant, "How Customers Can Rally Your Troops: End Users Can Energize Your Workforce Far Better than Your Managers Can," Harvard Business Review, June 2011, 97–103; and A. M. Grant, "Outsourcing Inspiration," in How to Be a Positive Leader: Small Actions, Big Impact, ed. J. E. Dutton and G. M. Spreitzer (San Francisco: Berrett-Koehler, 2014), 22–31.

34. "Our Mission," My Saint My Hero website, https://mysaintmyhero.com/our-mission/.

35. "Our Mission: Helping the World Invest—Better," Motley Fool website, http://www.fool.com/press/about-the-motley-fool.aspx.

36. D. Conant and M. Norgaard, TouchPoints: Creating Powerful Leadership Connections in the Smallest of Moments (San Francisco: Jossey-Bass, 2011).; and D. Conant, https://www.bigspeak.com/speakers/douglas-conant/

37. Conant and Norgaard, TouchPoints; and D. Conant, https://www.bigspeak.com/speakers/douglas-conant/

38. Conant and Norgaard, TouchPoints; and D. Conant, https://www.bigspeak.com/speakers/douglas-conant/

39. Conant and Norgaard, TouchPoints,.; and D. Conant, https://www.bigspeak.com/speakers/douglas-conant/

40. Conant and Norgaard, TouchPoints.; and D. Conant, https://www.bigspeak.com/speakers/douglas-conant/

41. Conant and Norgaard, TouchPoints; and D. R. Conant, " Secrets of Positive Feedback," Harvard Business Review online, February 16, 2011, https://hbr.

org/2011/02/secrets-of-positive-feedback/.

Chapter 9

1. E. Wong, "A Stinging Office Memo Boomerangs; Chief Executive Is Criticized After Upbraiding Workers by E-Mail," Business Day, New York Times, April 5, 2001, http://www.nytimes.com/2001/04/05/business/stinging-office-memo-boomerangs-chief-executive-criticized-after-upbraiding.html?pagewanted=all; and "Cerner Example," BizCom in the News (blog), http://www.bizcominthenews.com/files/cerner-1.pdf.

2. H. Osman, Don't Reply All: 18 Email Tactics That Help You Write Better Emails and Improve Communication with Your Team, Kindle Locations 152-155 (Published by author, 2015); and D. Shipley and W. Schwalbe, Send: Why People Email So Badly and How to Do It Better (New York: Alfred A. Knopf, 2010).

3. A. Grant, "6 Ways to Get Me to Email You Back," Pulse post, LinkedIn, June 24, 2013.

4. Grant, "6 Ways to Get Me to Email You Back."

5. T. Weiss, "You've Got Mail: You're Fired," Forbes, August, 31, 2006, http://www.forbes.com/2006/08/31/leadership-radio-shack-management-cx_tw_0831layoffs.html

6. C. L. Porath, "No Time to Be Nice at Work," Sunday Review, New York Times, June 19, 2015, http://www.nytimes.com/2015/06/21/opinion/sunday/is-your-boss-mean.html?_r=0.

7. F. Kooti et al., "Evolution of Conversations in the Age of Email Overload," International World Wide Web Conference Committee, May 18-22, 2015, Florence, Italy, http://www-scf.usc.edu/~kooti/files/kooti_email.pdf ; and J. Beck, "How Quickly Will Your Email Get A Response?," The Atlantic, October 7, 2015, http://

www.theatlantic.com/technology/archive/2015/10/how-quickly-will-your-email-get-a-response/409429/

8. L. Evans, "You Aren't Imagining It: Email Is Making You Stressed Out," Fast Company, September 24, 2014, http://www.fastcompany.com/3036061/the-future-of-work/you-arent-imagining-it-email-is-making-you-more-stressed-out.

9. Evans, "You Aren't Imagining It," http://www.fastcompany.com/3036061/the-future-of-work/you-arent-imagining-it-email-is-making-you-more-stressed-out.

10. K. Kushlev and E. W. Dunn, "Checking Email Less Frequently Reduces Stress," Computers in Human Behavior 43 (2015): 220–28.

11. Civility in America 2014, survey, conducted by Weber Shandwick, Powell Tate, and KRC Research, http://www.webershandwick.com/uploads/news/files/civility-in-america-2014.pdf.

12. J. Lin, "Doing Something About the 'Impossible Problem' of Abuse in Online Games," Re/code, July 7, 2015, http://on.recode.net/1G3iUHt.; and B. Maher, "Can a Video Game Company Tame Toxic Behavior?, Nature, March 30, 2016.

13. Lin, "Doing Something About the 'Impossible Problem,'" http://on.recode.net/1G3iUHt.

14. B. Maher, "Can a Video Game Company Tame Toxic Behavior?, Nature, March 30, 2016.

15. Maher, "Can a Video Game Company Tame Toxic Behavior?, Nature, March 30, 2016.

16. Lin, "Doing Something About the 'Impossible Problem,'" http://on.recode.net/1G3iUHt.

17. Lin, "Doing Something About the 'Impossible Problem,'" http://on.recode.net/1G3iUHt.

18. Maher, "Can a Video Game Company Tame Toxic Behavior?, Nature, March 30, 2016.
19. Lin, "Doing Something About the 'Impossible Problem,'" http://on.recode.net/1G3iUHt.
20. Lin, "Doing Something About the 'Impossible Problem,'" http://on.recode.net/1G3iUHt.
21. Lin, "Doing Something About the 'Impossible Problem,'" http://on.recode.net/1G3iUHt.

Chapter 10

1. L. Street, "Rewarding Your Employees: Try This New Method," Motley Fool Culture website, July 21, 2014, http://culture.fool.com/2014/07/employee-engagement-rewards/.
2. "The Wizard's Wisdom: 'Woodenisms," ESPN, June 4, 2010, http://espn.go.com/mens-college-basketball/news/story?id=5249709
3. M. Goldsmith and M. Reiter, Triggers: Creating Behavior That Lasts—Becoming the Person You Want to Be (New York: Crown Business, 2015).
4. M. Goldsmith with M. Reiter, What Got You Here Won't Get You There (New York: Hyperion, 2007), 29.
5. R. B. Cialdini, Influence: The Psychology of Persuasion, Revised Edition (New York: Harper Business, 2006).
6. Goldsmith with Reiter, What Got You Here Won't Get You There.
7. Goldsmith with Reiter, What Got You Here Won't Get You There.
8. Goldsmith with Reiter, What Got You Here Won't Get You There.
9. Goldsmith with Reiter, What Got You Here Won't Get You There.
10. T. Amabile and S. Kramer, The Progress Principle: Using Small Wins to Ignite Joy,

Engagement, and Creativity at Work (Boston: Harvard Business Review Press, 2011).

11. Goldsmith with Reiter, What Got You Here Won't Get You There.

12. D. Meyer, Setting the Table: The Transforming Power of Hospitality in Business (New York: HarperCollins, 2007).

13. R. I. Sutton, Good Boss, Bad Boss: How to Be the Best…and Learn from the Worst (New York: Business Plus, 2010).

14. J. I. Jenkins, "Persuasion as the Cure for Incivility," Commentary, Wall Street Journal, January 8, 2013, http://online.wsj.com/news/articles/SB10001424127887323339704578173860563117812.

Chapter 11

1. A. Caspi et al., "Influence of Life Stress on Depression: Moderation by a Polymorphism in the 5-HTT Gene," Science 301, no. 5621 (2003): 386–89.

2. Caspi et al., "Influence of Life Stress on Depression," 386–89.

3. C. Pearson and C. Porath, The Cost of Bad Behavior: How Incivility Is Damaging Your Business and What to Do About It (New York: Portfolio / Penguin Group, 2009).

4. M. E. P. Seligman, Helplessness: On Depression, Development, and Death (San Francisco: W. H. Freeman, 1975); D. S. Hiroto, "Locus of Control and Learned Helplessness," Journal of Experimental Psychology 102, no. 2 (1974): 187–93; D. S. Hiroto and M. E. Seligman, "Generality of Learned Helplessness in Man," Journal of Personality and Social Psychology 31, no. 2 (1975): 311–27; and L. A. Engberg et al., "Acquisition of Key-Pecking via Autoshaping as a Function of Prior Experience: 'Learned Laziness?'" Science 178, no. 4064 (1972): 1002–4.

5. R. J. Davidson and S. Begley, The Emotional Life of Your Brain: How Its Unique Patterns Affect the Way You Think, Feel, and Live—and How You Can Change

Them (New York: Hudson Street Press, 2012).

6. Davidson and Begley, The Emotional Life of Your Brain.
7. Davidson and Begley, The Emotional Life of Your Brain.
8. Davidson and Begley, The Emotional Life of Your Brain.
9. G. Spreitzer and C. L. Porath, "Creating Sustainable Performance: Four Ways to Help Your Employees—and Organization—Thrive," Harvard Business Review, January–February 2012, 92–99.
10. C. L. Porath, "An Antidote to Incivility," Harvard Business Review (forthcoming 2016).
11. Porath, "An Antidote to Incivility."
12. S. Lyubomirsky, K. M. Sheldon, and D. Schkade, "Pursuing Happiness: The Architecture of Sustainable Change," Review of General Psychology 9, no. 2 (2005): 111–31; and M. Seligman, Flourish: A Visionary New Understanding of Happiness and Well-Being (New York: Atria Books, 2012).
13. Porath, "An Antidote to Incivility."
14. T. Amabile and S. Kramer, The Progress Principle: Using Small Wins to Ignite Joy, Engagement, and Creativity at Work (Boston: Harvard Business Review Press, 2011).
15. Porath, "An Antidote to Incivility."
16. Porath, "An Antidote to Incivility."
17. S. Biron, "Job Burnout and Depression: Unraveling Their Temporal Relationship and Considering the Role of Physical Activity," Journal of Applied Psychology , no. 3 (2012): 699–710.
18. L. Blue, "Is Exercise the Best Drug for Depression?" Time, June 19, 2010, http://content.time.com/time/health/article/0,8599,1998021,00.html.
19. C. L. Porath, "Civility" (working paper, Georgetown University, Washington, DC, 2016).

20. Center for Positive Organizations, "Job Crafting Exercise," online video, 1:32, Ross School of Business, University of Michigan, http://positiveorgs.bus.umich.edu/cpo-tools/job-crafting-exercise/.
21. A. Wrzesniewski, "Engage in Job Crafting," in How to Be a Positive Leader: Small Actions, Big Impact, ed. J. E. Dutton and G. M. Spreitzer (San Francisco: Berrett-Koehler, 2014), 11–21.
22. A. Parker, A. Gerbasi, and C. L. Porath, "The Effects of De-Energizing Ties in Organizations and How to Manage Them," Organizational Dynamics 42, no. 2 (2013): 110–18.
23. Porath, "An Antidote to Incivility."

Chapter12

1. Maher, "Can a Video Game Company Tame Toxic Behavior?, Nature, March 30, 2016.
2. J. Wooden and S. Jamison, Wooden on Leadership (New York: McGraw-Hill, 2005).
3. Wooden and Jamison, Wooden on Leadership.
4. "Leadership Lessons from UCLA's John Wooden," Business Week, May 20, 2009, http://www.businessweek.com/managing/content/may2009/ca20090520_806471.htm
5. Wooden and Jamison, Wooden on Leadership.
6. Wooden and Jamison, Wooden on Leadership.
7. M. Housman, and D., Minor, "Toxic Workers," (working paper 16-057, Harvard University, Boston, MA, 2015), http://www.hbs.edu/faculty/Publication%20Files/16-057_d45c0b4f-fa19-49de-8f1b-4b12fe054fea.pdf.; and D. Minor, "Just How Toxic Are Toxic Employees?" The Water Cooler (blog), Google, re:Work, January 20, 2016, https://rework.withgoogle.com/blog/how-toxic-are-toxic-

employees/; and N. Tores, "It's Better to Avoid a Toxic Employee than Hire a Superstar," Harvard Business Review online, December 9, 2015, https://hbr.org/2015/12/its-better-to-avoid-a-toxic-employee-than-hire-a-superstar.

8. C. Porath and A. Gerbasi, "Does Civility Pay?" Organizational Dynamics 44, no. 4 (2015): 281–86, http://www.sciencedirect.com/science/article/pii/S0090261615000595; and A. Parker, A. Gerbasi, and C. L. Porath, "The Effects of De-Energizing Ties in Organizations and How to Manage Them," Organizational Dynamics 42, no. 2 (2013): 110–18.

9. T. Macan, "The Employment Interview: A Review of Current Studies and Directions for Future Research," Human Resource Management Review 19 (2009): 203–18, http://mavweb.mnsu.edu/howard/The%20employment%20interview.pdf.

10. B. Taylor, "Why Amazon Is Copying Zappos and Paying Employees to Quit," Harvard Business Review online, April 14, 2014, https://hbr.org/2014/04/why-amazon-is-copying-zappos-and-paying-employees-to-quit/.

11. Jay Moldenhauer-Salazar, telephone interview with author, May 26, 2016; and "Riot Games: Assessing Toxicity in the Work Environment," Google re:Work, https://rework.withgoogle.com/case-studies/riot-games-assessing-toxicity/.

12. Jay Moldenhauer-Salazar, telephone interview with author, May 26, 2016; and "Riot Games: Assessing Toxicity in the Work Environment," Google re:Work, https://rework.withgoogle.com/case-studies/riot-games-assessing-toxicity/.

13. Jay Moldenhauer-Salazar, telephone interview with author, May 26, 2016; and "Riot Games: Assessing Toxicity in the Work Environment," Google re:Work, https://rework.withgoogle.com/case-studies/riot-games-assessing-toxicity/.

14. S. Davis, Wooden: A Coach's Life (New York: Time Books / Henry Holt, 2014).

15. "Make Interviewing Everyone's Job," Hiring guide, Google re:Work, https://rework.withgoogle.com/guides/hiring-train-your-interviewers/steps/make-

interviewing-everyones-job/.

Chapter 13

1. A. Deutschman, "Inside the Mind of Jeff Bezos," Fast Company, August 1, 2004, http://www.fastcompany.com/50661/inside-mind-jeff-bezos.

2. Davis, Wooden: A Coach's Life.; and Wooden and Jamison, Wooden on Leadership.

3. Southwest Airlines website, https://www.southwest.com/html/about-southwest/index.html?int=.

4. Dignity Health website, http://www.dignityhealth.org/cm/content/pages/history-and-mission.asp.

5. Starbucks website, http://www.starbucks.com/about-us/company-information/mission-statement.

6. Starbucks website, http://www.starbucks.com/about-us/company-information/mission-statement.

7. A. Roenigk, "Lotus pose on two," ESPN, August 21, 2013, http://espn.go.com/nfl/story/_/id/9581925/seattle-seahawks-use-unusual-techniques-practice-espn-magazine

8. Roenigk, "Lotus pose on two," ESPN.

9. M. Moriarty, "Coach Pete Carroll's No.1 rule makes sense in the workplace, too," Pudget Sound Business Journal, August 4, 2014, http://www.bizjournals.com/seattle/blog/2014/07/coach-pete-carrolls-no-1-rule-makes-sense-in-the.html.

10. 나는 칙필레에 얽힌 차별금지 소송 문제를 충분히 인식하고 있다. 이와 관련한 자세한 내용은 다음을 참고하라. : http://www.forbes.com/forbes/2007/0723/080.html and http://www.examiner.com/article/report-chick-fil-a-sued-19-times-for-discriminating-against-minority-groups. 합의에 도달한 일부 내용에 대해서는 다음을 참고하라. http://www.businessinsurance.com/article/20140606/

NEWS07/140609862.

11. M. A. Vu, "Chick-fil-A CEO: Jesus Teachings Helped Increase Sales," Christian Post, April 17, 2011, http://www.christianpost.com/news/chick-fil-a-ceo-jesus-teachings-helped-increase-sales-49867/.

12. T. Starnes, "Chick-fil-A Gives Free Food to Motorists Stranded in Southern Snowstorm," Opinion, FoxNews.com, January 29, 2014, http://www.foxnews.com/opinion/2014/01/29/chick-fil-gives-free-food-to-motorists-stranded-in-southern-snowstorm.html.

13. S. Clarke, "A Franchisee Gives Needy Man Free Meal, His Own Gloves," ABC News online, January 13, 2015, http://abcnews.go.com/US/chick-fil-franchisee-needy-man-free-meal-gloves/story?id=28182111.

14. J. Guynes, "Chick-fil-A Delivers Food on Sunday to Tornado Responders and Victims," Insider (blog), FoxNews.com, December 28, 2015, http://insider.foxnews.com/2015/12/28/chick-fil-broke-its-closed-sundays-rule-help-after-texas-tornado.

15. "Accolades," Chick-fil-A website, http://inside.chick-fil-a.com/accolades/.

16. S. B. Sitkin and J. R. Hackman, "Developing Team Leadership: An Interview with Coach Mike Krzyzewski," Academy of Management Learning and Education 10, no. 3 (2011): 494–501.

17. K. Haman, "'One Firm' Approach Treats Colleagues Like Clients," Orange County Business Journal, July 27, 2015.; and "2015 Best Places to Work in Orange County," Best Places to Work, http://bestplacestoworkoc.com/index.php?option=com_content&task=view&id=65.

18. C.L. Porath and C.M. Pearson, 2010. The Cost of Bad Behavior. Organizational Dynamics, 39 (2010): 64–71.

19. Tim Tassopoulos, telephone interview with author, March 3, 2016.

20. G. Spreitzer and C. Porath, "Creating Sustainable Performance," Harvard Business Review, 90 (1-2) (2012): 92-99.

Chapter14

1. C. Pearson and C. Porath, The Cost of Bad Behavior: How Incivility Is Damaging Your Business and What to Do About It (New York: Portfolio / Penguin Group, 2009).
2. L. Bock, Work Rules: Insights from Inside Google That Will Transform How You Live and Lead (New York: Twelve, 2015).
3. J. Wooden and S. Jamison, Wooden on Leadership (New York: McGraw-Hill, 2005).
4. G. Hamel with S. Spence, "Innovation Democracy: W. L. Gore's Original Management Model," Management Innovation eXchange website, September 23, 2010, http://www.managementexchange.com/story/innovation-democracy-wl-gores-original-management-model.
4. Hamel with Spence, "Innovation Democracy."
6. "Teri Kelly and Panel," YouTube video, filmed at the Center for Effective Organizations' Corporate Stewardship Conference at the University of Southern California, Los Angeles, CA, February 20, 2014, 1:26:11, posted by Ctr4EffectiveOrgs March 17, 2014, https://www.youtube.com/watch?v=YCtyFlRCxZ8&feature=youtu.be.
7. Hamel with Spence, "Innovation Democracy"; and G. Hamel, "W. L. Gore: Lessons from a Management Revolutionary, Part 2," Gary Hamel's Management 2.0 (blog), Wall Street Journal, April, 2, 2010, http://blogs.wsj.com/management/2010/04/02/wl-gore-lessons-from-a-management-revolutionary-part-2/.
8. Hamel, "W. L. Gore, Part 2," http://blogs.wsj.com/management/2010/04/02/wl-gore-lessons-from-a-management-revolutionary-part-2/.

9. "McIntire Professor and Renowned Networks Expert Rob Cross Discusses 'Collaborative Overload' Work Featured on Cover of Harvard Business Review," University of Virginia McIntire School of Commerce website, January 8, 2016.
10. R. Cross, R. Rebele, and A. Grant, "Collaborative Overload," Harvard Business Review, January–February 2016.
11. N. Li et al., " Achieving More with Less: Extra Milers' Behavioral Influences in Teams," Journal of Applied Psychology 100, no. 4 (2015): 1025–39.
12. Cross, Rebele, and Grant, "Collaborative Overload."
13. "McIntire Professor and Renowned Networks Expert Rob Cross Discusses 'Collaborative Overload' Work Featured on Cover of Harvard Business Review," University of Virginia McIntire School of Commerce website, January 8, 2016.
14. Cross, Rebele, and Grant, "Collaborative Overload."
15. A. Parker, A. Gerbasi, and C. L. Porath, "The Effects of De-Energizing Ties in Organizations and How to Manage Them," Organizational Dynamics 42, no. 2 (2013): 110–18; and A. Gerbasi et al., "Destructive De-Energizing Relationships: How Thriving Buffers Their Effect on Performance," Journal of Applied Psychology 100, no. 5 (2015): 1423–33.
16. Parker, Gerbasi, and Porath, "The Effects of De-Energizing Ties in Organizations," 110–18.
17. Parker, Gerbasi, and Porath, "The Effects of De-Energizing Ties in Organizations," 110–18.
18. Parker, Gerbasi, and Porath, "The Effects of De-Energizing Ties in Organizations," 110–18.
19. Parker, Gerbasi, and Porath, "The Effects of De-Energizing Ties in Organizations," 110–18.
20. A. Bryant, "Google's Quest to Build a Better Boss," Business Day, New York

Times, March 12, 2011, http://www.nytimes.com/2011/03/13/business/13hire.html.

21. Bock, Work Rules.

22. Bock, Work Rules.

맺음말

1. "Jordan Spieth Captures Green Jacket," ESPN video, 4:20, posted July 6, 2015, http://espn.go.com/video/clip?id=12676338.

2. "Jordan Spieth Captures Green Jacket," http://espn.go.com/video/clip?id=12676338.

3. N. Gulbis, "The Bond Between Players and Caddies Unlike Anything Else in Golf, or Life," Golf, March 10, 2016, http://www.golf.com/tour-and-news/natalie-gulbis-bond-between-players-caddies-unlike-anything-else-golf.

4. S. Petite, "Even in Defeat, Jordan Spieth Wins," HuffPost Sports, July 21, 2015, http://www.huffingtonpost.com/steven-petite/even-in-defeat-jordan-spi_b_7845210.html.

5. K. Van Valkenburg, "Jordan Spieth Gracious in Defeat at PGA," ESPN online, August 17, 2015, http://espn.go.com/golf/pgachampionship15/story/_/id/13444877/jordan-spieth-gracious-defeat-jason-day-pga-championship.

6. T. Dahlberg, "Column: A Special Win for a Special Player at the Masters," WTOP, April 12, 2015 http://wtop.com/golf/2015/04/column-a-special-win-for-a-special-player-at-the-masters/.

무례함의 비용

초판 1쇄 발행 2018년 4월 16일
초판 8쇄 발행 2025년 8월 8일

지은이 크리스틴 포래스
옮긴이 정태영
펴낸이 유정연

이사 김귀분
책임편집 신성식 **기획편집** 조현주 유리슬아 황서연 정유진 **디자인** 안수진 기경란
마케팅 반지영 박중혁 하유정 **제작** 임정호 **경영지원** 박소영 **교정교열** 허지혜 **일러스트** 조고은

펴낸곳 흐름출판(주) **출판등록** 제313-2003-199호(2003년 5월 28일)
주소 서울시 마포구 월드컵북로5길 48-9(서교동)
전화 (02)325-4944 **팩스** (02)325-4945 **이메일** book@hbooks.co.kr
홈페이지 http://www.hbooks.co.kr **블로그** blog.naver.com/nextwave7
출력·인쇄·제본 삼광프린팅 **용지** 월드페이퍼 (주) **후가공** (주)이지앤비(특허 제10-1081185호)

ISBN 978-89-6596-259-5 03320

- 흐름출판은 독자 여러분의 투고를 기다리고 있습니다. 원고가 있으신 분은 book@hbooks.co.kr로 간단한 개요와 취지, 연락처 등을 보내주세요. 머뭇거리지 말고 문을 두드리세요.
- 파손된 책은 구입하신 시점에서 교환해 드리며 책값은 뒤표지에 있습니다.